지속가능경영을 위한
기업경영 분석과 성장전략 수립

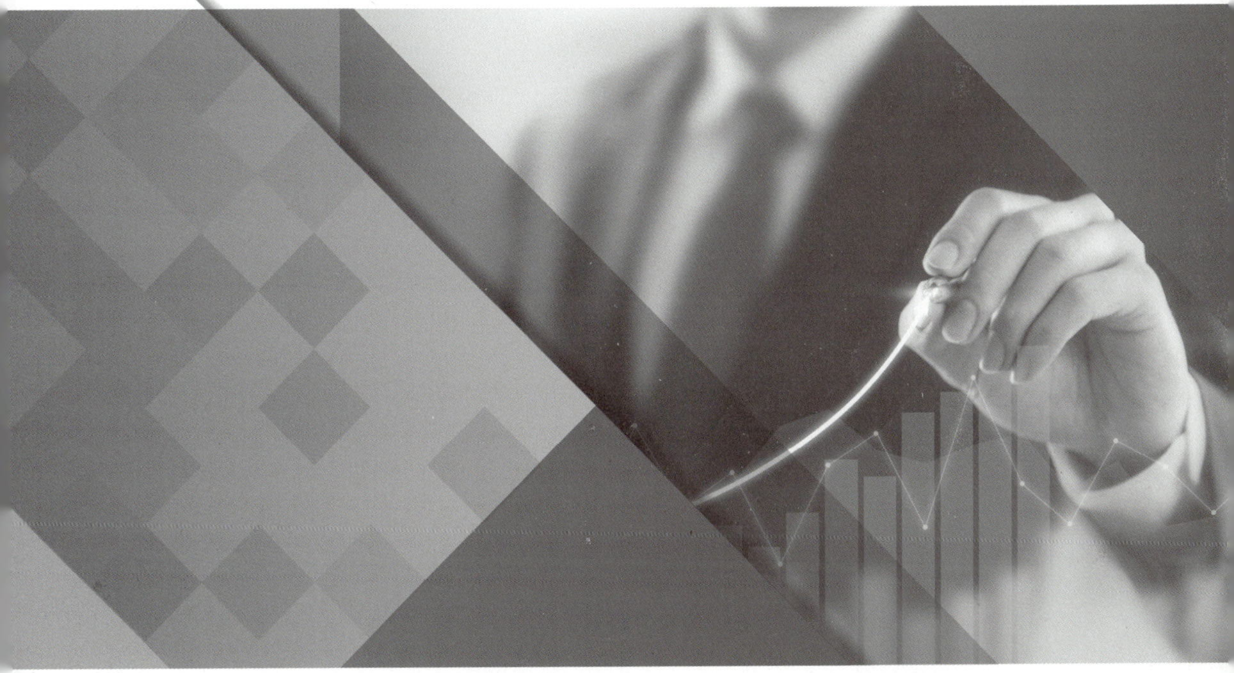

김병구 박사

지속가능경영을 위한
기업경영 분석과 성장전략 수립

초판1쇄 발행 | 2020년 3월 10일
초판2쇄 발행 | 2023년 6월 16일

저　자 | 김병구
펴낸이 | 이종덕
펴낸곳 | 비전북하우스

등　록 | 제2009-8호(2009. 05.06)
주　소 | 01433 서울시 도봉구 해등로25길 41
전　화 | 010-8777-6080
메　일 | ljd630@hanmail.net

ⓒ 김병구 2020

교　정 | 김창근　　　　디자인 | 이상윤
공급처 | 소망사
　　　　전화 031-976-8970
　　　　팩스 031-976-8971

정　가 | 20,000원

ISBN | 979-11-85567-23-5　93320

※ 이 책의 저작권은 저자가 가지고 있습니다.
저자와 출판사의 허락 없이 책의 내용이나 표지를 인용하거나
복제할 수 없습니다.

책을 만들며

지속가능 기업이란 기업경영에 몸담고 있는 사람이라면 누구나 바라고 소망하는 꿈이 아닐까 싶다. 그들은 실현 가능한 꿈을 만들고 어떻게 그 꿈을 이루어 갈것인가를 고민하고 실현해 나가고자 한다. 그리고 이것은 바로 기업경영자와 구성원의 몫인 것이다. 이를 위해서는 먼저 현재 나의 위상을 확인하고 이것과 미래 꿈과의 간극을 찾아 그 차이를 극복해 나갈 방도를 찾아야 한다. 여기서 현재의 나를 바라보는 과정과 도구가 경영분석이요 미래의 꿈으로 찾아가는 길을 전략이라 할 수 있다.

먼저 전반에서는 지금의 나를 알아보는 과정, 즉 경영분석에 관해 알아보고자 했다. 경영분석은 우리 기업과 경쟁사 그리고 고객, 또 시장의 다양한 환경을 기반으로 하여 현재의 나를 바라보는 것이다. 경영분석의 방법은 다양한 정보와 자료가 있겠지만 그래도 재무제표만큼 빠른 시간 내에 전체를 바라볼 수 있는 방법이 또 있을까 싶다. 우리는 이를 재무관리 차원의 경영분석이라 한다. 좀더 깊이 다양하고도 심도 있는 자료를 구할 수 있다면 그리고 전략적 의사결정을 할 수 있는 자료를 구할 수 있다면 이 자료나 정보를 통해서 분석하는 방법을 관리회계 관점의 기업경영분석, 즉 특정한 목적의 전략적 의사결정을 위한 경영분석이라고 할 수 있겠다. 본서 전반부에서는 재무제표에 의한 경영분석과 일부의 전략적 관리회계 관점의 자료들을 통하여 경영분석을 어떻게 해야 하는지를 제시했다.

다음으로 후반에서는 현재를 바탕으로 미래의 꿈을 실현해 나가는 최상의 방법론, 즉 전략에 대해 기술했다. 경영분석 과정에서 나타난 주변의 현상과 나의 위상을 가지고 어떤 방법으로 미래의 꿈을 찾아가느냐를 기업차원에서 언급한다면 이것은 기업전략이요 기업 내 각 사업차원에서 언급된다면 그것은 사업전략이 될 것이다. 이 길을 찾아가는 과정에 있어 가장 효율적이고 효과적인 방법을 제시하고자 노력했다. 전략수립 프로세스는 어떠한가 그리고 그때 사용할 수 있는 관련 도구들은 무엇인가 그리고 각 단계별 실무에 있어 필요한 이론과 그 배경은 무엇인지 등을 최대한 제시함으로써 실무적 관점에서 길을 찾길 원하는 이들을 위해 최선을 다했다. 부족한 부분은 추후 다시 보강할 계획을 가지고 있다.

물론 기업전략과 사업전략이 구체적인 실행과정을 통해 완성되기까지의 실행력 제고 과정이 필수일 것이다. 이어서 전략의 핵심 성공 요소인 신규투자사업계획수립 및 타당성 평가를 다룬 제2권과 이들을 구체적 실행으로 연결할 단기사업계획수립 및 예산관리를 다룬 제3권을 계획하고 있다.

사실 이 책들을 쓰기까지 많은 용기가 필요했다. 20여 년이라는 짧지 않은 기간 동안 기업에 몸담고 있으면서 다양하고도 많은 경험을 통하여 기업경영의 노하우를 나름 쌓아왔다. 이것이 결코 헛된 일이 아니었음을 절감한 것은 몸담아 왔던 기업을 떠난 이후 20여 년 동안 국내 공공기관과 공기업 그리고 국내 일반 기업체의 기업경영컨설팅과 강의를 통해 더 깊이 깨닫게 되었다. 재무 및 관리회계 관련업무, 기업경영분석과 기업경영진단 관련업무, 기업 및 사업전략수립 업무, 신규사업개발과 사업계획수립 및 사업타당성평가 업무, 구조조정 및 M&A 관련 업무 등 기업경영 전반에 관한 분야의 컨설팅과 강의는 모두 이러한 노하우를 바탕으로 진행할 수 있었다. 그런 가운데 많은 이들이 그러한 내용이 책으로 출간된다면 좋겠다는 바람을 피력했으나 현업에 바쁘다는 이유로 미루어 오다가 이제서야 '시작이 반이다'라는 생각으로 본서를 먼저 출간하게 된 것이다. 처음이라 미숙하기 그지없다. 그저 부족한 부분에 대한 많은 충고와 조언을 바랄 뿐이다.

이 책이 나오기까지 주변의 많은 이들로부터의 도움을 빼 놓을 수가 없다. 내가 가장 오랜 시간 동안 몸담고 열정을 쏟았던 엘지그룹사에서의 시간과 글로벌 컨설팅 기업인 매킨지사와의 협업 등은 내가 많은 노하우를 축적하는데 많은 도움이 되었다. 이들과 함께한 시간들이 내게 행복한 시간들이었고, 감사한 순간들이었다. 더불어 본서의 편집부터 출간에 이르기까지 도움을 주신 비전북하우스 이종덕 대표님과 편집과 디자인의 모든 과정에서 수고와 헌신을 아끼지 않으신 이상윤 팀장님께 감사한 마음을 지울 수가 없다. 특별히 지금까지 곁에서 35년 넘게 나를 지켜보며 응원하고 지지해준 사랑하는 아내와 함께 고민하며 본서 내용의 완성도를 높여준 사랑하는 아들 창근 그리고 오늘 이 순간까지도 나를 위해 기도해주시고 힘을 주시는 나의 사랑하고 존경하는 어머니와 구순의 생신을 맞으신 아버지께 이 책을 바칩니다.

2020년 새봄을 맞으며

김 병 구

목 차

제 1 장 영속하는 기업의 요건과 기업경영의 틀

1. 기업다운 기업의 필연 요건

1) 가치관과 꿈을 가진 기업 17
2) 이해관계자와 상생하는 기업 26
3) 환경 대응 능력을 가진 기업 30

2. 지속가능 기업의 기업경영 모델

1) 프로세스 관점의 기업경영 36
2) 성장관점의 기업경영 45
3) 현금흐름관점의 기업경영 50

제 2 장 현금흐름경영과 사업가치

1. 현금흐름경영과 재무제표

1) 자본의 조달 55
2) 자본의 집행(운용) 60
3) 자금의 조달과 운용의 틀, 재무상태표 64
4) 자금운용의 과정과 결과, 손익계산서 66
5) 현금흐름 경영을 통한 재무제표 프레임 68

2. 순영업현금흐름과 사업가치

1) 순영업현금유입 70
2) 순영업현금유출 73
3) 영업현금흐름 74

4)현재가치와 미래가치　　　　　　　　　　　79
5)가중평균자본비용　　　　　　　　　　　　81
6)사업가치평가　　　　　　　　　　　　　　82
7)기업가치평가　　　　　　　　　　　　　　85

제 3 장 재무제표 기반의 기업경영분석

1. 재무상태표
1)재무상태표의 구성　　　　　　　　　　　　91
2)재무상태표 항목의 이해　　　　　　　　　　92

2. 손익계산서
1)손익계산서의 구성　　　　　　　　　　　　99
2)손익계산서 항목의 이해　　　　　　　　　 100

3. 재무제표 분석의 개괄
1)재무회계와 관리회계　　　　　　　　　　 111
2)재무제표 분석 방법　　　　　　　　　　　111
3)재무제표 분석의 한계　　　　　　　　　　113

4. 수익성 분석
1)매출액 대비 이익율　　　　　　　　　　　115
2)자본대비 이익률　　　　　　　　　　　　116

5. 성장성 분석
1)매출액 신장율　　　　　　　　　　　　　119
2)이익 신장율　　　　　　　　　　　　　　119
3)자산 증가율　　　　　　　　　　　　　　120

6. 유동성 분석

　　1)유동성이란　　　　　　　　　　　　　　　122
　　2)유동성 분석의 의의와 유형　　　　　　　123

7. 안정성 분석

　　1)자기자본 비율　　　　　　　　　　　　　126
　　2)부채 비율　　　　　　　　　　　　　　　127
　　3)비유동 비율　　　　　　　　　　　　　　127
　　4)비유동장기적합율　　　　　　　　　　　128
　　5)이자보상비(배)율　　　　　　　　　　　128
　　6) 유보율　　　　　　　　　　　　　　　　130

8. 활동성 분석

　　1)활동성이란　　　　　　　　　　　　　　131
　　2)활동성의 의의와 유형　　　　　　　　　132
　　3)매출채권회전율　　　　　　　　　　　　133
　　4)매입채무회전율　　　　　　　　　　　　134
　　5)재고자산회전율　　　　　　　　　　　　134
　　6)자기자본회전율　　　　　　　　　　　　135
　　7)납입자본회전율　　　　　　　　　　　　135
　　8)총자본회전율　　　　　　　　　　　　　136
　　9)비유동자산회전율　　　　　　　　　　　136

9. 기타 경영의사결정을 위한 경영분석의 방법들

　　1)ROE 분석　　　　　　　　　　　　　　　137
　　2)ROIC 분석　　　　　　　　　　　　　　 138
　　3)EVA 분석　　　　　　　　　　　　　　　138

10. 생산성 분석

　　1)생산성과 부가가치　　　　　　　　　　　141
　　2)생산성 비율　　　　　　　　　　　　　　141

제 4 장 성장전략 수립을 위한 환경분석

1. PEST 분석

  1) 정치적 관점(Political)의 분석   145
  2) 경제적(Economical) 관점의 분석   146
  3) 사회, 문화적(Social & Culture) 관점의 분석   146
  4) 기술적(Technological) 관점의 분석   147

2. 3C FAW 분석

  1) 자사분석   149
  2) 고객분석   152
  3) 경쟁사 분석   152
  4) 시장환경(FAW) 분석과 활용사례   153

3. 5 FORCES분석

  1) 산업 내 기존 공급업체 분석   155
  2) 새로운 경쟁자의 진입 가능성   156
  3) 대체재의 출현 가능성   156
  4) 공급업체 협상력   157
  5) 구매자의 협상력   157

제 5 장 지속가능기업을 향한 기업의 성장전략 수립 실무

1. 경영환경의 변화와 기업의 대응

    1) 경영환경의 변화   160
    2) 기업대응전략과 방향   162

2. 기업경영 이념과 비전의 수립

    1) 기업경영이념의 개념   164
    2) 기업비전의 개념   165
    3) 기업비전의 필요성   166
    4) 기업비전의 내용   167
    5) 기업비전의 수립 절차와 방법   168
    6) 기업비전수립 시 전제 사항   169

3. 사업영역의 설정과 도메인화

    1) 현재와 미래 사업영역의 검토   171
    2) 사업영역의 도메인화   171

4. 전략수립을 위한 경영환경분석

    1) 핵심기능별 내부역량의 평가   173
    2) 외부 환경의 평가   174
    3) 기업환경 종합평가   176

5. 사업전개전략의 수립

    1) 사업전개방향의 설정   179
    2) PPM의 이해와 운용   181
    3) 사업별 전개전략의 수립   185

6. 성공적 사업추진을 위한 전제요건

    1) 경영과제의 선정과 실행계획 수립   187
    2) Feed-Back System의 운용   188
    3) 비전 및 전략수립과 운영상의 유의점   188

제 6 장 중, 단기 사업계획 수립과 실행력 제고

1. 중기 경영환경 분석

 1)자사 분석   192
 2)고객 분석   194
 3)경쟁사 분석   195
 4)외부환경 분석   197
 5)중기 경영환경 종합   199

2. 중기 경영방침 및 목표 수립

 1)중기 경영방침 수립   202
 2)중기 경영전략의 수립   203
 3)중기 사업목표 설정   205

3. 사업계획 수립 지침 작성

 1)중기 경영환경   207
 2)CEO 중기 경영방침   208
 3)전사 및 사업별 사업목표   210
 4)전사 및 사업별 사업전개전략의 수립   211
 5)업적평가와 연계   213
 6)사업계획 수립 일정과 요령   214

4. 중,단기 사업계획의 수립

 1)중기 경영환경의 설정   217
 2)영업계획 수립   218
 3)생산계획 수립   220
 4)투자계획 수립   227
 5)자금계획 수립   236
 6)사업계획 종합   239
 7)사업계획 조정   242
 8)사업계획의 확정   249

5. 예산관리

1)예산의 개념	252
2)예산관리의 조직과 절차(프로세스)	254
3)예산의 편성	256
4)예산의 통제 및 집행관리	268
5)예산 대 실적 차이 분석	269

제 7 장 업적평가와 보상

1. 업적평가의 개괄

1)업적평가의 목적(배경)	272
2)업적평가의 방법	277
3)업적평가의 절차(프로세스)	279
4)업적평가제의 도입	282
5)업적평가제의 운용	285

2. 업적평가 제도의 운영

1)업적평가 체제 구축	287
2)업적평가 항목의 설정	288
3)업적평가 가중치의 설정	289
4)항목별 업적평가의 방법	290
5)업적평가의 종합	292

3. 업적평가의 사례

1)업적평가의 사례	293
2)영업평가의 사례	294
3)타당성 평가의 사례	296
4)고객 만족도 평가 사례	297

    5)사원 만족도 평가 사례   299
    6)업무지원 만족도 평가 사례   301
    7)사업목표달성 종합평가 사례   302

4. BSC(Balanced Score Card; 균형성과표) 성과평가

    1)BSC의 개념   306
    2)BSC의 도입과 운용   309
    3)BSC의 성과지표   310

5. 평가와 보상의 연계

    1)평가와 보상의 개념   312
    2)평가와 보상의 연계 시스템   313
    3)보상의 종류와 유형   315
    4)보상의 기대효과   318

영속하는 기업의 요건과 기업경영의 틀

 제 1 장

제1장

영속하는 기업의 요건과 기업경영의 틀

1. 기업다운 기업의 필연 요건

누구나가 "훌륭한 기업이란 어떤 기업인가?"라고 물을 때 단순히 돈 많이 버는 기업이라고 답하지는 않는다. 그럼 어떤 기업이 기업다운 기업인가? 어떤 기업이 영속적으로 성장할 가치가 있으며 어떤 기업이 지속적으로 성장할까? 이런 관점에서 먼저 기업을 바라보면 좋을 듯싶다.

일반적으로 기업이라 함은 '조직의 구성원들이 모여, 조직의 제 경영 자원을 효율적이고 효과적으로 활용함으로써 지속적인 이윤창출과 장기적인 조직의 공동목표를 이루어나가는 합법적 집단'을 말한다. 우리는 이를 이윤추구의 공동체요 생명체이며 인격체로 표현하기도 한다. 하지만 이렇게 기업이 외적 모양을 갖추고 이윤추구의 목적을 위해 활동한다 하더라도 모두가 같은 기업이라고 할 수 없다. 규모는 크지만 부실로 허덕이는 기업이 있는 반면 작지만 강한 기업 즉 강소기업들이 있다.

그러면 어떤 기업들이 강한 기업이요 지속 가능한 기업이며 진정 '기업다운 기업'이라고 할 수 있을까. 우리는 진정 '기업다운 기업'이란 어떤 기업을 말하는가라는 관점에서 진정한 기업 그리고 강한 기업의 모습을 살펴보고 우리가 속한 기업들도 이러한 강한 기업, 경쟁력 있는 기업, 존경 받는 기업이 되려면 구체적으로 어떻게 해야 할까로부터 시작하고자 한다.

1) 가치관과 꿈을 가진 기업

(1) 삶의 가치와 행동 그리고 미래 꿈이 있는 생명체이자 인격체

사람은 대부분 의식적이든 무의식적이든 자신의 삶의 이유, 즉 존재가치_이를 가치관, 개인의 철학 등으로 표현하기도 함_라는 것을 가지고 살아간다. 즉 인간은 자신의 삶의 노정에서 그 어떤 것보다 중요하고, 자신의 삶과 분리하려고 해도 분리할 수 없는 생의 제일의 어떤 사상이나 철학_이를 가치관이라고도 한다_을 가지고 살아간다는 의미이다.

예를 들어 어떤 이는 물질(부)에 대해, 어떤 이는 건강에 대해, 또 어떤 이는 명예에 대해, 또 어떤 이는 사랑에 대해 다른 그 무엇보다 중요하다고 생각하는 가치관을 가지고 있으며, 대부분의 사람은 이와 같이 자신이 가지고 있는 삶의 가치나 사상에 따라 행동하며 살아가고자 한다. 또 이것이 일반적으로 특수한 상황을 제외하고는 일상적인 그의 행동으로 나타나게 되는 것이다.

부에 대한 가치관이 강할수록 그 사람의 행동은 물질에 대한 강한 집착을 보이기도 하고 때론 자신의 부(wealth)를 모두 잃었다는 생각이 들면 자신의 목숨까지도 버리는 극단적 행동을 하기도 한다. 이 또한 명예를 중시하는 이들에게도 동일하게 나타난다. 한평생 물질의 욕심보다는 오직 자부심과 명예로 살아왔는데 어느

날 자신의 실수나 억울함으로 세상에 명예롭지 못한 자로 알려지거나 낙인 찍혔다고 생각될 때 자신의 인생을 포기해버리는 이들을 우리는 종종 볼 수 있기 때문이다.

하지만, 일반적으로 사람의 가치관은 어떤 하나에만 집중되어 행동으로 나타난다고 할 수는 없다. 사람은 적어도 2-3가지의 중요한 가치관을 가지고 일상적 의사결정의 순간마다 이를 토대로 행동하며 살아간다고 하면 이것이 좀더 정확한 표현이 아닐까 싶다.

예를 들어 부와 명예와 사랑이란 가치관을 가진 사람이 있다고 하자. 이런 이들은 자신의 가치관에 합당한 생각과 행동을 하면서 부와 명예와 사랑 중심의 균형 갖춘 삶을 살아가게 되는 것이다. 그는 자신의 노력을 통해 정당하게 명예와 부를 이루려 할 것이고 이를 통해 사회에 많은 봉사와 기부를 하려 할 것이다. 사회에 기여하는 그 모습이 곧 사랑의 실천이라는 생각을 하기 때문이다.

이처럼 사람은 그가 살아가는 날 동안 자신의 가치관이 행동의 기준이 되어 모든 생활 속에서 행동으로 나타나게 되고, 그리고 이것이 그의 삶 가운데 지속적이면서, 반복적 행위를 통해 습관화가 되며, 이 습관화가 미래의 자신의 모습을 만들어 가게 되는 것이다.

아브라함 링컨은 '사람이 나이 사십이 되면 자신의 얼굴에 대해 책임을 져야 한다'고 했는데 이 말은 곧 사십여 년의 삶 가운데 새겨진 자신의 모습은 곧 자신의 생각과 행동의 결과로 나타나는 현재의 모습이라는 의미로 받아들여야 한다는 얘기가 아닐까 싶다. 결론적으로 사람은 자신의 가치관(생각)이 행동을 만들고 행동의 결과가 궁극적으로 자신의 미래의 모습(장래상)을 만들어 간다는 얘기인 것이다.

다음의 <표 1-1>을 보면서 개인의 가치관과 행동 그리고 그 결과인 미래의 모습을 기업과 함께 연상해 보도록 하자.

<표 1-1> 개인의 가치관과 미래

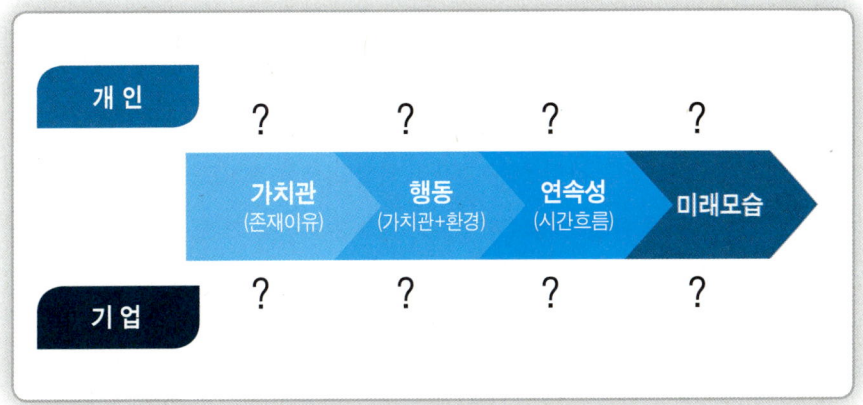

개인의 가치관과 행동이 자신의 미래의 모습을 만들어가듯이 다양한 가치관을 가지고 개인의 특정 기업에 속하여 해당기업의 가치관에 따라 끊임없는 부가가치를 창출해 나감으로써 기업의 미래모습을 만들어가는 것이 개인과 동일한 패턴이다.

(2) 조직 속의 개인 행동은 기업의 가치관과 비전에 일치해야 함

그렇다면 이러한 개인이 조직 속에 있을 때 그들의 가치관이 조직의 활동 속에 어떻게 나타나고 이것이 조직 내에 어떤 결과를 초래하게 될까? 우리는 조직 내 각 개인의 생각이 서로 다름으로 인하여 서로 다른 행동을 하게 되고, 이로 인해 조직 내 일관되고 합리적인 의사결정이 효율과 효과의 기대치를 높이지 못하는 사례를 예상할 수 있다. 이는 개인의 서로 다른 생각이 그들의 행동을 이끌어 내기에 일어나는 현상이라 해석할 수 있겠다. 만약 매우 중요한 조직 내의 의사결정을 함에 있어 서로 다른 사람들로부터 서로 다른 가치관에 의한 의견이 나타난다면 과연 조직은 시너지를 나타낼 수 있을까? 다음의 사례는 매우 가벼운 사례이지만 우리에게 시사하는 바가 있다 생각되어 예를 들어 보고자 한다.

과거 필자가 경영자문을 맡고 있었던 어느 기업의 이야기다. 당시 그 기업을 대상으로 기업 비전과 중장기 경영전략을 수립하고 난 후, 차기 년도 사업계획과 예산을 수립하는 과정에서 한 가지 제안을 한 적이 있다. 조직문화 혁신과 조직원의 사기 고양을 위한 한 방편으로 각 팀에 연간 5백만 원의 예산과 2박 3일 간의 자유일정을 제시하면서 각 팀별 합의에 의하여 팀장 재량 하에 그 집행시기와 방법을 사업계획과 예산에 반영하라고 했더니 각 팀별로 그 사용방법에 대한 너무도 다른 아이디어들이 제시되어 모두를 놀라게 한 적이 있다.

과연 누가 어떤 제안들을 하였을까? 건강을 인생의 중요 가치로 삼고 있는 사람은 어떤 제안을 했을까? 이런 유형의 사람들은 지리산 등반을 가자, 해양스포츠를 하자, 스키 타러 가자 등의 의견을 제시한 반면, 베푸는 삶의 기쁨과 가치를 가지고 있는 사람은 소록도에 가서 봉사활동하고 남는 예산이 있으면 LCD TV를 사드리고 오자는 의견을 제시했고, 돈의 가치를 더 많이 두고 있는 사람들은 보다 현실적인 방법을 제시했던 것이다. 즉 팀 내 예산을 나누어 개인에게 나누어주고, 각자 2박 3일 간의 활동을 한 후 회사에 복귀하여 결과 보고를 하자는 의견이었던 것이다.

이처럼 각 사람은 각자의 생각이 서로 다르고 이로 인해 기업 내의 모든 활동에 있어 하나의 사안을 놓고도 각자의 실천방안에 대한 의견은 서로 달리 제시되었던 것이다. 물론 이러한 경우의 다양한 제안은 그 주제 자체가 그리 첨예한 사안이 아니었기에 서로 다른 의견에 대해 심각하게 받아들일 사항은 아니지만 이것이 기업의 중대 사안이나 심각한 사안일 경우를 가정한다면 우리는 조금 더 예민하게 이 문제를 받아들여야 할 것이다. 결국 기업 내의 각 개인의 행동은 자신의 가치관이 아니라 자신이 속한 기업의 가치관과 생각에 그 뿌리를 두어야 할 것이다.

(3) 기업의 생각과 꿈이 바로 기업 경영이념과 비전

결국 기업 내의 모든 구성원이 개인적으로는 서로 다른 가치관을 가지고 있으니 그들의 행동이 기업 경영자원의 활용에 효율성과 효과를 기대하기가 그리 쉽지 않은 이유가 바로 여기에 있는 것이다. 따라서 기업은 적어도 우리 기업에 속해 있는 한 우리 기업이 존재하는 존재의 이유, 즉 우리 기업의 사상이요 존재가치를 모든 종업원이 확실히 이해하고, 각자의 직무에 임할 수 있도록 해야 할 것이다. 그리고 모든 종업원은 그들이 기업의 경영활동 중 해야 할 의사결정과 행동이 바로 이 존재가치에 따라 생각하고 실행하도록 그들만의 존재가치를 대내외에 표방하고 이에 준하여 행동해 주길 바라는 것이다. 이 행동 기준이 바로 기업의 '경영이념' 또는 '사훈'이요 이것이 바로 기업의 '존재가치' 요 '공유가치' 가 되는 것이다. 따라서 모든 종업원들은 자신에게 주어진 의사결정의 순간마다 해당 기업이 가지고 있는 경영이념에 따라 의사결정하고 행동하게 되며, 이것이 기업 내에서 지속화되어 성과로 이어질 때 기업이 바라는 장래의 모습, 즉 비전이 나타나게 되는 것이다. 결국 기업은 자신의 가치관을 모든 구성원이 공유하고 이를 바탕으로 시너지화 되는 행동을 유도할 뿐 아니라 이를 통해 기업이 바라는 미래의 모습, 즉 장래상이자 장기 비전과 목표를 보다 효과적으로 달성하도록 노력하는 것이다.

(4) 기업의 꿈을 실현해 나가는 행위, 가치창조 활동

다만, 기업은 기업의 모든 종업원이 함께 인식하고 행동해야 할 그 기업의 기업경영 철학, 즉 공유가치를 좇아 함께 가되 여기에 반드시 필요한 한 가지 전제 사항을 염두에 두어야 한다. 그것은 끊임없는 기업의 '가치창조활동' 이다. 이것은 기업경영활동의 매우 중요한 수단이기도 하고 여기에 매우 다양한 수단들이 내포되어 있기도 하다. 우리는 앞으로 어떻게 기업을 경영해 나가야 할 것인가 하는 관점에서 보다 다양한 가치창조 활동의 수단들을 살펴보게 될 것이다.

(5) 경영이념과 비전의 수립과 실행 사례

앞서 설명한 바와 같이 기업은 자신이 가장 중요하고 가치가 있다고 그 구성원들이 느끼는 기업경영의 기본 철학을 경영이념으로 설정하고 모든 구성원이 이를 공유함으로써 기업경영의 시너지를 극대화하고 이를 통해 기업의 장기 목표와 비전을 이루어 나간다고 했다. 이때 무엇보다도 중요한 것은 공유가치의 '전파와 공유' 그리고 '가치창조 활동의 실천' 에 있는 것이다. 가치창조의 실행은 본서에서 지속적으로 설명할 것이기에 생략하겠으나 전파와 공유는 여기에서 한번 짚고 가는 것이 좋겠기에 국내 한 기업의 사례를 통해 좀 더 상세히 설명해 두고자 한다.

L그룹은 1980년대 말까지 지속되어 왔던 '인화단결', '협동', '연구개발' 이라는 과거의 그룹 경영이념을 1990년을 전후하여 2000년 비전을 수립하는 과정에서 '고객을 위한 가치창조' 와 '인간존중의 경영' 으로 바꾸고 새로운 모습으로 변화하기 위한 과감한 시도를 전개하였다. 이어 L그룹은 이 두 가지의 경영이념을 대내외에 선포하고 이를 중심사상으로 하여 모든 구성원들이 하나된 사상 하에 행동할 수 있도록 행동규범을 만들어 개인의 행동지침이 되는 내용들을 전파하고자 했다.

즉 이들은 그룹 내 연수원을 통해 '고객을 위한 가치창조활동' 이 구체적으로 어떤 사상이고 어떻게 실천해야 하는지를 훈련을 통해 숙지시키고, 그 효과를 극대화했을 뿐 아니라 '인간존중의 경영'도 마찬가지의 방법을 통해 그룹 내 모든 구성원이 숙지하고 행동할 수 있도록 노력한 바 있다.

다음과 같이 L그룹의 경영이념을 설명한 〈표 1-2〉를 보면 그룹의 경영이념을 구조적 측면과 그 중점내용을 통해 모든 구성원의 사상 속에 각인되도록 설명하고 있다. 그리고 이 사상이 무엇이고, 어떻게 행동해야 하며, 그러기 위해서는 어떤 요건들이 필요한가를 찾아 전파시키고, 공유를 위한 교육을 하기도 하고, 또 우수실천 자들에게 대대적 포상을 하는 등 많은 노력을 한 끝에 대내외에 자리잡게 된 것이다.

〈표 1-2〉 L그룹의 경영이념 개요

경영이념	구 조	중점내용
고객을 위한 가치창조	기업의 존재목적으로 전략 전개의 기본사상	• 고객이 사업의 기반 • 가치는 고객 만족 • 시장의 혁신과 선도자
인간존중의 경영	경영의 대원칙으로 조직운영의 기본사항	• 인간이야말로 가치의 원천 • 상호신뢰와 협력 • 개인의 창의와 자유 존중 • 인재로 육성

① 고객을 위한 가치창조

'고객을 위한 가치창조'의 예를 보자. 이 경영이념 속에는 다음과 같은 다섯 가지의 개념을 포함해두고 있음을 분명히 했다. 그 첫째는 고객이 누구인가를 명확히 인식해야 한다는 것이고, 둘째는 해당 고객의 니즈가 무엇인지를 아는 것, 그리고 셋째는 고객에게 어떻게 부가가치를 창출해야 하는가 하는 방법론의 제시이며, 넷째로는 노력한 결과가 고객에게 얼마만큼의 부가가치를 창출했는지 인식하는 것, 그리고 마지막으로는 고객과 내가 서로 상생의 관계가 되었는지, 즉 윈윈의 성과를 가져왔는지를 확인하는 다섯 단계의 행동 실천 사항이다. 그룹은 이러한 고객을 위한 가치창조의 의미를 구체화함으로써 그룹 내 모든 조직원들이 이 경영이념을 보다 구체적으로 실천할 수 있도록 체계적으로 노력하고 실천하였다.

〈표 1-3〉 고객을 위한 가치창조의 구체적 개념

경영이념	개 념	시 사 점
고객을 위한 가치창조	1. 고객이란 누구인가?	• 내부고객(종업원, 협력업체) • 외부고객(구매자, 잠재구매자)
	2. 고객의 니즈는 무엇인가?	• 고객의 니즈 찾기 훈련
	3. 고객 가치창출의 아이디어는?	• 아이디어 창출 기법 학습 • 고객 만족 기대
	4. 고객에게 부여한 부가가치는?	• 고객에게 부가가치를 창출 • 창출된 부가가치를 계산
	5. 고객과 나의 상생구조는?	• 고객과 내가 동시에 부가가치를 얻었는가? 그리고 윈윈했는가?

② 인간 존중의 경영

'인간존중의 경영' 역시 마찬가지 방법으로 명확화하고 실천력을 높이도록 했다. L그룹의 제2의 경영이념인 '인간존중의 경영'은 '내가 먼저 존중 받을만한 인간'이 되자는 대전제 속에서 시작된다.

그 다음 '나와 너의 관계'의 중요성을 강조한다. 즉 조직 내 타인과의 관계_릴레이션십_를 통해 조직의 성과를 극대화한다는 대전제가 핵심이다. 따라서 사람과 사람의 행동을 이해하는 기법을 숙지시키고 이를 통해 타인과의 대화기법, 타인과의 협력능력 제고 등을 가르쳐서 구성원이 일정 수준에 도달하도록 유도한다.

마지막 단계가 팀워크이다. 팀은 어느 한 개인이나 두세 사람만의 조직은 아니다. 따라서 두 사람의 관계까지는 모르겠으나 여러 사람이 모여 있는 조직은 그 양상이 다르다. 서로가 상대를 배려하면서 조직이 가지고 있는 목표를 달성하는 과정에서 얼마만큼 효율적이고 효과적으로 일을 추진해야 할지는 조직 내 모든 구성원도 중요하지만 각 조직의 위임자(맨 데이트)의 역할은 그만큼 더 중요하다. 또한 조직 내 위임자와 연합하여 조직의 의사결정과 행동을 수행해나가는 각자의 스킬도 무엇보다 중요하므로 이러한 요건들을 충족시키는 훈련 과정을 통해 인간존중의 과정을 배우고 실천 가능하도록 유도하는 것이다.

〈표 1-4〉 인간존중의 경영의 구체 개념

경영이념	구 조	중점내용
인간존중의 경영	1. 내가 먼저	• 내가 먼저 존중 받을만한 인간이 되자 • 나의 미래와 기업의 미래 생각하기
	2. 나와 너	• 인간 이해하기 • 인간 관계하기
	3. 우리 함께	• 함께하는 삶(사회, 조직) • 맨 데이트(위임자)의 역할과 협조로 조직의 성과 도출

(6) 기업존재가치와 가치창조활동을 통한 비전 추구

결론적으로 경영이념은 막연한 기업의 생각이나 뜻을 문자화하는 것이 아니라 진정으로 그 기업의 창업자나 CEO 그리고 기업의 구성원 모두가 지향해야 할 기업의 존재의 이유이자 기업의 사상을 말하는 것이다. 따라서 기업은 이 사상을 명확히 하여 모든 구성원이 공유함으로써 그들의 경영활동에 있어서 끊임없는 가치창조 활동을 지속해 나가도록 해야 할 것이다. 결국 기업은 이를 통해 장래의 모습 즉 장기목표와 비전을 이루어 나가게 되는데 이것이 바로 기업의 본질이라 해도 과언이 아닐 것이다.

(7) 미션(Mission)에 관하여

그렇다면 기업경영이념이 기업의 미션과는 어떻게 다를까? 앞서 설명했듯이 기업의 존재 이유, 기업의 존재가치, 기업의 설립 정신인 경영이념과 함께 혼용하여 사용하고 있다. 다만 어떤 기업에서는 기업 미션을 경영이념과 다소의 차원을 달리하여 경영이념의 바탕 하에 지향해야 할 기업경영의 방향성, 곧 그 구체적인 지향목표를 보다 확연하게 표현하여 차별화해서 사용하는 기업도 있다.

예를 들어 L그룹의 경영이념은 '고객을 위한 가치창조' 와 '인간존중의 경영'이다. 하지만 그룹 내 각 기업은 자신의 사업영역 내에서 나름의 존재이유가 있다. 이럴 경우 각 기업은 나름의 존재이유를 '기업사명'(미션)이라는 타이틀을 통해 그 구성원이 지향해야 할 정신적 지표를 표방하게 되는 것이다. 그룹 내 환경관련 기업이 '글로벌 녹색경영의 선도자' 를 자신의 미션으로 표방하는 예는 바로 이러한 사례라고 할 수 있겠다. 다만, 때로 이 둘을 혼용하여 기업경영 이념과 함께 기업의 미션(사명)을 같은 개념으로 사용하는 경우도 있으니 용어의 해석에 너무 큰 의미를 두지 않는 것이 더 바람직하다 할 것이다.

(8) 종합_기업다운 기업의 첫 번째 요건

이상과 같이 경쟁력 있는 기업이요 기업다운 기업이라면 무엇보다도 먼저 그 '기업의 모든 구성원이 기업의 존재가치인 기업 경영이념을 하나 된 사상으로 이해하고, 함께 동일한 방향으로 꿈(비전)을 향해 하나되어 나아가되 이 과정 속에서 끊임없는 가치 창조활동을 해 나가고 있는 기업'이 진정한 기업다운 기업의 첫째 요건이라 할 수 있겠다. 또 이것이 우선되어야만 그 기업이 내적으로는 정체성이 분명한 기업으로 확고히 설 뿐 아니라 대외적으로도 국가나 경제, 사회적 측면에서 그 존재가치를 더욱 빛내고 자체적으로 생존과 성장을 지속할 수 있는 기업이라 말할 수 있다는 것이다.

결론적으로 기업은 〈표 1-5〉에서 보듯이 자신의 존재가치를 통해 조직원들의 사고와 행동을 일치시키고 모든 조직원의 행동에 가치창조활동을 통한 시너지를 극대화 함으로써 기업 공동의 목표인 비전실현을 위해 끊임없이 정진하는 기업이어야 한다는 것이다.

〈표 1-5〉 기업다운 기업_가치관과 꿈을 가진 기업*

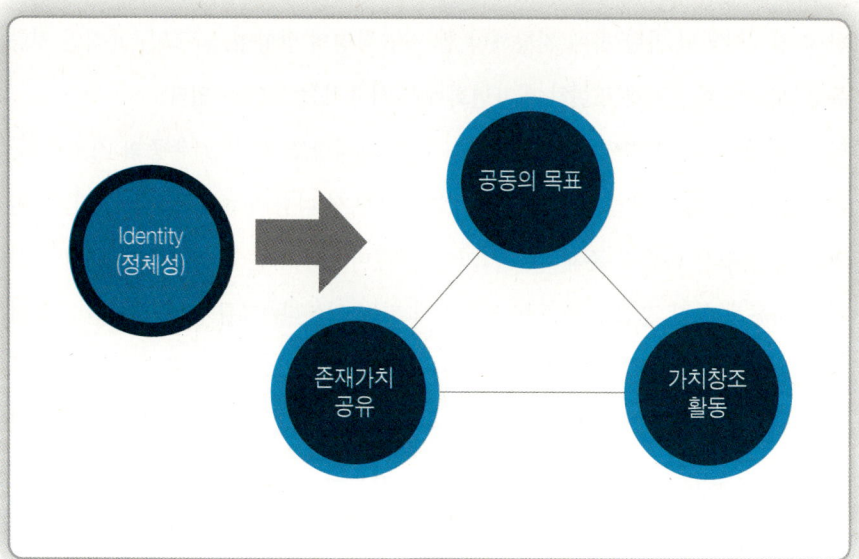

하나된 존재가치를 공유하고 지속적인 가치창조 활동을 통하여 공동의 목표를 추구해 나가는 기업

2) 이해관계자와 상생하는 기업

(1) 기업의 이해관계자

* 주) 존재가치(=경영이념), 가치창조 활동(기업가치 제고), 공동목표(=비전, 장단기목표)

앞에서 기업은 기업 내 조직원이 하나 된 사상(경영이념)을 가지고 기업의 비전을 향해 한 방향으로 행동하는 조직체라고 한 바 있다. 그러나 이것만으로는 기업다운 기업이 되기에는 부족한 부분이 많다. 왜냐하면 기업은 자체 조직 내의 활동과 그 결과만으로 그 기업의 유지와 존속을 보장할 수 없기 때문이다. 때론 기업의 가치창조물(상품, 제품, 서비스 등 기업이 생산하는 일체의 부가가치를 일컬음)에 대하여 적정한 대가를 지급하길 원하는 구매자, 또는 잠재구매자_ 이를 '외부고객'이라 한다_가 그 기업의 가치창조물을 지속적으로 요구하고 선호하느냐가 기업경영에 매우 중요한 영향을 주게 되기 때문이다. 따라서 기업은 무엇보다도 이에 주안점을 두고 경영의사결정을 내려야 할 때가 많다.

한편으로는 기업의 가치창조물을 책임지고 있는 기업 내 종업원들이나 협력업체들의 의사나 행동이 기업 활동과 그 결과에 커다란 영향을 미치게도 한다_이를 내부고객이라 칭함_. 이뿐 아니다. 기업이 필요에 의하여 금융거래 관계를 지속할 수밖에 없는데 이러한 대 금융기업 또는 채권자들 역시 기업의 의사결정 시 중요한 영향을 미치게 된다. 게다가 기업은 자신의 사업을 효과적으로 수행함에 있어 정부의 각종 규제나 지원, 조세 등과 관련하여 정부기관과 긴밀한 관계를 가질 수밖에 없다. 따라서 해당 기업이 관계해야 하는 정부기관 역시 기업에게 중요한 이해관계자일 수밖에 없을 것이다.

또한 무엇보다 중요한 것은 기업의 주체 측인 주주가 어떤 시각으로 기업을 바라보고 있으며 무엇을 어떻게 원하느냐 하는 것은 기업 경영자가 주시해야 할 또 하나의 매우 중요한 사안이 될 것이다.

따라서 기업은 기업 내 종업원만의 관점에서 모든 의사결정과 행동을 해야 하는 것이 아니라 기업과 연관된 모든 이해관계자들의 관점에서 그들의 필요(니즈)를 충족시키고 만족시킬만한 행동과 의사결정을 필요로 하는 것이다.

결국 기업의 이해관계자를 정리해 보면 <표 1-6>에서와 같이 손익계산서 항목을 연상하여 생각해 낼 수 있는바 첫째, 구매자나 잠재구매자와 같은 대외고객과 둘째, 협력업체나 내부 종업원 같은 대내고객 그리고 셋째, 은행, 채권자 넷째, 정부

다섯째, 주주 등 해당 기업에 영향을 미칠 다양한 이해관계자들을 배려하고 감안하여 의사결정을 하고 행동해야 한다는 점을 깊이 인식해야 할 것이다. 이러한 기업이 진정 가치 있는 기업이고 경쟁력 있는 기업인 동시에 영속성 있는 기업이라 말할 수 있는 것이다.

〈표 1-6〉 손익계산서를 통해 본 이해 관계자

손익 항목	이해 관계자	비 고
매 출 액	• 수요자, 잠재수요자	

매 출 원 가	• 총원가
	-종업원, 협력업체
		1. 대내외 고객을 통한 지속적인
		   수익창출 (영업이익)
		• 대외고객 : 수요자, 잠재수요자
		• 대내고객 : 종업원, 협력업체
		
		2. 은행, 채권자인 금융권 이해관계자
		
		3. 정부, 주주의 이해관계자와 윈윈하는
		   기업

매 출 이 익		
판 관 비		
영 업 이 익		
영 외 손 익	• 금융비용-은행, 채권자	
새 전 이 익		
법 인 세 등	• 정부기관	
당 기 순 이 익		
배 당	• 주주	
유 보		

(2) 이해관계자와 윈윈하는 기업

국내에서 오늘날 세계 정상급 기업들과 어깨를 나란히 할 만한 수준으로 성장했다고 할 수 있는 기업들을 보면 그리고 그 최고경영자를 보면 그들의 모든 경영행위나 의사결정 행위가 항상 위에 언급한 이해관계자에 커다란 초점이 맞추어져 있음을 실감케 한다.

종업원들을 향해 '인재제일'을 외치고 최고의 인재를 채용 및 육성하려 하면서도 또 다른 내부 고객인 협력업체들과 상생경영을 주창하며 함께 가야 하지 않겠냐고 하는 이런 일들이 내부고객과의 관계를 중시한 일들이고, 이러한 내부고객들에게 자신의 제품이나 상품, 서비스는 물론 외부 고객인 구매자에게 최대의 가치를 창출해주도록 최선의 노력을 다하고 있는 것이다.

어떤 기업은 사장 결재란 다음에는 반드시 고객의 결재란을 만들어 최고 경영자가 자신의 의사결정 이후 이 결정에 대하여 고객은 어떻게 생각할까를 염두에 두도록 한 것들은 바로 대내외 고객이라는 이해관계자에 대한 중요성 때문이리라 생각된다.

이는 국내의 기업에만 국한되지 않는다. 에디슨이 창업한 GE_제너럴일렉트릭_은 1900년대 후반에 들어와 잭웰치라는 경영자를 통해 오늘날의 GE로 성장되어 왔다고 해도 과언이 아니다. 화공분야의 엔지니어였던 잭웰치는 그의 저서「끝없는 도전과 용기」에서 자신이 GE에 입사하여 회장이 되기까지 21년 동안 실무자로 일을 시작하면서부터 최고경영자에 이르기까지의 모든 과정을 서술했다. 그리고 회장이 된 후 20년 동안 회사의 일을 통해 겪었던 다양한 일들과 의사결정 과정 그리고 소회를 정리한 바 있는데 그는 자신이 기업에서 일하면서 고민하고 결정하는 모든 의사결정과 경영 행위에는 반드시 위에 언급한 이해관계자를 전제한 고민과 의사결정이 있었음을 잘 표현해서 기록했다.

(3) 종합_기업다운 기업의 두 번째 요건

이상과 같이 경쟁력 있는 기업이요 기업다운 기업이라면 기업 내외의 이해관계자들과 힘께 부가가치를 나누고, 함께 윈윈하는 기업이어야 진정한 의미의 기업다운 기업이라 하지 않겠는가!

결국 다음의 <표 1-7>의 이해관계자의 고리를 통해 기업의 이해관계자는 누구이며, 이들을 고려한 기업의 주요 의사결정들은 어떤 것들이 있을까를 고민해 볼 필요가 있을 것이다. 그리고 이것은 이미 언급한 바와 같이 일정 기간 동안 기업경영 활동과 직결되어 나타나는 손익계산서의 모습을 통해서 더 구체적으로 알 수 있겠다.

〈표 1-7〉 이해관계자와 윈윈하는 기업*

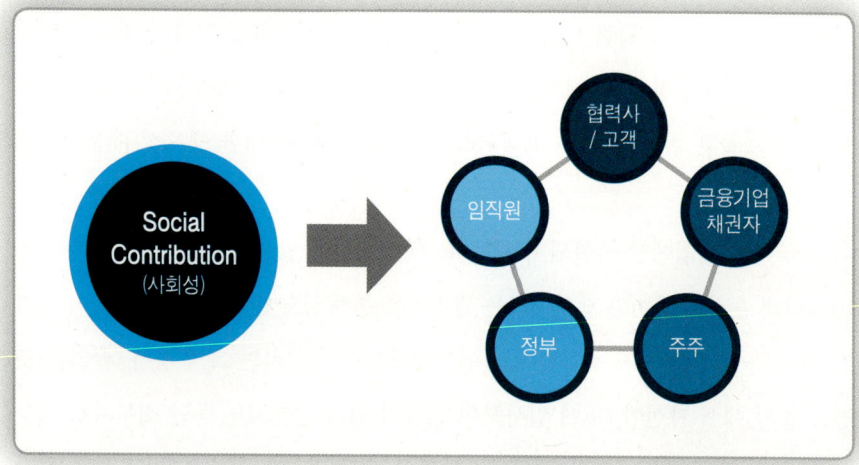

주주, 경영층과 종업원, 협력사와 대외고객, 금융 기업 및 채권자, 정부 등 자사의 여타 이해관계자와 윈윈하는 기업

3) 환경 대응 능력을 가진 기업

(1) 경영환경의 중요성

기업은 이와같이 종업원들의 명확한 기업가치의 인식과 이에 따른 행동의 시너지를 통해 기업가치를 지속적으로 높이되 기업의 이해관계자와의 관계성도 최대한 고려하여 경영 의사결정과 경영 행위를 해야 한다는데에 인식을 같이 했다. 하지만 이러한 두 가지 부문에서 아무리 완벽하다 할지라도 예측할 수 없는 경영환경에 민감히 대처하지 못한다거나 변하는 환경에 올바른 대응을 하지 못함으로써 기업의 유지, 존속이나 성장에 막대한 해를 입는 경우가 많다.

(2) 경영환경의 변화와 기업의 대응

〈표 1-8〉에서 보듯이 기업은 자신을 둘러싸고 있는 대내외의 환경변화가 무엇인지 그리고 이러한 각 요소들 중 어떠한 요소의 변화가 얼마나 자사 관련시장에 그

---

* 참고) 기업의 이해관계자를 손익계산서를 연상하여 이해해 보자.

리고 자사에 영향을 미치는지 민감해야 할 뿐 아니라 보다 유연히(Flexibility) 대처할 수 있는 역량을 가지고 있어야 한다.

<표 1-8> 대환경 대응능력의 기업*

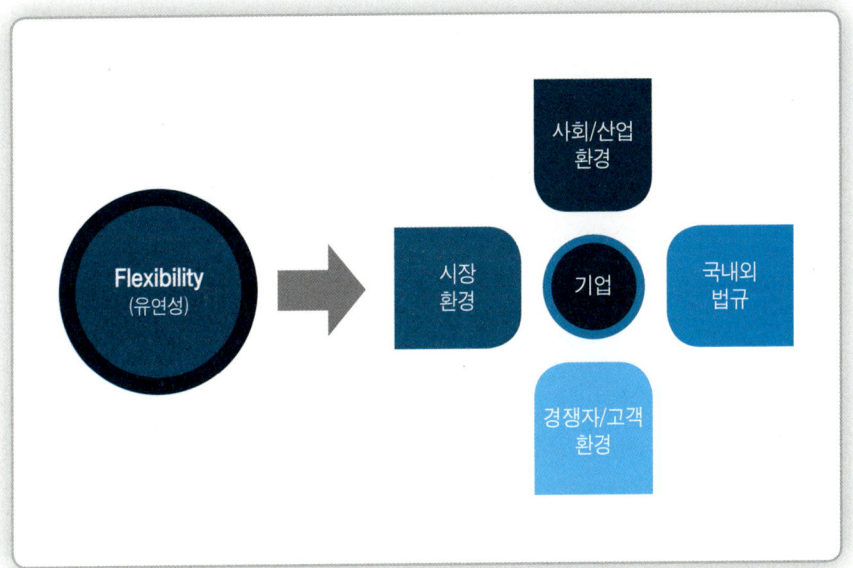

더구나 최근의 국제환경의 커다란 변화와 함께 국내 정치경제적 변수가 이토록 크게 영향을 미치는 시기에는 기업마다 자신에게 영향을 주는 환경들은 제각기 다르고, 그 영향력이 달라 각 사가 이를 찾아 대비해야 할 문제이긴 하지만 이 또한 가능한 환경분석 툴을 최대한 활용하여 보다 효과적으로 그 예상 가능한 환경을 분석하고 찾아냄으로써 향후 사업전략에 반영할 수 있어야 한다.

이 내용은 차후 각 단계별로 별도로 자세히 설명하고자 한다. 다만 기업은 이러한 환경변화에 대한 대응 능력을 끊임없이 키워나가야 하고, 사전에 경쟁력 있는 기업으로의 준비를 대환경적 대응능력과 이의 도전과정으로 인식하여 만반의 대비를 해나가야 하는 것이다. 결과적으로 환경대응 능력의 요소가 경쟁력 있는 기업의 필수요소가 됨을 다시 한 번 강조하게 되는 것이다. <표 1-8>의 환경대응능력 기업이 살펴야 할 3C FAW 방식의 환경분석 툴을 참조하면 좋겠다.

* 주) 기업이나 조직의 대내외 환경을 종합하여 3C FAW로 표현함.

(3) 기업다운 기업의 정리

기업다운 기업이란 기업조직의 형태만 갖추었다거나 단기의 수익만을 위해 수단과 방법을 가리지 않으며 경영해 나가기만 하는 기업도 아니요, 외부의 어떤 환경의 영향으로 쉽게 와해되어버리는 그런 허약한 기업을 말하는 것도 아니다.

〈표 1-9〉에서 나타난 것과 같이 첫째, 모든 종업원이 '하나 된 기업의 존재가치에 준거하여 기업의 장래상을 향해 끝없이 정진하고 가치창조 활동을 해나가는 기업'이며 이 과정 속에서 반드시 둘째, '기업과 필연적으로 함께 가야 할 이해관계자들과 상생의 관계가 지속될 수 있는 기업' 그리고 셋째, '변화하는 기업 대내외적 경영환경에 탄력적으로 대응하는 기업'을 말한다 할 것이다. 또 '그만한 역량을 가지고 있는 기업인가 아닌가' 하는 것이 바로 '기업다운 기업'을 가늠하는 지표가 될 것이다.

결국 기업다운 기업이란 기업의 정체성을 분명히 하고 모두가 이를 인지하여 이해관계와 상생하는 경영을 통해 가치창조활동에 매진해 나가되 변하는 환경에 민감하여 대응해나감으로써 최고의 가치를 창출해 나가는 기업을 말한다.

〈표 1-9〉 기업다운기업(종합)

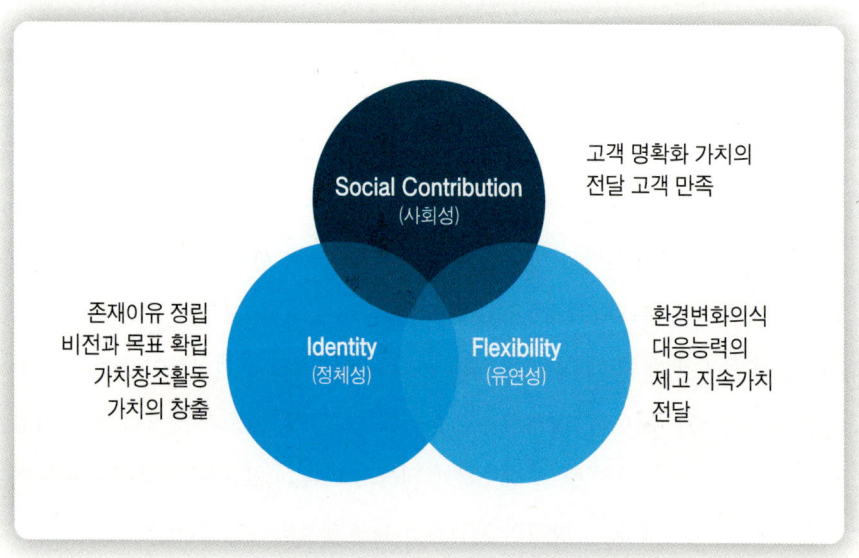

(4) 전략경영으로 기업가치 극대화 추구

이러한 기업다운 기업은 특별히 환경대응경영을 통하여 지속적으로 기업 가치를 극대화하고 고객 만족을 추구하는 기업을 말하는데 이를 기업의 전략경영이라 한다. 기업은 자신에게 끊임없이 변화되어 다가오는 외부의 환경변화에 대응하기 위한 체질을 만들어야 하고, 이것이 가능하도록 하기 위해 필요한 조직의 체계와 인력을 구축함에 최선의 노력을 경주해야 하는 것이다.

경쟁력 있는 기업은 앞서 언급한 환경변화에 최적의 대안을 통해 대응할 줄 아는 기업이고 다음의 〈표 1-10〉에서와 같이 자사, 고객, 경쟁사 그리고 외부의 다양한 환경의 변화에도 최고의 기업가치 제고와 고객 만족도 제고를 만들어 나가는 기업이라는 점을 놓쳐서는 안될 것이다.

아울러 이와 같이 환경에 대응하여 최대의 성과를 도출해내는 기업의 전략을 우리는 전략경영_Strategy Management_ 이라고 하고 이를 달리 환경대응경영이라고 말하기도 한다.

〈표 1-10〉 전략경영으로 기업가치 극대화

FAW
- 환율
- 금리
- 유가
- 관세율
- 법규 등

이해관계자, 공동의 가치관
- 자사
- 경쟁사 — 경쟁자의 강,약점
- 고객 — 고객의 니즈, 트랜드

→ 기업가치 제고 고객 만족

2. 지속가능 기업의 기업경영 모델

지금까지 우리는 진정 기업다운 기업은 어떤 기업인가에 대해 알아보았다. 그렇다면 그러한 기업이 바람직한 경영을 해나간다는 뜻은 무엇인가?

이제부터 우리는 '기업경영'은 무엇이고, 어떻게 경영해 나가는 것이 바람직한 것인지에 대해 알아보기로 하자. 기업경영이란 기업이 경영의 제 자원을 효율적이고도 효과적으로 운용하여 최대의 성과를 창출하기 위하여 노력하는 경영의 모든 활동을 말한다. 하지만 어떠한 주제를 두고 한 가지 측면만으로 정의를 내리기는 언제나 문제가 있기 마련이다. 핵심의 한 단면을 짚을 수 있을지는 몰라도 이것이 양면성 또는 다면성을 통해 종합적인 관점에서의 정의로 이해되기에는 한계가 있기 마련이다.

따라서 우리는 기업경영을 보다 폭넓게 이해해야 하고 그러면서도 기업의 단순, 반복적 측면에서만이 아니라 지속적이고도 영속적인 유지와 발전 차원에서 기업경영을 이해해야 할 필요가 있다고 보는 것이다. 이에 본서는

첫째, 기업이 시간의 관점에서 일정한 활동을 단순 반복적으로 실행해 나가고 있음에 주목하여 경영 활동을 '일관된 프로세스 관점'에서 바라보고 이해하자고 하는 것이다. 본서에서는 이를 기업경영의 '프로세스 관점' 또는 이러한 프로세스가 반복적으로 지속되기에 '사이클 관점의 기업경영'이라 표현하여 설명하도록 할 것이다.

둘째로는 이러한 경영의 활동 속에 기업의 성장동기를 부여하는 그 어떤 것은 없는지 하는 관점에서 기업경영을 이해하고자 한다. 즉 '성장 관점에서의 기업경영'을 통해 얼마나 성장할 수 있는 기업인가를 이해해 보자는 것이다. 다시 말해 누구나 최적의 프로세스를 통해 소기의 성과를 달성하고자 하는 의지와 노력은 있기마련인데 도대체 어떤 구조적 필연이 미래에 기업을 더 높이, 더 멀리 가도록 할 수 있겠는가 하는 것을 보자는 것이다. 이는 또 다른 차원의 기업경영의 이해라 볼 수 있다. 즉 어느 기업이 이토록 성장한 데에는 어떤 성장의 에너지가 있었는가 하

는 관점에서 이해되고 예측되어야 하는가 하는 얘기다.

끝으로 우리는 위 언급한 두 가지 관점에서 기업경영을 이해할 수 있으나 결국 전략과 사업계획, 예산관리 등 모든 기업의 활동은 현금의 흐름과 연계하여 그 계획과 성과를 숫자로 정리하여 분석하고 다시 피드백할 수밖에 없다.

즉 모든 기업경영의 시작과 끝은 현금의 투입과 결과의 산출로 이해될 수 있어야 한다는 관점이다. 이는 기업경영이 현금흐름 경영의 관점에서 바라볼 수 있어야 한다는 말이다. 여기서 우리는 이러한 현금흐름 경영의 이해를 통하여 재무제표를 이해하게 될 것이고, 이를 통해 재무제표를 기반으로 한 기업 경영분석 그리고 더 나아가 미래의 현금흐름 추정과 이를 기초로 한 사업이나 기업의 사업가치와 기업가치까지 평가할 수 있게 될 것이다. 결국 우리는 기업경영을 어느 하나의 관점으로 판단하기보다〈표 1-11〉에서와 같은 적어도 세 가지 차원의 관점에서 바라보고 이해해야만 어느 한 부분에 치우치지 않는 기업경영의 시각을 가질 수 있을 것으로 판단한다.

〈표 1-11〉 기업경영의 3차원 이해

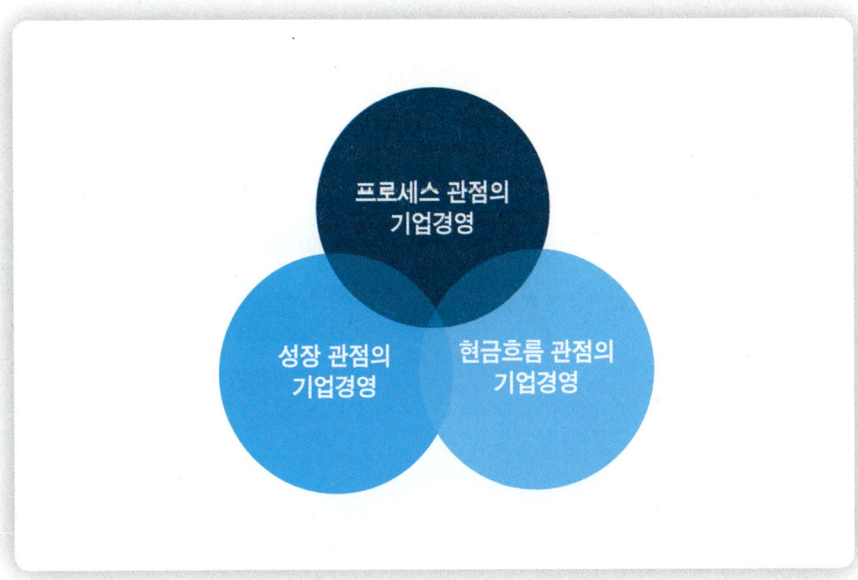

1) 프로세스 관점의 기업경영

기업경영 활동을 일관된 어떤 프로세스 측면의 경영활동이 지속적으로 반복되고 있다는 관점에서 기업경영을 바라본 것이다.

(1) 기업의 본질로부터 출발

프로세스 관점의 기업경영은 기업의 모든 경영활동이 가장 먼저 해당 기업의 본질로부터 출발한다고 본다. 기업의 본질이란 기업의 존재이유, 즉 경영이념으로부터 시작하여 모든 종업원이 이를 정점으로 미래 이루고자 하는 목표지점, 즉 비전과 장래상을 향해 나아가되 미래의 모습을 보다 명확하게 하는 약 10년 후의 장기목표를 구체적이고도 분명하게 설정함으로써 출발과 목표점을 확실히 정의한 사실을 기업 본질의 핵심이라고 본다. 여기에 한 가지를 더한다면 중기적 차원에서의 최고경영자의 경영에 대한 방향성, 즉 경영방침을 포함한 개념이 기업의 본질에 포함되게 된다. 〈표 1-12〉를 통해 확실한 개념을 익혀두기로 하자.

〈표 1-12〉 기업의 본질

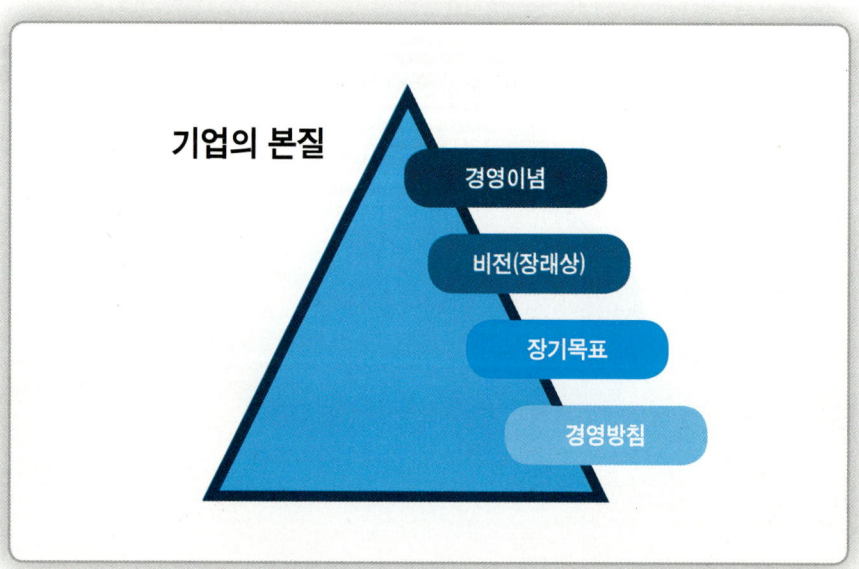

(2) 경영환경의 분석

기업은 자신의 본질을 명확히 하고 이를 달성하기 위해서 다양한 전략들을 사전에 준비하여 실천하려 하는바 이때는 항상 기업내외의 환경 분석을 통해 자사를 객관적으로 바라보고 향후 보다 실천 가능하고 효과적인 전략을 확보하고자 한다.

따라서 기업은 자사의 환경분석을 통해 자사의 강점은 무엇이고 약점은 무엇인지를 찾아보게 된다. 내부 환경분석이라 함은 자사의 역량 평가는 물론이고 자사의 조직 구조와 문화에 대한 분석을 통해 그 역량을 발휘할 수 있는 기반이 얼마나 구축되어 있는지, 보유한 역량에 대한 시너지 수준은 어느 정도인지를 가늠해 보는 것이 중요하다.

또한 자사 역량 분석 시에는 앞서 언급한 바 있는 자사의 제 기능을 중심으로 한 각 기능의 강, 약점 분석과 함께 기업 전반의 사항, 즉 CEO의 리더십, 경영자 관리 역량, 종업원들 개인의 Man Power와 하고자 하는 열망 등을 포함하여 자사 전반의 사항을 분석하게 된다.

마찬가지로 기업은 이렇게 자사의 역량 분석 외에도 외부환경 분석을 하게 되는데 이때는 고객의 니즈는 무엇이며, 그 트랜드는 어떠한지에 관한 고객 분석과 경쟁사의 강점은 무엇이고 약점은 무엇인지를 파악하게 되는 것이다.

또한 시장 전반의 환경, 즉 환율, 금리, 유가, 관세율 등 경제와 경영 전반에 걸쳐 영향을 미칠만한 시장 요소들에 대한 현재와 미래의 분석, 즉 시장환경의 분석을 통해 기업의 대내외 환경을 종합 분석하게 되고, 이를 통해 해당 기업의 장기목표를 성취하는데 걸맞은 전략을 수립하게 된다.

앞서 언급한 바 있는 3C FAW 분석과 같은 툴을 활용하여 기업의 경영환경분석을 통해 전사 차원의 전략과 사업 그리고 사업부문(기능)의 전략 등을 구체화하여 제시해 나가는 것이다

〈표 1-13〉 경영환경 분석의

구 분	구 조	비 고
자사환경 분석	**본원적 기능의 역량분석** • 원료조달, 생산, 영업 능력 • In&Out Bound 물류 및 A/S능력 **지원기능의 역량 분석** • 기획, 인사, 총무, 재경 R&D 등	• 자사의 강점과 약점 분석 • 과거와 현재, 미래 분석 • 경쟁사 대비 분석
외부 경영 환경 분석	**고객 분석** • 고객의 니즈, 트랜드, 충성도 등 **경쟁사 분석** • 자사 분석과 동일한 방법 **시장환경(FAW)분석** • 환율, 금리, 유가, 관세율 • 국제원자재 가격, 법령, 법규 • 국제정치, 군사, 문화, 무역관계 등	• 과거, 현재, 미래의 분석

(3) 전략의 도출

이처럼 기업은 자신의 본질을 최우선으로 정립한 후 여기에 맞는 전략을 도출하게 된다. 또 이때는 반드시 자신의 대내외에 있게 될 현재와 미래의 환경 분석을 통해 전략을 수립하게 된다고 했다. 기업이 전략을 수립함에 있어서는 크게 세 단계의 전략으로 구분하여 설명할 수 있겠다.

우선은 최고경영자가 보는 기업차원의 전략을 말한다. 이는 전략 가운데 최상위 레벨에 해당하는 것으로써 우리는 이를 기업전략(Enterprise Strategy 또는 Corporate Strategy)이라고 한다.

다음으로는 기업 내 각 사업본부장 또는 사업부문장의 차원에서 세우고 실행해야 할 전략이 있을 수 있는데 우리는 이를 사업전략(Business Strategy)이라고 한다. 그리고 이러한 각 사업의 전략 속에는 기업 내 각 조직이나 기능들이 가져야 할 기능전략 혹은 부문전략(Functional Strategy)이 있는데 이는 각 부문의 팀장 또는 임원이 세우고 실행해 가야 할 전략인 것이다. 이렇게 기업은 환경 분석을 통해 현재와 미래의 자사 기업전략, 사업전략, 그리고 부문(기능)전략의 각 레벨별 전략을 수립하고, 이를 통해 보다 효과적으로 비전을 추진해 나가고자 하는 것이다.

〈표 1-14〉 3 Level 전략

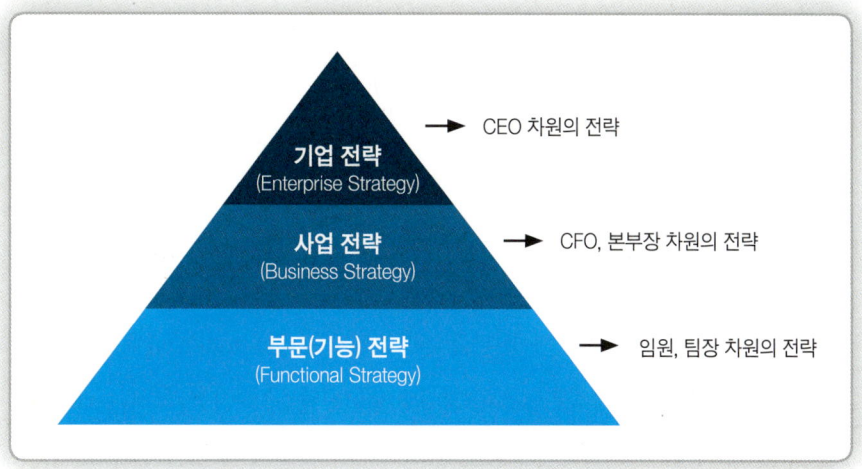

특히 부문(기능) 전략에 있어서는 앞서 설명한 바와 같이 각 기업이 가지고 있는 기능(본원적 기능과 지원기능의 각 기능) 중 어떤 기능을 중심으로 사업을 강화시켜 나갈 것인가 하는 관점에서 전략을 수립한다고 보면 좋을 것이다.

예를 들어 원료조달이 강한 기업은 해당 기능을 중심으로 사업과 기업의 경쟁력을 가일층 키워나가려 할 것이고, 생산기능이 중심이 되고 다른 기능이 상대적으로 취약한 기업은 생산중심의 기업을 만들어 나가고자 할 것이며, 영업기능이 중심이 되는 기업은 영업을 주력 기능으로 하는 기업으로 성장해 나가려 할 것이다. 또한 물류 기능의 역량이 탁월한 사업부나 기업이 있다면 이때는 해당 기능을 중심으로 사업을 전개하려는 전략을 수립하게 될 것이고, 아울러 A/S기능이 강한 기업은 A/S중심의 기업이나 사업을 주력으로 하는 전략을 선택할 것이다.

마찬가지로 기획이나 인사, 총무나, 재무 등의 지원기능도 그 기능의 강점이 사업이나 기업의 핵심기능으로 전략화 된다면 결국 사업의 본질이자 수익 창출의 본질이 해당 기능에 초점이 맞춰져서 전략화될 것이란 얘기다. 이때 전략화되는 핵심 기능을 우리는 KVD(Key Value Driver: 사업핵심요인) 또는 KFS(Key Factor for Success: 성공인자)라고 한다. 물론 모든 부문의 강점을 가진 기업들도 있어 이러한 기업들은 종합기능을 연계한 최적의 사업시너지 전략을 구축하고 실행하게 될 것이다.

(4) 전략의 실행계획과 실천단계

이제 기업의 본질과 환경 분석을 통해 전략을 도출한 기업들은 이 전략을 보다 구체적으로 계획하고 실천해야만 기업의 궁극적인 목표를 달성할 수 있게 될 것이다. 따라서 기업은 이를 보다 확고히 실천할 수 있는 다섯 단계의 실행절차를 통해 기업의 목표를 완성해 나가게 된다. 즉 조직화(Organization)단계, 자원배분(Distribution)단계, 사업계획(Business Planning)단계, 예산관리(Budgeting)단계, 평가와 보상(Evaluation)단계로 구분하여 각 단계별 구체 실행의 완성도를 높여나가게 되는 것이다.

〈표 1-15〉 Action Planning & Action (실행계획 수립과 실행) 단계

단계	내용
조직화	• 중장기 경영 전략에 부합하는 조직의 재구축 • 전략의 변화마다 조직의 재구축(Re-Organization)
자원배분	• 조직에 부합한 제 경영자원의 배분(Distribution) • 선택과 집중(핵심사업중심, 정리 철수 사업 고려)
사업계획	• 전략과 자원배분에 의거 중, 단기 사업계획을 수립 • 사업 목적별, 사업장별, 사업성과 지향의 목표 수립(Business Planning)
예산관리	• 조직별, 기간별, 계정별, 지역별로 구분 관리 편성(Budgeting) • 예산의 편성, 집행, 통제, 분석의 Feed Back 운용
업적평가	• 예산관리 단위의 평가시스템 운용(Evaluation) • 반드시 평가와 보상이 연계되어야 함
Feed Back	• 일정 관리 주기별 Feed Back 필수 • 모든 경영자와 관리자가 항시 Monitoring

① 조직화(Organization) 단계

기업의 본질로부터 환경 분석을 통해 기업과 사업 그리고 기업 내 각 기능의 전략을 도출한 기업은 자사의 전략을 효과적으로 추진하기 위한 조직의 재구축(Re-Organization)에 실행단계의 첫 단추를 열게 된다.

물론 조직화는 일반적으로 인사의 역할이라고 인식하고 있으나 보다 근본적인 차원에서는 조직의 역할과 임무를 분명히 하고자 하는 전략적 차원에서의 조직화가 우선이기 때문에 일반적으로 전략을 잘 이해하고 있는 부서(전략부서)가 새로운 조직을 입안하거나 기존 조직을 변화시키는 역할을 주도하는 것이 우선이 될 것이다.

물론 인사부서가 이를 분명히 알아 조직 재구축에 적용한다면 문제가 없겠으나 일반적으로 전략과 전략에 따른 조직구축은 전략주관부서에서, 조직 내 해당 인원의 선정은 인사부서에서 구축하는 것이 올바른 방법으로 인식되고 있다.

② 자원배분(Distribution) 단계

이제 전략을 근간으로 하는 조직이 갖추어지면 각 조직에 적절한 자원배분이 이루어져야 할 것이다. 이때 사람을 적재적소에 배분하는 일은 인사부서가, 사업에 필요한 재원전략은 재무와 전략부서가, 사업예산관리의 기획과 관리는 기획 또는 관리부서에 일임하여 각자의 역할 분담을 하게 되는데 이같이 각 주무부서의 전문기능에 따라 기업 내 모든 자원의 배분전략이 적절히 이루어지게 된다.

자원의 배분은 기본적으로 기업 전체의 목표와 핵심전략에 맞는 배분이어야 할 것이고, 이후 각 사업 및 기능전략에 맞게 배분이 이루어져야 하는 것이지만 무엇보다도 기업전체의 전략과 이익에 부합하는 차원의 배분이 전제되어야 한다는 점을 잊어서는 안 된다.

③ 사업계획(Business Planning)의 단계

이제 최적의 자원배분이 결정되면 이를 보다 구체적으로 일정기간에 어떻게 실행해 나갈지를 서로 정하고 이를 기준으로 하여 실행력을 높여나가는 단계를 밟게 된다. 이것이 바로 사업계획 단계가 될 것이다.

사업계획은 일반적으로 1~3년 주기의 기간을 대상으로 한다. 그래서 굳이 중기계획이라 표현하지 않더라도 3년 단위의 사업계획이 기본이 된다. 이때 차기 1년차는 월간으로, 이후 2~3년차 사업계획은 연간 단위로 수립하게 된다.

사업계획의 단계는 전략과 조직 그리고 자원배분의 원칙 하에 전사나 각 부문이 어떠한 수익계획과 비용계획을 가지고 얼마만큼의 목표를 달성할 것인가로 시작하여 각 부문(기능)이 무엇을 중점적으로 실행해 나갈 것인지를 그려나가는 과정이라 할 수 있다.

이를 위해 영업기능에서는 매출(수입)계획을 수립하고, 생산기능(부문)에서는 생산 및 원가계획을, 투자부문에서는 투자관련 계획을, 재무부문에서는 이상의 사업을 원활히 진행하기 위한 자금의 조달과 운용계획을 수립함으로써 중, 단기간의 기업 살림살이를 그려내는 과정을 거치게 되는 것이다.

④ 예산관리(Budgeting) 단계

이제 기업은 조직화, 자원배분의 과정을 거쳐 사업계획 단계를 통해 기업의 전략 실천을 구체적으로 실행해 갈 노정을 그려나가게 되는데 이를 보다 구체적으로 세분화하여 실천력을 높이는 단계에 이르고자 예산관리의 단계를 활용하게 된다. 일반적으로 관리라 함은 계획(Plan), 실행(Do), 평가(Check)의 연속적 반복을 말하는데 여기서 예산관리도 예외는 아니다.

즉 사업계획의 밑그림을 각 사업부나 사업(제품)이 그리고 각 사업장과 부서가 그리고 각 계정과목별, 계정항목별로 구체적으로 얼마나 벌고 쓰는지에 대해 계획하고, 할당하고 집행하며, 분석하도록 하는 절차를 거치게 된다. 이럼으로써 사업계획의 본질을 보다 구체적이고 실천적으로 수행하게 되는 것이다. 우리는 이러한 PDC 과정을 예산관리 (Budgeting) 과정이라 한다.

⑤ 업적평가(평가와 보상, Evaluation) 단계

그러나 이상의 네 단계가 사업의 성과 극대화를 보장해주지는 않는다. 왜냐하면 모든 계획과 성과의 사이클에서 볼 때 성과에 대한 평가가 반대급부(인센티브)와 연계하여 이루어질 때 개개인에 대한 자기성취욕과 조직성과 성취욕을 자극함으로써 미래 더 큰 성과를 기대할 수 있게 되기 때문이다.

따라서 본 단계에서는 일정 기간 중 개인과 조직의 성과를 어떻게 정리하고 분석하고 평가하여 피드백하겠다는 보다 명확한 체계를 만들어 조직원이 공유하고 실제 실행하는 과정이 있어야만 그 성과를 기대할 수 있을 것이다. 이런 차원에서 이상의 다섯 단계 중 마지막 단계 역시 매우 중요한 하나의 단계라 하지 않을 수 없다. 아니 어쩌면 이 과정이 기업성과 극대화에 가장 중요한 과정이 아닐까 싶다. 이것이 바로 평가와 보상의 단계이다. 따라서 이 단계에서는 기업이나 조직의 특성에 맞는 그리고 조직문화에 적합한 올바른 평가와 보상시스템의 구축과 시행이 무엇보다 중요하다고 하겠다.

(5) 전략경영 모델

이상과 같이 기업의 본질로부터 환경 분석을 통해 기업의 전략을 수립하고 이를 바탕으로 보다 구체적인 실천방안을 수립하여 끊임없이 실행해 나가는 과정 그리고 이를 시간의 흐름과 함께 계속해서 반복되기에 이를 프로세스 관점의 기업경영이라 하고, 이것이 매년 일정의 사이클로 움직이기 때문에 저자는 이를 '사이클 관점의 기업경영'이라 표현하기도 한다.

이상의 사이클 관점의 〈표 1-16〉과 같은 기업경영모델은 앤소프_Ansoff_와 같은 전략경영 학자들이 제기한_ 전략경영모델_ Strategy Management Model_ 등과 크게 다르지 않다.

아래 표와 같이 프로세스 관점의 기업경영모델은 기업의 본질로부터 기업과 사업 그리고 부문 전략에 이르기까지 전략을 수립하는 과정을 통상 '기업 비전과 장기 전략의 수립'이라는 과정으로 이해하고 있고, 이를 'Long-Term Strategy Planning'

으로 해석할 수 있으며, 수립된 전략으로부터 전략 실행을 위한 다섯 단계의 실행 과정을 '중, 단기 사업계획 수립 및 실행' 즉 'Short-Term Strategy Planning' 으로 이해할 수 있다. 결국 기업은 비전과 장기 전략으로 시작해서 단기의 계획과 실행으로 사이클적 순환과정을 갖게 되는데 이를 '사이클 관점의 기업경영'이라 저자는 표현했고, 어떤 이들은 이와 크게 다르지 않은 모델들을 통해 일명 '전략경영모델'로 표현하기도 했다.

여기서 비전과 장기전략은 마치 태양과 같은 존재이고, 단기사업계획과 실행은 지구와 같은 존재로 생각한다면 더 쉽게 이해할 수 있다. 즉 지구는 단기 프로세스를 매년 쉼 없이 자전하듯 움직이지만 태양과 별개로 움직이는 것이 아니라 태양을 향해 공전하는 존재로 경영해 나가고 있다는 것이다. 즉 단기 사업계획수립과 실행은 매년 쉼 없이 계획하고 실행하고 피드백하는 과정을 지속하지만 항상 장기전략과 목표를 중심으로 하여 수정하고 실행해 나가고 있다는 의미이다. 여기서 전략수립은 Long-Term Strategy Planning과 Short-Term Strategy Planning의 오버랩되는 부분으로 이해할 수 있다.

〈표 1-16〉 기업경영의 순환도 (전략경영모델)

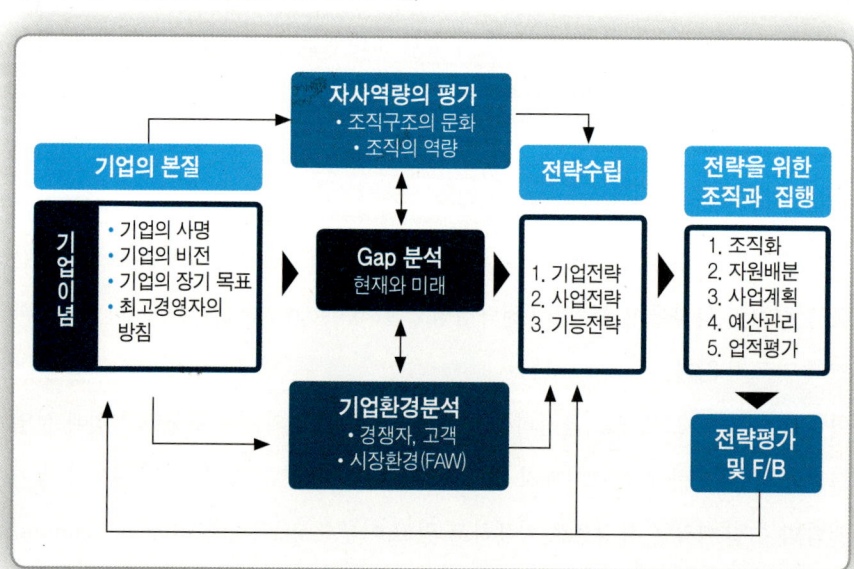

2) 성장관점의 기업경영

(1) 배경

프로세스 관점의 기업경영은 사실 대부분의 기업이나 조직이 이 과정을 거쳐 나름의 성과를 만들어가고자 하고 있다. 다만 각 기업이 얼마나 효율적으로 이 프로세스를 운영하고 있으며, 얼마만큼의 효과를 통해 기업 내 성과를 서로 다르게 도출해 낼 것인가의 차이만 있을 것이다. 이것 역시 기업마다 사업목적, 사업유형, 사업규모의 정도 등 차이에 따라 적용할 수 있는 프로세스의 방법들이 다소간 차이가 있을 수 밖에 없기에 또 다른 관점의 기업경영을 바라보지 않고는 그 기업의 미래 실현 가능한 성과 예측을 올바로 할 수 없다. 이것이 바로 성장관점의 기업경영의 핵심이다. 즉 프로세스는 다소의 차이는 있으나 특정 기업 간의 미래의 모습은 너무나도 다르게 나타나는데 그 결정적 요인은 또 무엇인가. 그것이 바로 이 기업에 어떠한 성장 에너지가 포함되어 있었는가 아니면 지금 포함되어 있는가 하는 관점에서 바라보는 것이다.

(2) 핵심역량

성장관점의 기업경영의 첫 번째 이슈는 '핵심역량' 이다. 기업은 기업 내 제 경영자원을 가지고 가장 합리적이고 경제적인 방법에 의해 최대의 성과를 창출하고자 노력한다. 이들은 그 경영자원을 어떻게 활용해서 최대의 성과를 내고자 할까? 바로 자신의 제 자원 중 남과 차별화되거나 남보다 우위에 있는 역량을 십분 활용하려 할 것이다. 이것이 자사의 '핵심역량' 이라 하는데 바로 이 핵심역량을 얼마나 잘 활용하는가 하는 것이 성과의 관점 중 하나인 것이다. 자신의 핵심역량이 기업의 제 기능 가운데 무엇인가 그리고 시장 내에서 경쟁사에 비해 자신의 전략적 우위는 무엇인가 등을 보고 이를 백분 활용하는 전략은 그 성공 확률을 높이는데 지대한 역할을 할 것이라는데 의심의 여지가 없다. 이는 앞으로 자사의 환경분석 가운데 제 기능에 대한 강, 약점 분석을 통해 다시 한번 설명하기로 하겠다.

(3) 현금창출 극대화

둘째는 주력사업 및 비주력 사업에 대한 '전략적 운용'이다. 기업은 자신의 핵심역량을 중심으로 사업을 전개해 나가지만 각각의 사업의 내용과 상황은 모두가 상이하다. 즉 자신의 사업 중 수익사업이나(또는 수익사업이면서) 전략사업은 기업 내 가능한 자원을 최대한 활용하여 현금창출을 극대화하는 방향으로 전략을 추진하게 된다. 즉 주력사업에 전략을 집중함으로써 기업 내 현금창출 능력을 제고하게 된다는 말이다.

이에 반해 기업 내 비 주력사업 즉 비수익 사업이나 상대적 비전략 사업에 대해서는 보다 냉철한 상황판단 하에서 계속 가져갈 것인지 아니면 어느 특정 시기에 정리나 철수를 통해 현금 회수를 계획할 것인지를 결정하고 이를 추진해 나가야 한다는 것이다.

간혹 최고 의사결정자들은 자신의 의사결정에 따라 투자되어 진행되고 있는 사업에 미련을 두고 있거나 아니면 미래 혹시나 하는 기대를 가지고 있어 이러한 결심을 내리기 어렵고, 이 결과 추후 참담한 결과를 가져오게 되는 경우를 저자는 종종 보았기에 이 또한 매우 중요한 성장관점의 기업경영의 한 축이라 본 것이다.

(4) 재투자

마지막으로 성장하는 기업의 또 다른 하나의 축이라 한다면 그것은 바로 이렇게 창출된 현금을 가지고 무엇을 하는가 하는 관점이다. 어떤 기업은 우선적으로 부채를 상환하고 이후에는 현금유보를 우선으로 하는 기업이 있을 수 있고_이를 보수적 경영이라 할 수 있다_ 어떤 기업은 가능한 한 최대의 재투자를 통해 사업규모의 확장과 수익규모의 확대를 우선으로 하는 기업이 있을 수 있다_이를 공격적 경영이라 할 수 있음_ 하지만 일반적으로는 최적의 재무구조와 함께 적정한 재투자를 통하여 안정적 구조하의 미래에 가치있는 사업에의 재투자를 지속함으로써 기업의 지속적인 성장을 추구하게 된다.

변화 없는 기업이 존속될 수 없듯이 투자 없는 기업이 성장할 수 없는 것이다. 이러한 큰 흐름이 바로 성장하는 기업의 일관된 모습이며, 이것이 기업의 영속화를 만들어 준다는데 이의를 제기하지 않는 것이다. 다만 기업이 기존의 사업을 통해 재무적 안정성을 이미 확보했고, 이를 통해 재도약의 전략을 구상하기는 하나 내부 핵심역량이 부족할 경우 어찌해야 할지 당혹스런 경우도 우리는 자주 만날 수 있다는 것이다.

이때 각 기업이 활용할 수 있는 것이 기업의 인수합병 방식의 사업전개를 우리는 기억하게 된다. 즉 현재 가지고 있지 못한 핵심역량을 가장 빠르고 효과적인 방법으로 확보하는 대안으로 M&A(Merger & Acquisition; 기업 인수 및 합병)를 많이 활용하게 되는 것이다.

1960년대 자본, 기술, 천연자원 등 무엇 하나 없었던 시절, 대한민국이 경공업 투자를 통해 성장하다가 중화학공업의 시대를 만들어가게 되고, 이후 성장을 거듭하면서 건설, 금속, 자동차 산업에 이어 중공업과 조선산업의 시대를 연 이후 1970년대 중반에 들어서는 전자산업의 시대를 맞게 되었다.

당시 새로운 사업으로의 전환을 모색하고자 했던 시대에 전기·전자분야가 미래 블루오션으로 전망되었으나 최초 섬유산업에 진출하여 기업을 세우고 중공업 진출과 이의 성공을 통해 재정적 여력을 갖춘 기업들에게 전기·전자 사업의 핵심역량을 크게 기대할 수 없었음은 자명한 일이었을 것이다.

이에 해당 기업들은 당시 기술력은 있으되 자본은 미약한 기업과의 연계를 통해 미래 전략산업 분야의 진출을 꾀했음을 기억할 필요가 있다. 즉 자본력과 조직력을 갖춘 기업들이 전기·전자의 기술력 등 내부역량은 있으나 단기간 확장역량이 미약한 기업과의 연계를 통해 일거에 관련 사업에의 진입과 성장을 기대하여 인수 또는 합병방식의 전략 전개를 통해 성장해 나갈 수 있었던 것이다.

최근에도 미래 자율주행차 시장의 기대와 자사의 기존 역량의 시너지를 극대화하고자 삼성전자가 10조 원 수준의 자금을 투입해 전장사업부문의 진입을 위한 하만 인수(M&A)전략을 사용한 예라든가 엘지그룹이 ZKW에 1조 원 넘는 자금을 들여 M&A 한 사실들은 이를 반증하는 결과가 될 것이다.

이상과 같은 성장관점의 기업경영을 이미 GE사의 고도성장기를 만들어 나갔던 잭월치는 당시 GE's Growth Engine이라 하여 다음과 같은 모델을 소개하고 있으므로 〈표 1-17〉을 활용하여 각 기업의 사업전개 전략 수립에 큰 참고가 있게 되기를 기대한다.

GE's Growth Engine 모델을 보면 여유자금을 통한 재투자의 방법에 있어 금융사업에의 투자나 다양한 방법의 자금운용전략 등이 포함되어 있음을 알 수 있다. 따라서 재투자에는 반드시 신규 또는 확장투자만을 의미하지는 않으며, 기업의 특성에 따라 기업이 필요한 재투자의 의미를 확장하여 해석하고 운용하는 전략들을 모두 포함한다고 보는 것이 옳겠다.

〈표 1-17〉기업영속 성장 모델 (GE's Growth Engine Model)

(5) 기업의 영속적 성장을 통한 기업가치의 극대화

궁극적으로 기업은 단기적인 이윤 추구보다는 장기적 관점에서의 영속적 성장 추구가 더 중요하고 영속적 성장을 위해서는 <표 1-18>처럼 첫째로는 기존사업 중 수익이나 전략사업 등 핵심사업으로부터의 지속적 수익창출을 도모해야 한다. 둘째로는 비수익사업이나 비전략적 사업의 철수 또는 정리를 통한 현금흐름의 증대를 추구하면서 이를 바탕으로 한 미래사업재도약 추진전략 일환인 신규 또는 확장사업에의 재투자가 하모니를 이룰 때 기업가치의 극대화가 이루어질 수 있다고 보는 것이다. 또한 기업가치 극대화는 기존 사업의 수익력 제고와 함께 각 사업의 사업역량이 지속적으로 강화되어 미래사업 가치는 물론 기업가치를 극대화 시키는 내용을 포함하는 의미로 이해되어야 한다. 셋째로는 기업재도약을 위한 신규 또는 확장사업의 재투자로 장기적 관점에서 기업 가치 극대화에 있다고 할 것이다.

<표 1-18> 기업의 영속적 성장 추구

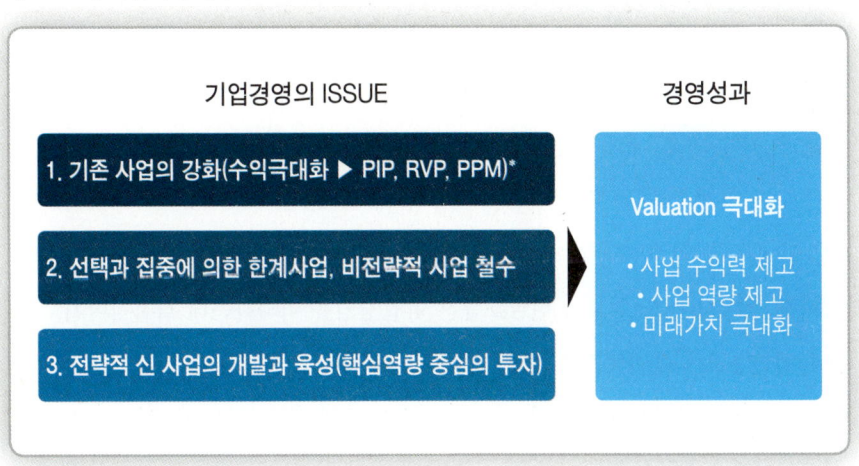

* 주) PIP : Profit Improvement Project 수익성 증대 프로젝트
RVP : Re-Vitalized Project 사업(기업) 회생전략 프로젝트
PPM : Product Portfolio Management 포트폴리오 사업구상

3) 현금흐름관점의 기업경영

(1) 배경

앞서 우리는 기업경영의 이해를 1. 프로세스 관점의 기업경영과 2. 성장 관점의 기업경영으로 이해했다. 그러나 이 두 가지의 기업경영 이해의 틀은 우리가 기업경영을 보는 관점(시각)에서의 설명이며, 중요하긴 하지만 실제 활용 측면에서는 결국 기업경영이 돈의 흐름으로 계획되고 실행되며 평가될 수밖에 없음을 잘 알고 있다. 즉 중장기 관점의 전략도 Cash로 나타나게 되고 단기사업계획이나 예산관리도 결국은 Cash로 나타내게 되는 것이다. 이처럼 돈의 흐름으로 기업을 이해하는 것을 우리는 현금흐름경영_Cash Flow 경영_이라고 말한다.

(2) Cash Flow 경영의 개요

추후에 현금흐름의 경영에 대해 자세히 언급하겠지만 기업의 자금조달 활동과 그 자금의 운용 활동, 그리고 운용의 결과를 현금흐름의 순환으로 나타내는 모습을 현금흐름경영이라 한다. 즉 기업경영 활동의 다양한 모습을 현금흐름을 통해 이해할 뿐 아니라 해당 기업의 재정상태뿐 아니라 일정 기간 동안의 손익상태를 파악할 수 있게 되고, 과거의 실적을 통해 미래의 합리적이고도 의욕적인 계획을 수립할 수도 있게 되는 것이다.

따라서 모든 기업경영의 흐름은 최대한 숫자로 계획하고 실행하며 분석하고 평가하게 되므로 그 어느 것보다 현금흐름은 기업경영을 이해하는데 직접적이기도 하고 확실한 도구임을 이해해야 할 것이다.

일본의 3대 경영인으로 추앙받는 마쓰시다 그룹의 총수였던 마쓰시다 고노스게(松下) 회장은 "기업 내 관리자를 추천할 때 숫자를 모르는 사람은 관리자를 시키지 말라." 라고 할 정도였다 하니 기업경영에 있어 그 경영의 내용을 나타내는 숫자야말로 얼마나 중요한 것인지 알 수 있지 않겠는가?

결국 마쓰시다 그룹은 그룹 내 관리자라면 당연히 알아야 할 재경부문의 소정 교육과정을 만들고 이를 수료함으로써 관리자의 역할을 다할 수 있는 내부규정을 만들고 이를 실행하게 된다. 소위 재경대학이란 것이 그것이었다. 국내 기업에서도 이를 벤치마킹하여 그룹에 적용시킨 대표적인 그룹이 바로 L그룹이었고, 이후 국내 많은 기업들이 현금흐름경영의 중요성을 인식하는 계기가 되기도 했다.

그만큼 기업의 현재의 경영흐름을 알려주고 미래의 흐름을 얻어내는 과정은 기업경영의 계수(수치)이기에 현금흐름이라는 것은 그 무엇보다도 중요한 것이다.

(3) 재무회계와 관리회계

기업경영의 근간이 숫자로 표현된다면 그 첫 번째의 사례는 역시 재무제표가 될 것이다. 재무회계는 기업의 외부 이해관계자를 중심으로 하여 객관적인 룰인 GAAP(Generally Accepted Accounting Principle, 일반적으로 인정되는 회계원칙)에 따라 계수화하는 것이다. 반면, 관리회계는 기업의 내부 이해관계자를 중심으로 관리목적의 틀과 계수를 읽어나가는 것인바 재무회계는 오류가 있을 시 고칠 수 있지만 관리회계, 특히 현금흐름 경영은 잘못된 판단과 전략적 의사결정을 가져올 수 있기 때문에 큰 오류의 경우 잘못된 의사결정에 따른 극단적 결과를 가져올 수 있음을 감수해야 하는 것이 아닐까 한다.

이만큼 주주의 관점에서 일반적 룰에 따라 기업경영의 성과와 기업재정 상황을 작성하고 공포하는 일은 지극히 공개적이고 정기적이며 합법적이어야 하지만 관리회계는 기업 내부의 경영자들이 기업경영을 보다 구체적이고 현실성 있게 바라보고 의사결정하기 위한 수단이자 자기만의 관리방식으로 바라보는 회계이니만큼 독자적이고 독창적인 도구와 방법들이 있을 수 있겠다.

아래 〈표 1-19〉의 재무회계와 관리회계 차이를 통해 두 방식의 차이를 좀 더 알아 두기로 하자. 이후 현금흐름경영은 다음 장에서 더 자세히 설명하기로 한다.

〈표 1-19〉 재무회계와 관리회계 이해

구 분	재무회계	관리회계
정 의	기업의 재무상태, 경영(실적), 현금흐름을 측정, 보고하는회계	경영계획, 통제 등 경영의사결정을 위한 정보를 제공하기 위한 회계
대 상	외부 보고 중심 (주주, 채권자, 정부, 고객 등)	내부 이해자 중심(CEO, 경영층, 임직원, 노조 등)
관리단위	기업단위	기업 / 사업별 / 부분별 / 팀별/ 제품별 / 계정과목별
보고서 / 주기	재무재표(GAAP 기준 / 반기, 년간)	경영실적 보고서(주기없음)

(4) 재무회계와 관리회계 관점의 경영분석

일반적으로 재무회계 관점에서의 경영분석이라 함은 재무제표를 근간으로 한 경영분석을 말한다. 재무제표에 의한 경영분석은 재무제표 자체가 그 특성상 GAAP에 의해 작성된 재무와 손익 그리고 현금흐름의 일정 룰에 따라 만들어진 것이니만큼 일반적 룰에 따라 경영분석을 용이하게 할 수 있다. 우리는 이를 그냥 재무분석이라 표현하고 이것이 더 사실에 가깝다고 본다. 하지만 재무제표에 의한 경영분석은 작성자의 특수한 의도나 왜곡된 처리에 의해 그 수치가 사실과 달리 표기되어 나타날 가능성도 배제할 수 없기에 이 점을 감안하여 분석하거나 분석의 결과를 바라보아야 할 필요가 있다.

여기에 비하여 관리회계 관점의 경영분석은 기업 내부의 실질적이고도 구체적인 자료를 근거로 분석할 수 있고 이를 내부경영자나 관리자가 바라보고자 하는 부분을 집중하여 분석하는 것이니만큼 왜곡의 가능성보다는 활용적 가치 측면에서 더 중요한 의미를 갖는다 하겠다. 일반적으로 관리회계 관점의 경영분석은 기업 내부의 전략적 의사결정에 많이 활용된다는 점이 재무분석과의 큰 차이점이라 할 수 있다.

현금흐름경영과 사업가치

 제 2 장

제2장

현금흐름경영과 사업가치

1. 현금흐름경영과 재무제표

현금흐름경영이란 기업 내 모든 경영활동을 돈의 흐름 관점에서 정리하여 기업의 일정 시점의 재정상태와 일정기간 내의 손익활동을 이해할 수 있도록 할 뿐 아니라 현금흐름을 통해 기업 내의 자금흐름이 어떻게 흘러가는지를 이해하고 차기 모든 경영활동을 재무적 계수를 기반으로 계획하고 결과를 분석, 피드백 해나가는 경영활동을 말한다.

1) 자본의 조달

(1) 자금의 조달방법과 양태

기업경영은 기업의 주인이 되는 주주로부터 향후 예상되는 기업의 규모와 성장을 고려하여 투하하는 최소한의 자본 투하로 시작된다. 즉 자금조달의 제1순위는 기업의 주체자인 주주의 자금을 통해 이 세상에 기업으로의 형태를 드러내게 되는 것이다.

기업은 자신의 경영활동을 위해 추가로 소요될 자금을 기업외부로부터 조달해야 하는데 이때 조달한 자금은 금융기업, 또는 채권자로부터 직접 차입하는 자금과 때론 직접적으로 자금을 조달한 것은 아니라 하더라도 현금이나 상품, 서비스 등의 경영활동에 필요한 자금에 대해 차입 또는 지불유예 등의 형태를 통해 자금을 조달하는, 일명 매입채무 형태의 자본조달 방법이 있다.

즉 자금의 조달은 주주와 같은 사람들로부터 조달하는 자기자본 조달과 은행 및 채권자들로부터 조달하는 타인자본 조달의 두 가지로 크게 대별한다. 이때 자기자본을 일반적으로 그냥 자본이라 하고, 타인자본을 빚 또는 부채로 구분하여 부른다.

또한 자기자본과 타인자본의 구성이 어떻게 되어있는지를 우리는 자본의 구조라 한다. 자본의 구조를 한 눈에 볼 수 있는 지표는 자기자본비율과 부채비율이 그 대표적인 지표라 할 수 있는데 총자본 대비 자기자본이 얼마인지를 알아보는 지표를 자기자본비율이라 하고, 자기자본 대비 타인자본비율이 얼마인지를 나타내는 지표를 부채비율이라고 한다. 이때 자기자본비율이 크면 클수록 자본의 구조는 안정적일 수 밖에 없고 부채비율이 크면 클수록 자본의 구조가 불안정하게 나타나는 것을 우리는 알 수 있다. 그러나 마냥 자본의 구조가 안정적이라고 해서 좋은 것 만은 아니다. 과연 어느 정도의 수준이 각 기업에서 최적의 자본구조로 평가될 수 있겠는가에 관해서는 추후 자본의 구조와 최적자본구조를 설명하는 부분에서 자세히 언급하기로 하겠다.

〈표 2-1〉 자금조달 방법과 자본의 구조

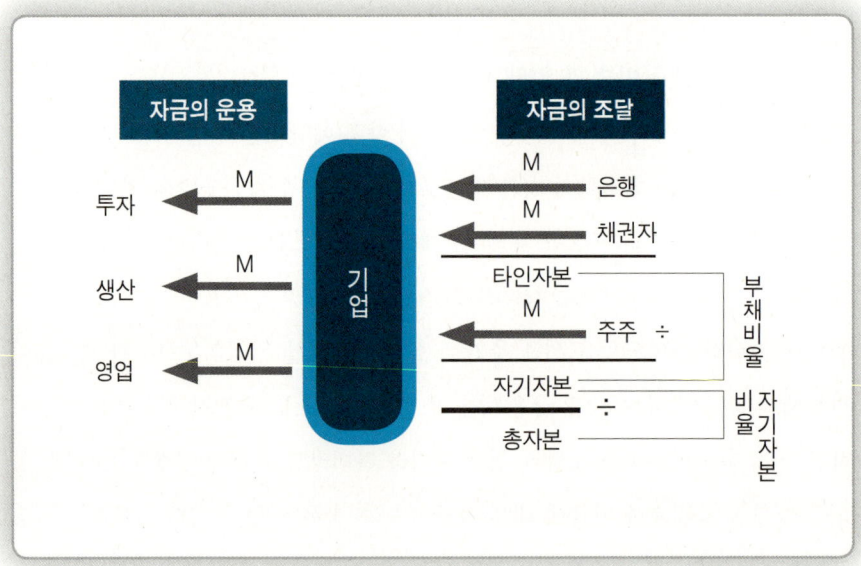

(2) 합리적인 자본구조

앞서 언급했듯이 자기자본과 타인자본의 구조는 한 기업의 재무구조 가운데 매우 중요한 의미를 가지고 있다. 한 마디로 안정적이냐 그렇지 않느냐의 관점이다. 재무구조가 안정적이라 하면 기업의 재무적 평가가 좋아 외부자금 조달이 상대적으로 용이할 뿐 아니라 충분한 자금을 유리한 조건으로 사용할 수 있고, 이 결과 새로운 사업에 진출할 경우에도 보다 경쟁적 입지를 확보하여 출발할 수 있을 것이다. 반면 자본구조가 불안정할 경우는 어떤가. 그 반대가 될 것이다. 그렇다면 자본구조의 안정과 불안정을 대표하는 지표는 무엇일까? 추후 재무제표에 의한 경영분석의 장에서 상세히 언급하겠지만 여기서는 우선 가장 중요한 두 가지만 언급하고 넘어가기로 하자.

그것은 바로 자기자본비율과 부채비율이다. 자기자본비율은 총자본 가운데 자기자본이 얼마인가_자기자본/총자본*100_를 보는 관점이고 일반적으로 33% 이상의 수준을 바람직한 비율로 인식하고 있다. 또 하나가 있는데 이는 부채비율이다. 부채비율은_부채/자기자본*100_ 자기자본 대비 부채가 얼마나 되나를 기준으로 보는 자본구조 지표 중 하나이다. 이 또한 최대 200%, 또는 그 이하의 지표로 나타날수록 안정적이라 평가한다. 결국 자기자본이 클수록 그리고 부채가 적을수록 안정적 자본구조가 되는 것이다. 그렇다고 무조건 안정적 자본구조면 좋을까? 바로 이것이 기업이 경영활동을 할 경우 자본을 어느 수준으로 조달하는 것이 합리적인가를 결정해야 할 중요한 요소가 되는 것이다.

즉 총자본 중 자기자본비율이 크면 자본은 안정적이긴 하나 자기자본 사용에 대한 대가 즉 매해 지속되는 배당에 대한 부담이 따르게 되고 여기에 타인 자본을 사용함으로써 얻게 되는 법인세 절감효과도 상대적으로 얻기 어렵다.

반대로 자본 대비 부채가 과다할 때는 비록 자기자본에 대한 대가 즉 배당에 대한 부담을 잊고 필요한 기간만큼 자금을 사용하고, 이후에는 번 돈으로 부채를 상환함으로써 법인세 절감 효과까지 누릴 수 있을지는 모르나 과다한 부채로 인한 재무구조의 불안정은 기업의 자금 조달에 불리한 상황을 안게 되고 어떤 경우 최악의 상황을 맞을 수도 있기에 기업 나름의 적정선을 찾아가는 것이 지혜로워 보인다. 결국 이것이 기업이 경영활동을 할 경우 자본을 어느 수준으로 조달하는 것이 합리적인가를 결정해야 할 중요한 요소가 되는 것이다.

(3) 최적자본구조의 모형

결국 기업이 자기자본과 타인자본을 가장 적절하게 구성하여 가져가는 구조를 우리는 최적자본구조라 하는 것이다. 기업의 자본구조는 기업에 따라 그리고 그 기업의 상황과 조건에 따라 천차만별이다. 하지만 기업의 자본구조가 어떠한 것이 가장 이상적이고 바람직한가 하는 것에는 이론적이고도 합리적인 방안이 있지 않겠는가?

기업은 자본의 조달에 대한 최소한의 자본조달의 대가를 지불하게 되며 타인자본 역시 조달 당시 약정한 타인자본의 조달 대가를 지불하게 된다. 따라서 기업은 자기자본이든 타인 자본이든 자본 조달의 대가를 사전에 염두에 두고 자금을 조달하려 하게 된다.

즉 자기자본에 대한 대가가 크면 상대적으로 이보다 유리한 타인자본을 조달하려는 것이 기업경영자의 생각이고 만약 타인자본의 대가가 크다면 상대적으로 유리한 자기자본의 조달에 경영자는 주력하게 될 것이다. 이것이 자금조달의 효율과 효과를 추구하는 방법이기 때문이다.

〈표 2-2〉 최적자본구조의 모형

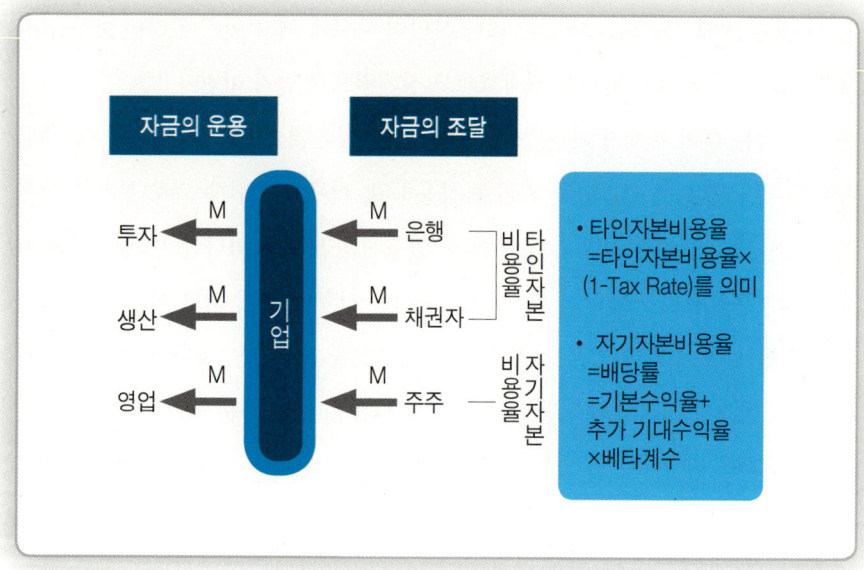

예를 들어보자.

어느 기업의 자기자본(조달)비용률이 10%라고 가정하자. 이때 이 기업의 부채에 대한 타인자본비용률이 10%를 하회한다면 이 기업이 추가적으로 필요한 자금이 있는 경우 당연히 자기자본보다는 타인자본으로 조달하는 것이 유리할 것이다. 따라서 이 기업은 추가적인 자금을 외부로부터 조달하려 할 것이고, 이때 외부 자금 대여자는 기업의 유동성과 안정성을 고려하여 자금을 지원해 주되 부채비율의 증가에 따라 지속적으로 타인자본비용률을 올리게 되고, 타인자본 비용률이 어느 수준 이상에서 올라 자기자본비용률과 일치하는 선까지 이르게 되면 자기자본조달과 타인자본조달의 댓가율_차입금이자율을 말함_이 서로 일치하는 수준에 이르게 되는 것이다. 이때의 자기자본과 타인자본의 자본구성이 바로 해당 기업의 최적자본구조라 할 수 있겠다.

물론 이때 타인자본비용률은 법인세 감세 효과가 있으므로 '타인자본 비용률×(1-Tax Rate)'만큼의 조정계수가 반영되어야 할 것이다. 즉 평균차입금 이자율이10%인 경우 정확히 말하면 타인자본비용율은10%가 아니고 법인세_법인세율 20% 가정시_ 를 고려한 10%×(1-0.2)인 8%가 될 것이다.

결국, 타인자본_여기서는 좀더 정확히 표현하면 차입금을 의미함_이 적을수록 재무구조는 안정되어 좋으나 타인자본_차입금_에 대한 대가인 지급이자가 적어 이로 인한 법인세 감세 효과는 기대하기 어렵게 되고, 반면 타인자본(차입금)이 점점 많아지면 부채비율이 커져 재무구조는 불안정해지나 타인자본(차입금)에 대한 지급이자의 크기에 따라 지급이자에 대한 법인세 감세 효과는 커지게 되어 자본의 효율적 운용이 상대적으로 가능한 상황이 되는 것이다.

하지만 실무적 차원에서 어느 기업의 자본구조가 적절한지의 여부를 보고자 할 때 해당 기업의 재무제표를 들여다보고 이를 산정하기엔 다소의 시간과 전문성이 필요하게 된다. 과연 손쉽게 자본구조의 적절성 여부를 알 수 있는 다른 방법은 없을까? 우리는 손익계산서의 영업이익과 금융비용만으로도 최적자본구조의 모형에 근접하고 있는지 아니면 자본구조의 안정 또는 불안정 등을 쉽게 파악할 수 있는데 이것이 바로 이자보상배율이라 할 수 있다.

즉 이자보상비(배)율은 영업이익을 순금융비용으로 나눈 값을 의미하며, 이 비율이 4배에서 5배 정도의 수준일 경우 자본구조가 적절하다고 평가하게 된다. 즉 영업이익이 100억인 기업의 적정 순금융이자는 20~25억 수준이라고 볼 수 있다는 것이다.

결국, 우리는 손익계산서라는 도구를 통해서도 쉽게 최적자본구조의 모습을 가늠하는 방법이 있음을 알게 되었다.

2) 자본의 집행(운용)

기업은 기업경영을 위해 적절한 자금을 조달하고 이것을 최대한 효과적으로 운용하여 최대의 성과를 나타내려 하는 이익집단이다. 따라서 기업은 가용자금을 최대한 합리적으로 집행하려 하게 되는데 그 자금집행의 기본 프로세스를 통해 우리는 기업경영의 자금의 운용을 설명할 수 있다.

즉 투자활동을 통해 생산의 기반을 구축하고 이를 통해 생산활동을 수행함으로써 생산적 부가가치를 산출함과 동시에 이를 대외 고객에게 전달하는 영업활동을 통하여 기업이윤의 극대화와 영속적 성장을 기하게 되는 것이다.

이제 이러한 과정을 좀 더 자세히 살펴보기로 하자.

(1) 미래가치 창출을 위한 투자활동

기업은 조달한 자금을 목적하는바 사업을 위해 투자활동을 하게 된다. 투자활동에는 토지, 건물, 구축물, 기계장치, 차량운반구, 집기와 비품과 같이 형태가 있는 고정자산에 투자하거나_이를 유형(고정)자산 투자라 한다_ 형태는 없지만 사업목적상 필요한 무형의 자산을 취득하기 위해 투자하는 무형(고정)자산 투자가 있다. 이때 무형(고정)자산의 투자에는 영업권, 특허권, 실용신안권, 의장등록권과 같은 영업목적의 권리 취득을 위해 무형의 자산에 집행된 투자액을 말한다.

이 밖에도 사업을 위해 유,무형의 고정자산은 아니더라도 임차보증금과 같은 기타의 투자자산 투자도 있다. 따라서 사업목적상 유무형 투자활동의 결과물은 고정자산, 즉 비유동자산의 계정으로 표시하게 된다.

(2) 가치창출 활동_생산활동

생산활동이란 최종산물을 산출하기 위해 행해지는 일련의 과정 즉 제품생산과 직결되는 모든 원부자재의 도입부터 최종제품을 만들어 나가는 과정을 의미하는데, 예를 들어 미착원재료, 원재료, 재공품, 반제품, 제품 등 생산의 전 과정 그리고 그 결과물들을 위한 제반 활동을 의미한다.

이러한 생산활동은 통상 미착원재료_원재료의 공장입고 직전과정_, 원재료_공장입고로부터 공정투입 직전까지의 과정_, 재공품_ 원부재료, 노무비, 경비 등 공정상 투입 결과물_, 제품_ 최종산물을 의미, 물론 반제품도 있음_ 등으로 일련의 흐름을 각 과정으로 구분하고 표기하며, 이에 적합한 계정과 금액으로 계수화하게 된다.

하지만, 생산활동이란 것이 이처럼 반드시 제품의 생산과정만을 의미하지는 않는다. 이를테면 소프트웨어의 개발이라든지 설계도면의 제작, 컨설팅 비즈니스와 같은 부가가치를 창출하는 활동들도 생산활동이라 할 수 있다. 따라서 이러한 부가가치의 창출 활동을 제품이나 상품과 같은 결과물의 생산활동과는 달리 서비스나 용역과 같은 부가가치의 창출 활동도 생산활동이라 하는 것이다.

(3) 고객에게 가치를 전달하는 활동_영업활동

그러나 이러한 생산활동은 반드시 고객으로부터 그 결과를 인정받을 수 있는 여건 하에서만 가능하다. 즉 영업활동이 뒤따르지 않으면 아무리 높은 가치의 결과물을 창출했다 하더라도 기업의 존속이나 지속적인 성장은 불가능하다는 말이다. 이처럼 기업은 조달한 자금을 기반으로 하여 투자활동을 하고, 이어 생산활동을 거쳐 최종 산물을 산출해냄과 동시에 이것을 대내외고객에 그 부가가치를 전달함으로써 기업이윤 창출과 영속성을 추구하게 된다. 이때 고객에게 전달하는 일련의 과정을 영업활동이라 할 수 있다.

기업은 최대의 가치산물을 고객에게 전달하고, 고객은 이러한 가치산물을 통해 얻게 되는 부가가치만큼 기업에 대가를 지불함으로써 윈윈하게 되는데 그 과정은 제품이나 상품, 또는 서비스에 따라 양태가 다르게 나타나고 특히 지불조건에 따라 몇 가지 단계를 거쳐 완전한 영업이익의 결과를 나타내게 되는 것이다.

즉, 기업은 제품, 상품, 서비스를 고객에게 전달하고, 고객은 그 대가를 즉시 지불함이 마땅하나 때론 편의성 때문에, 때론 사업양태의 관행으로 현금지급대신 지불유예의 과정을 거치게 되는 경우가 많다.

예를 들어보자. 공급기업인 A사는 월에 수번의 재화를 B사에 공급하게 된다. 따라서 B사는 A사와 함께 공급대금의 정산을 월간 단위로 하기로 상호간 약속을 하게 된다. 공급 일자에 A사는 현금수납을 월말로 유예시킨 수요사의 지불조건에 따라 매 공급 시마다 현금 대신 외상매출금으로 처리해 두었다가_(차변) 외상매출금 ***/(대변)제품 또는 상품매출액***_ 월말이 되면 월간 공급한 제품에 대한 합산을 통해 일괄적으로 세금계산서 발행을 통해 대금청구를 하게 되고, 이때 현금 대신 어음을 받게 되었다면 월말에 외상매출금을 상계하면서 현금수납 대신 받을어음으로 기표하게 된다_ (차변) 받을어음***/ (대변) 외상매출금***_

이후 받을어음의 만기 일자가 다가오면 공급업자는 해당 일자에 은행 등을 통하여 받을어음 금액에 해당하는 금액을 은행에 제시함으로써 해당금액을 계좌에 입금 받거나 현금으로 받게 되는데 이때서야 비로소 영업이익이 실현되었다라고 말할 수 있게 되는 것이다_ (차변) 현금 또는 예금 ***/ (대변) 받을어음***_

우리는 영업 활동이 마치 제품이나 상품, 서비스가 고객에게 전달되는 과정이라 단순히 이해하기 쉽지만 결과적으로 기업은 최종적인 현금의 수납이 이루어지지 않고는 이를 영업활동이 완료되었다라고 할 수 없게 된다.

왜냐하면 많은 기업들이 영업의 과정 중 현금 수금까지의 종결이 완전치 못함으로 인해 부도 또는 부실의 계기들을 만들게 되고, 이것이 기업의 현금흐름활동에 치명적인 영향을 미치게 만들기 때문이다. 이상과 같은 과정은 회계 상 매출채권으로 나타날 뿐 아니라 이 회수기간이 얼마인가에 따라 우리는 매출채권회전일수 또는 채권회전율이라는 지표로 채권을 관리하기도 하는 것이다. 예를 들어 다음과 같은 거래가 있었다 하면,

(거래의 분개) (단위:억원)

2018년 1월 1일 (차) 외상매출금 100 / (대) 제품 매출액 100

2018년 1월 31일 (차) 받을어음 100 / (대) 외상매출금 100

2018년 4월 30일 (차) 현금(예금) 100 / (대) 받을어음 100

이때 매출채권 회전일수는 거래발생일자인 1월 1일부터 현금회수일인 4월 30일

까지의 기간 즉 121일로 산정할 수 있고, 매출채권회전율은 1년 365일 대비 매출채권 기간이 121일이므로 _ 365/121일= 3.01_ 3.01회전이 된다.

따라서 매출채권 회전일수가 길거나 채권회전율이 낮을수록 현금회수의 기간이 길어지고 그만큼 위험부담도 커지므로 기업은 영업활동 이후 가급적이면 **빠른 시일 안에 현금을 수금하려 할 것이다.** 다시 말해 매출채권 회전일수는 빠르게 회전율은 높게 하려는 노력을 지속적으로 해나가야 한다는 뜻이 된다. 한 마디로 영업활동의 결과는 현(예)금이 입금될 때에야 비로소 영업이익이 창출되는 것이기 때문이다.

위와 같이 매출채권의 회수 역량은 해당기업의 영업능력 평가에 중요한 하나의 지표가 될 수 있지만 과거보다 현재 얼마나 개선되고 있는가 그리고 경쟁사보다 자사가 얼마나 더 우위적 입지에 있는가 하는 비교도 매우 의미 있다고 할 것이다. 특별히 매출채권에 있어 기업들은 채권회전일수나 회전율로 매출채권을 관리하는 것뿐 아니라 관리회계관점에서 월령분석과 같은 방법을 사용하여 채권의 적정한 평가를 수시로 관리하고 피드백하기도 한다.

채권은 일반적으로 3개월 이하의 기간을 적정기간으로 인식하지만 때론 6개월 또는 그 이상에도 회수가 되지 못하는 상황이 있을 수 있기에 이를 기간별로 다시 구분하여, 즉 월령분석을 통하여 관리하게 된다. 즉, 3, 6, 9, 12월 채권 및 1년 이상의 채권들에 대하여 평가절하 방식을 통해 내부관리를 하는 기업들이 많은데 이는 바로 부실채권관리 강화라는 확실한 개념을 가지고 있는 기업들이라 할 수 있다.

(4) 자본운영(자금집행) 활동의 종합

이제 자금운용의 활동을 종합해 보자. 기업은 조달한 자금으로 최적의 경영활동, 즉 자금운용 활동을 하고자 한다.

즉 최적의 투자활동을 통해 기업성장의 근간을 확보하고 이어 생산활동을 통해 제반 부가가치 창출 활동을 이어간다. 또한 궁극적으로는 이를 대외 고객에 전달하여 경영의 성과를 극대화하는 영업활동을 지속해 나가는 것이다. 우리는 이러한 기업경영의 일련의 과정을 현금흐름경영상 자금의 운용 또는 집행과정으로 본다. 이제 이러한 자금운용의 전체 틀을 <표 2-3>의 하나의 그림으로 이해할 수 있다. 즉 유무형고정자산 및 기타의 투자자산 형태의 투자활동과 미착원재료로부터 최종 생산물인 제품재고까지의 재고자산으로 나타나는 생산활동 그리고 매출채권으로 나타나는 영업활동 그리고 현금 또는 예금형태의 영업이익실현 과정으로 이해할 수 있게 되는 것이다.

<표 2-3> 자금운용(집행)종합

투자활동	생산활동	영업활동	영업이익
유형고정 토지, 건물, 구축물, 기계장치, 차량운반구, 집기비품 등	**재고자산** 미착원재료 원재료 재공품 (노무비, 경비 등) 제품 재고 등	**매출채권** **외상매출** (외상매출 회전율) **받을어음** (받을어음 회전율)	**현금** **예금 등**
영업권, 특허권, 실용신안권, 의장등록권			
기타의 투자자산 임차보증금 등			

3) 자금의 조달과 운용의 틀, 재무상태표

(1) 자금의 조달과 운용

이상과 같이 우리는 <표 2-4>를 통하여 기업의 자금조달은 어떠한 방법으로 조달되고 조달된 자금은 여하히 운용되는가 하는 것을 보았다. 결국 이 표의 우측에 놓여 있는 자금의 조달은 주주에 의한 자기자본과 은행, 채권자에 의한 타인자본으로 구성된 자본의 구조를 나타내고, 좌측에 놓여져 있는 자금의 운용은 투자, 생산, 영업활동에 의한 결과물인 자산의 구조로 나타나고 있음도 함께 이해할 수 있게 되었다.

〈표 2-4〉 자금의 조달과 운용의 틀

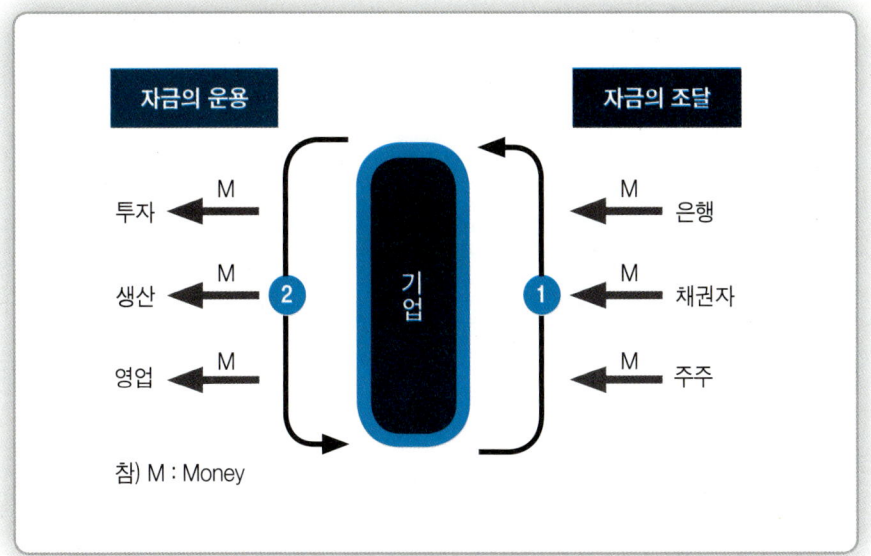

(2) 재무상태표(대차대조표)

또한 이와 같은 자금의 조달과 운용에 대한 현금흐름은 재무상태표(대차대조표)로 쉽게 이해할 수 있다. 즉 자금의 조달은 재무상태표 대변(우측) 항목의 자기자본(자본)과 타인자본(부채)으로 나타나고 있고, 자금의 집행 또는 운용은 재무상태표 차변(좌측) 항목의 자산의 현황에서 그 구조를 살펴볼 수 있다.

즉 투자활동은 비유동자산으로, 생산활동은 재고자산으로, 영업활동은 매출채권으로 나타나 있으며, 영업활동의 결과물은 결국 현금이나 예금 등 현금성 자산으로 분류되어 나타나고 있음을 알 수 있다.

다만 재무상태표는 그 표현 방식상 GAAP(Generally Accepted Accounting

Principle: 일반적으로 인정되는 회계원칙)에 의거하여 대차평균의 원리와 현금유동성 배열의 방식을 전제로 하는 것이기에 〈표 2-5〉의 재무상태표와 같은 순서로 재무상태표를 기재하며, 이때 차변의 모습은 투자 -〉 생산 -〉 영업 -〉 현금의 역순으로 기재된다는 사실을 알 수 있겠다.

〈표 2-5〉 재무상태표

자금의 운용		자금의 조달	재무상태표	
← 투자 M		M 은행 →	유 동 자 산 (현 금 등) (매 출 채 권) (재 고 자 산)	유 동 부 채 (단 기 차 입) (매 입 채 무) 비유동 부 채
← 생산 M	기업 ② ①	M 채권자 →	비유 동 자 산 (투 자 자 산) (유 형 자 산) (무 형 자 산)	부 채 총 계 자 본 금 자 본 잉 여 금 이 익 잉 여 금
← 영업 M		M 주주 →	기타의투자자산 자 산 총 계	자 본 총 계 부채와자본총계

참) M : Money

4) 자금운용의 과정과 결과, 손익계산서

(1) 자금운용의 과정

앞서 우리는 자금 조달의 원천을 통해 자본의 구성을 이해했고, 자금의 운용을 통해 자산의 구성을 이해한 바 있다. 또한 이를 통해 기업의 재무상황이 어떠한지를 가늠하는 객관적 도구인 재무상태표를 이해할 수 있게 되었고, 이러한 재무상태표를 통해 한 기업의 특정 순간의 재무현황을 이해할 수 있게 되었다.

그러면 이렇게 자금의 조달과 운용을 통하여 이루어진 성과는 어떻게 나타나는가? 일정 기간 동안의 경영 성과를 일목요연하게 나타내준 표가 바로 손익계산서라는 틀이다. 즉 일정 기간 동안 얼마를 팔고 얼마를 벌었는가 등에 관한 표시는 손익계산서 상에 나타나도록 되어 있다는 것이다.

(2) 자금운용의 성과_ 손익계산서

기업이 이와 같이 자금의 조달과 운용을 통해 일정 기간 내에서 일정의 성과를 내게 되는데 이 성과의 양태는 <표 2-6>과 같이 나타나게 된다. 즉 일정 기간 동안 기업이 창출해낸 가치를 고객에게 전달함으로써 받게 되는 수익을 매출액으로 계상하고, 이에 상응하는 원가를 '수익비용 일대일 대응의 원칙'에 따라 계상하여 이 원가_매출원가_를 차감함으로 매출이익을 산출하게 되고, 여기에 영업과 관리에 필요한 비용, 즉 판매비와 일반관리비를 제하게 되면 동 기간에 해당 기업이 얻게 된 영업이익을 계상할 수 있게 된다.

앞서 언급했듯이 기업의 영업이익은 해당 기업이 특정 기간 동안 순수하게 본연의 사업활동을 통해 얻게 된 이익을 말하며, 이는 곧 자금 운용(집행)의 결과라 할 수 있다.

기업은 자금 운용의 결과, 곧 영업이익을 창출함으로써 본연의 사업을 통해 획득한 결과물의 가치를 숫자로 확인할 수 있다. 하지만 이후 기업은 자신이 일정기간 획득한 영업이익의 원천, 즉 이를 위해 조달한 자금에 대한 대가의 지불을 감안해야 한다. 즉 자금조달에 대한 대가를 곧 지급이자로 산정하고, 이를 차감하여 세전이익을 산출하게 된다.

기업은 이 세전이익을 근거로 법인세를 산출하여_ 법인세 납부액은 세무회계상의 법인세를 기본으로 법인세 조정 과정을 거쳐 최종 확정함_ 국가에 납부하게 되고 이를 손익에서 차감하여 당기순이익의 결과를 얻게 되는 것이다.

통상 한 회계 연도가 종료되면 기업은 이사회와 주주총회를 거쳐 주주에게 배정할 배당액_ 당기 순이익의 실현, 전기이월 결손금 여부, 납입자본금 규모 등을 고려하여 배당액을 결정함_을 결정하게 되고 이에 따라 남겨지는 금액을 이월이익잉여금으로 처리하여 유보 처리된 재원을 근거로 하여 차기 재투자 여력으로 삼게 된다. 이상의 설명은 <표 2-6>을 보면 쉽게 이해할 수 있다.

<표 2-6> 손익계산서

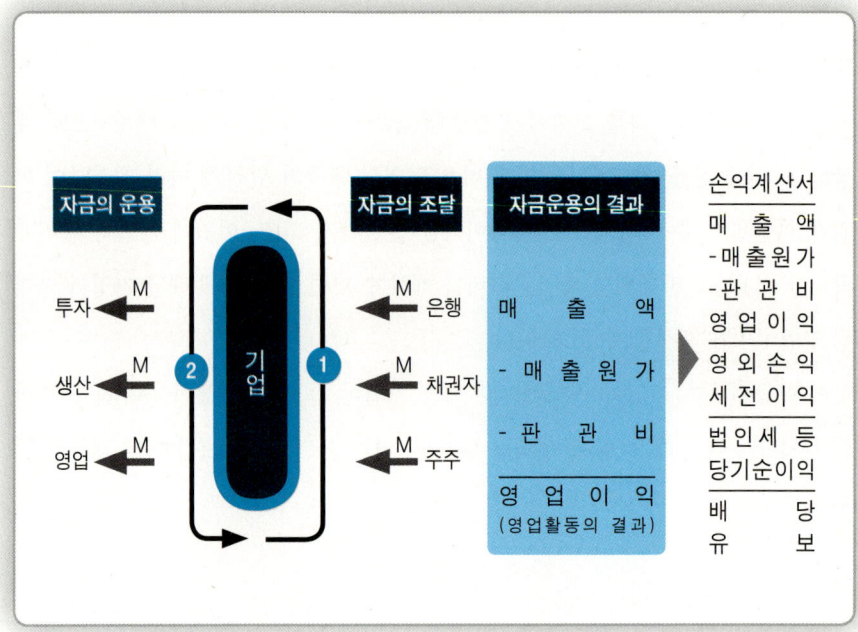

5) 현금흐름 경영을 통한 재무제표 프레임

이상과 같은 기업경영상의 영업현금흐름의 기본 틀은 다음과 같이 종합하여 설명될 수 있겠다. 즉 기업의 자금 조달과 운용 그리고 자금운용의 결괏값에 대한 기본 틀이 연속하여 순환하는 모습을 보이게 되는데 자금의 조달과 운용의 기본 틀을 재무상태표에서 자금운용의 결과 프레임을 손익계산서로 설명한바 있다. 따라서 우리는 이러한 현상을 가지고 있는 기업경영의 흐름을 돈의 흐름으로 보다 쉽게 이해할 수 있게 되었고, 이것을 현금흐름경영, 즉 Cash Slow 경영이라고 하는 것이다. 〈표 2-7〉을 통하여 우리는 기업의 끊임없이 자금조달과 운용 그리고 그 운용의 결괏값을 지속하여 창출하면서 다시 미래성장을 위한 재투자의 활동을 통해 지속가능한 기업으로 유지되고 성장한다는 것을 이해할 수 있다.

이렇게 기업경영의 흐름을 돈의 흐름으로 인식하는 것을 현금흐름 경영이라고 말하며, 이러한 현금흐름의 경영은 곧 그 기업의 재무제표에서 나타난 모습을 통해 쉽게 이해하고 있는 것이다.

〈표 2-7〉 현금흐름 경영의 틀

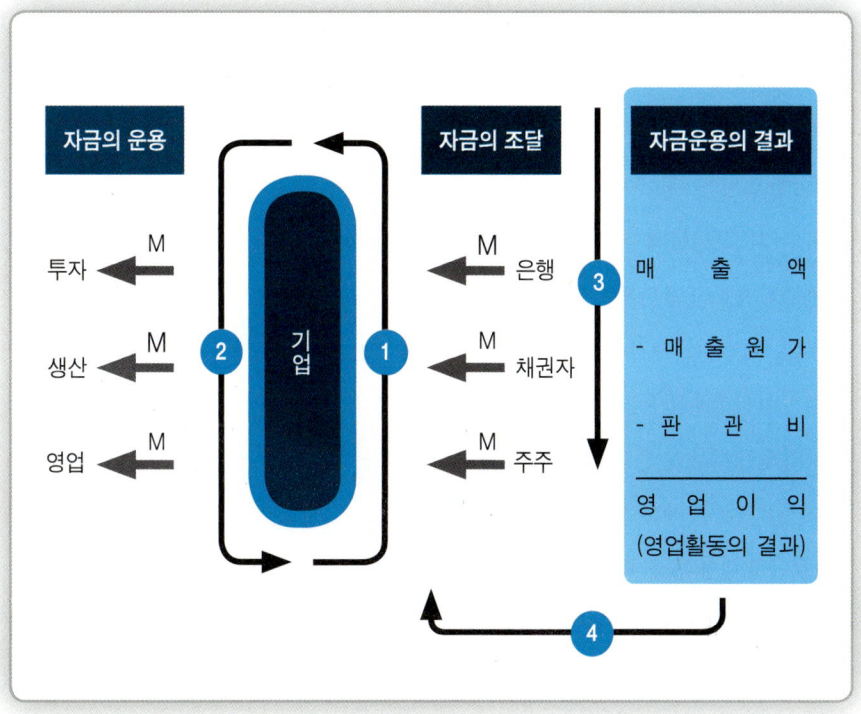

2. 순영업현금흐름과 사업가치

1) 순영업현금유입

(1) 세후순영업이익과 비현금유출비용

컨설팅을 하다 보면 여러 기업에서 예기치 않은 일들을 겪게 된다. 기업의 영업이익이 곧 현금의 잉여라는 생각을 가지고 있는 CEO들이 의외로 많다. 이익을 냈는데 왜 수중에 돈이 없을까 하는 의문을 갖는다는 것이다. 영업이익이 발생하면 그 영업이익이 모두 현금으로 남아있을까?

기업은 기업 본연의 사업활동, 즉 영업활동의 결과로 영업이익이라는 결과를 얻게 된다. 그러나 기업이 얻게 되는 손익계산서상의 영업이익은 엄밀히 보면 순수한 영업현금유입과는 다소의 거리가 있다. 즉 손익계산서상의 영업이익은 기업이 상품, 제품, 서비스를 통해 고객으로부터 얻게 된 수익, 즉 매출액에 이에 대응하는 원가_매출원가와 판관비를 의미함_를 차감한 결과 값인데 여기에는 과거 투자되었던 고정자산에 대한 감가상각비, 퇴직급여충당금전입액과 같은 현금의 유출이 없는 비용(비현금유출비용)들이 비용에 포함되어 있기에 실질적으로는 그보다 적은 값이 손익계산서상의 영업이익으로 나타나게 된다.

우리는 감가상각비와 퇴직급여충당금전입액 같이 현금을 수반하지 않는 비용들을 비현금유출비용이라 하고, 손익계산서상 나타난 영업이익에 비현금유출비용을 더해야만 실제 영업현금유입액을 계산할 수 있게 되는 것이다. 그리고 이것이 실제 기업 본연의 사업활동을 통해 나타난 결과치, 즉 순영업현금유입액과 일치하게 되는 것이다.

그러나 앞서 언급한 손익계산서상의 영업이익이 발생했다면 이로 인한 법인세는 당연히 지급되어야 하는 것이므로 이 비용을 공제해야 비로소 최종적인 영업활동의 결괏값을 얻게 된다고 할 수 있다.

이렇게 영업이익에 해당하는 법인세를 차감한 영업이익을 세후순영업이익_

NOPLAT : Net Operating Profit Less Adjusted Tax _이라 하고 여기에 비현금유출비용을 더한 값을 순수한 순영업현금유입액으로 인식하는 것이다. 사실 이것이 실제 기업경영 활동의 결과 나타난 진정한 영업이익이고 이는 실제 현금과 일치하는 영업이익액이 되는 것이다.

결국 영업이익은 1)영업이익 및 영업이익에 해당하는 법인세를 공제한 값(세후순영업이익; NOPLAT : Net Operating Profit Less Adjusted Tax)에 2) 비현금유출비용을 더한 값으로 계산할 수 있다.

다만 최근 비현금유출비용 중 퇴직급여충당금 전입액은 과거 퇴직급여충당금 설정시와는 달리 단체퇴직보험을 들게되는 경우 실제 현금유출을 수반하므로 이 경우에는 비현금유출비용에 포함하지 않고 있음을 유의하여야 할 것이다.

결론적으로 영업현금유입액은 〈표 2-8〉에서 나타난 바와 같이 세후순영업이익 (NOPLAT : 영업이익-법인세) + 비현금유출비용으로 요약할 수 있다.

〈표 2-8〉 영업현금 유입액의 계상

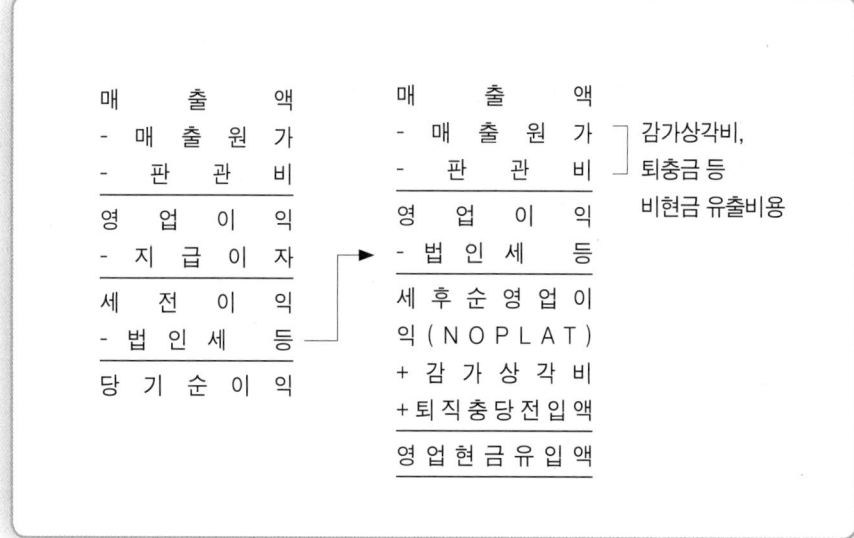

(2) 영업현금유입액의 산출(사례)

이제 영업현금 유입액을 산정하는 사례를 살펴보자. S전자의 2009년 영업이익은 11.6조였다. 이에 법인세는 2.3조, 감가상각비 등 비현금유출비용이 12조였다면 S전자의 2009년도의 영업현금유입액은 얼마인가?

이때 동 기업의 영업현금유입액은 다음과 같이 계산할 수 있다.

(영업현금유입액의 산출 사례)

```
영업이익 11.6 - 법인세 2.3 = 세후순영업이익      9.3 조
                            + 비현금유출비용    12.0 조
                            = 영업현금유입액    21.3 조
```

따라서 S전자는 한해 영업활동의 결과로 21.3조에 상당하는 현금유입의 결과를 가져왔다고 보아야 할 것이다.

다만, 최근에는 퇴직급여충당금전입액을 비현금유출비용에 포함시키지 않는 기업들이 많다. 과거에는 기업들이 임직원의 퇴직금 지급 방식을 퇴직급여충당금으로 설정했다가 개인들이 자의에 의해서든 타의에 의해서든 퇴직을 할 때에 퇴직금을 지급하는 형태를 가지고 있었기에 비현금유출비용의 개념으로 보는 것이 정당하였지만 최근에는 평상시 단체퇴직보험에 가입한 후 보험 형태로 대금이 지급되고 있고, 개인이 퇴직 시에는 보험회사로부터 퇴직금을 수령하도록 하는 형태로 전환되었기에 이제는 비현금유출비용이 아닌 실질현금유출로 보아야 하기 때문이다.

이 밖에도 특정 기업이 가질 수 있는 비현금유출비용_수선충당금 등_이 있다면 영업현금유입액에 이를 산입하는 것이 옳겠다.

2) 순영업현금유출

(1) 투자비와 운전자본 증분

그렇다면 영업현금유입액을 기준으로한 현금은 남아있어야 할까? 한 해 또는 일정 기간 동안 본연의 사업활동을 위해 한 푼도 쓰지 않았다면 그 말이 맞다. 하지만 대부분의 기업이 본연의 사업활동을 위해 투자도 해야 하고, 때로는 재고자산이나 매출채권과 같이 추가적인 운전자금이 들기도 하기에 이에 대한 현금유출을 감안해야 비로소 본연의 사업활동을 통한 영업현금흐름의 결과를 파악할 수 있게 된다. 이를 위해 우리는 영업현금유출에는 무엇이 있는지 알아볼 필요가 있,다. 앞서 자금의 운용에서 설명한 바와 같이 영업현금유출에는 투자비와 운전자본 증가액 즉 매출채권과 재고자산 그리고 매입채무의 증감요소를 살펴볼 필요가 있다.

앞서 우리는 자금의 운용(집행)에는 투자활동(고정자산) - 생산활동(재고자산) - 영업활동(매출채권)의 프로세스를 살펴본바 있는데 이 과정에서 발생하는 현금지출 증가분이 곧 영업현금유출이라고 할 수 있겠다. 결국 영업현금 유출액은 '투자비 + 운전자본증분'(재고자산증분+매출채권증분-매입채무의 증분)으로 요약할 수 있다. 다만 기업은 끊임없이 운전자본을 최소화하려는 속성을 가지고 있으므로 운전자본 중 재고자산과 매출채권은 가능한 최소화하려 할 뿐 아니라 반대로 지불해야 할 자금은 최대한 지불유예를 거쳐 지출하려 하기에 매입채무를 가능한 확대하고자 한다. 이 모든 활동이 운전자본 유출의 최소화 활동이라 하겠다. 그러나 항상 이런 방법이 최선이라고는 할 수 없다. 지급조건을 매입채무로 장기간 가져가는 것보다 현금유보 능력이 있는 경우 현금 결제를 통해 단가인하 또는 적시 납기조건 등을 통하여 또 다른 협상의 조정이 가능하다면 거래자 간의 상생의 방법을 모색해 보는 것도 좋은 사례가 될 수 있다고 본다. 이것이 해당 기업에 경영개선 효과와 수익성 개선에 도움을 줄 수도 있기 때문이다. 결론적으로 영업현금의 유출은 투자비 + 운전자본증분(재고자산 증분+매출채권증분-매입채무의 증분)으로 정리할 수 있겠다.

(2) 순영업현금유출액 산출 사례

아래의 표를 통해 예를 들어 보면 S전자가 2009년도에 투자비 8.5조에 운전자본 증분_채권, 재고, 채무의 증분_이 3.8조라 한다면 총 영업현금유출액은 12.3조에 달하는 것으로 계상될 수 있다.

(영업현금유출액 산출의 예)

1) 투자비	8.5 조
2) 운전자금증분	3.8 조
(재고자산증분)	(1.1 조)
(매출채권증분)	(6.2 조)
+ (매입채무증분)	-(3.5 조)
영업현금 유출액	12.3 조

따라서 이 회사는 당기영업활동의 결과 창출한 잉여영업현금흐름에 의해 투자비와 운전자본증분에 해당하는 12.3조의 자금을 지출할 수 있고, 만약 이에 상응하는 잉여영업현금흐름이 부족할 경우 외부차입이나 자기자본조달에 이 부족분을 의지할 수밖에 없게 될 것임을 예측할 수 있게 된다.

3) 영업현금흐름

(1) 순영업현금흐름의 계산

앞에서 우리는 영업현금유입과 유출을 살펴보았다. 이제는 이러한 영업현금유출입을 통해 같은 기간 동안 영업활동의 결과로 나타난 현금흐름을 종합해 보기로 하자. 〈표 2-9〉를 보면 쉽게 이해할 수 있다.

<표 2-9> 순영업현금흐름 산출

순영업현금흐름의 산출			
영업이익	11.6	투자비	8.5
-법인세 등	2.3	운전자금 증분	3.8
세후순영업이익	9.3	(매출채권)	(1.1)
+비현금 유출액	12.0	(매입채무)	(6.2)
(감가비)	(11)	(재고자산)	(3.5)
(퇴충 등)	(1)		
순영업현금유입액 (Cash In)	21.3	순영업현금유입액 (Cash Out)	12.3
Cash Flow = 21.3-12.3 = 9조			

(2) 순영업현금흐름 정리

결국 기업이 일정 기간 동안 영업활동의 결과 벌어들인 돈이 영업이익과 일치한다고 보면 이건 크게 잘못된 것임을 이해할 수 있다. 영업이익에 법인세 차감, 비현금유출비용의 합산이 올바른 기업의 영업활동 현금 유입액이고, 이러한 활동을 위하여 지출되는 현금, 즉 투자비와 운전자금 증분이 감안되어야 실제 기업 내에 현금유보가 가능한 금액이 산출되게 되는 것이다.

영업현금유입액이 100억 원이 산정되었더라도 이 기업이 빌딩과 장비구입에 200억 원 그리고 사업 목적의 운전자금 증가가 50억 원이 늘었다면 결국 영업현금유입액 100억 원에 250억 원의 현금 지출을 감안해야 한다는 말이다. 이래서 기업이 왜 150억 원의 자금이 부족하게 되었는지를 인식할 수 있게 되는 것이다. 이렇게 당기 영업활동으로 인한 자금 과부족 현상에 대하여 밸런스를 이루도록 하는 것이 바로 재무현금흐름이라 할 수 있다.

(3) 순영업현금흐름과 재무현금흐름

기업은 순수한 영업활동의 결과로 나타난 영업현금흐름에 따라 기업의 현금흐름의 밸런스를 맞추어 나가게 된다. 즉 영업현금흐름이 마이너스로 나타나 영업현금의 부족현상을 나타나게 될 경우는 재무적 현금흐름이 부(+)의 양태를 띠게 되고, 이는 곧 자금의 조달활동과 연결되게 된다.

즉 자기자본을 조달하거나 타인자본을 조달함으로써 영업활동의 부족분을 보완해야 하는 상황에 있게 되고, 반면에 영업현금흐름이 잉여(+)의 결과를 띠게 되면 재무현금흐름은 마이너스(-)를 나타내게 되고 기업은 이러한 잉여현금흐름을 통하여 차입금을 상환하거나 현금유보 또는 자금운용활동을 통해 부가적 수익을 창출하고자 한다.

〈표 2-10〉영업현금흐름과 재무현금흐름을 통해 S전자의 총 영업현금유입액의 산출과 영업현금유출액의 내용, 그리고 이 둘을 차감한 영업현금흐름 및 재무현금흐름의 내역들을 자세히 살펴보기로 하자. S전자는 자사의 순영업활동의 결과, 나타난 잉여영업현금 9조 원을 가지고 4조의 차입금을 상환하였고 0.9조의 배당금을 지출하였으며 금융투자 등에 2.1조 원을 운용한 것으로 나타나고 있었다. 그리고 나머지 2조 원의 현금은 기말에 남겨둠으로써 이월 현금흐름이 2조원 증가하는 결과를 가져오는 재무활동을 추진하였다.

이에 반하여 영업활동에 의한 결과 부(-)의 영업현금흐름을 갖게 된다면 마땅히 부족한 자금만큼은 자기자본 또는 타인자본에 의해 자금을 조달함으로써 기업 자금의 Balance를 이루어 나가는 것임을 이해해야 할 것이다.

<표 2-10> 영업현금흐름과 재무현금흐름

순 영업 현금흐름				재무현금흐름	
영업이익	11.6	투자비	8.5	영업현금흐름	9조
-법인세 등	2.3	운전자금 증분	3.8	재무현금흐름	-9조
세후순영업이익	9.3	(매출채권)	(1.1)	(차입금상환)	4조
+비현금 유출액	2.0	(매입채무)	(6.2)	(차입이자)	
(감가비)	(11)	(재고자산)	(3.5)	(배당금)	0.9조
(퇴충 등)	(1)			(금융투융자)	2.1조
순영업현금유입액 (Cash In)	21.3	순영업현금유입액 (Cash Out)	12.3	(현금의 증가) (기타 재무현금)	2.0조
Cash Flow = 21.3-12.3 = 9조				Balance	0

그러나 <표 2-11>과 같이 순영업현금흐름이 부(-)의 상태로 나타나는 사례가 있다면 이 기업은 부(+)의 재무현금흐름을 나타내게 될 것이고 이 경우에는 자기자본 또는 타인자본을 통해 자금을 조달하는 결과가 나타나게 될 것이다.

그럼에도 영업현금흐름과 재무현금흐름이 밸런스를 이루지 못하는 경우에 이 기업은 도산이라는 극단적 위기에 직면할 수 밖에 없을 것이라는 것은 짐작하고도 남는다.

그러나 <표 2-10>과 같이 순영업현금흐름이 부(-)의 상태로 나타나는 사례가 있다면 이 기업은 부(+)의 재무현금흐름을 나타내게 될 것이고 이 경우에는 자기자본 또는 타인자본을 통해 자금을 조달해야 하는 결과가 나타나게 될 것이다.

결국 도산하는 기업들은 영업활동을 통한 결손의 결과이거나 투자비 또는 운전자금의 과다지출로 인한 자금의 밸런스가 깨졌을 경우 일어난다고 보면 틀림이 없다. 물론 사업과 무관한 자산의 과도한 유출로 인한 요인도 없진 않지만 여기서는 순수하게 사업만을 바라볼 때 그렇다는 얘기다.

따라서 기업은 본연의 사업활동을 통한 영업현금흐름의 극대화에 집중해야 하는 것은 물론 자사의 규모에 적합한 합리적 투자와 성장_수익이 수반되지 않는 과도한 매출신장 역시 운전자금의 급격한 증가를 일으킴_ 전략으로 재무적 밸런스의 위험성을 키우는 일이 없도록 세심한 주의가 필요하다. 투자나 운전자금으로 인한 자금흐름의 부분에 대해서는 향후 기업의 투자 및 재무전략 수립 시 자세히 언급하기로 한다.

〈표 2-11〉 마이너스 영업현금흐름 시 재무현금흐름의 사례

순 영업현금흐름과 재무현금흐름					
순 영업현금흐름				재무현금흐름	
영업이익	7	투자비	12	영업현금흐름	-7조
-법인세 등	2	운전자금 증분	4	재무현금흐름	7조
세후순영업이익	5	(매출채권)	(1.3)	(차입금조달)	4조
+비현금 유출액	4	(재고자산)	(6.2)	(자기자본조달)	1조
(감가비)	(3)	(매입채무)	(3.5)	(배당금)	
(퇴충 등)	(1)			(금융투융자)	
순영업현금유입액 (Cash In)	9	순영업현금유출액 (Cash Out)	16	(현금의 감소) (기타재무현금)	2조
Cash Flow = 9-16 = -7조				Balance	0

위 〈표 2-11〉에 의하면 해당기업은 당기순영업현금흐름의 부족분 7조에 대하여 자기자본증자 1억, 타인자본차입금 4조의 외부자금조달과 내부유보현금 2조의 사용을 통해 재무현금흐름밸런스를 맞춘 것으로 나타나고 있다.

4) 현재가치와 미래가치

(1) 현재가치와 미래가치

기업은 본연의 사업활동을 통해 지속적인 순영업현금흐름을 창출해 나가게 된다. 우리는 과거의 실적을 통해 오늘 현재 우리의 위상과 역량을 파악할 수 있으나 이것과 미래의 가치에 대한 평가와는 다르다. 때론 지금의 현실을 기반으로 미래 어떠한 일을 해낼 수 있으며, 그럴 경우 미래 실현 가능한 우리의 위상은 어떨까에 대한 평가도 필요하다. 사실 신규투자에 대한 사업계획 수립이나 사업타당성평가, M&A 시 어떤 사업이나 기업의 미래가치 평가 등은 모두 미래에 대한 그 기업이나 사업의 평가이다. 따라서 현재의 가치뿐 아니라 미래의 가치를 평가하는 것 또한 매우 중요하다 하겠다.

이제 각 기업의 미래의 영업현금흐름을 통해 해당 기업이나 기업 내 사업의 현재가치를 산출하는 방법을 이해해 보기로 한다. 앞서 언급한 미래의 영업현금흐름은 곧 현재의 가치로 환산 가능하고 현재의 가치의 합산은 곧 해당 사업의 가치이자 기업의 가치가 되는 것이므로 우리는 현재의 가치와 미래가치를 산정하는 방법을 분명히 이해할 필요가 있다.

먼저 현재의 가치와 미래의 가치에는 어떠한 차이가 있을 수 있겠는가?

자, 이제 현재 가치(Present Value: PV) 100,000원과 3년 후에 나타날 미래의 가치(Future Value: FV) 100,000원이 있다고 가정하자. 어떤 사람이 이중 가치가 큰 어느 하나를 선택한다면 둘 중 어느 것을 선택하겠는가? 당연히 선택권자는 현재의 가치 100,000원을 선택할 것이다.

왜냐하면 현재의 가치 100,000원은 현재가치로는 100,000원이요 미래 3년 후의 가치는 이보다 큰 값_적어도 매년의 이자율 또는 어떤 수익률만큼 증가를 기대함_이 될 것으로 예상하지만 이에 반하여 3년 후의 100,000원은 현재의 가치로 환산한다면_미래 전쟁 리스크, 인플레이션 영향 등을 고려한다면_이보다는 낮은 가치를 갖게 될 것으로 판단하기 때문이다.

즉 현재의 가치 100,000원은 3년 후엔 매년 기대 수익률 IR_여기서 IR은 이자율(Interest Rate)을 의미_10%로 가정할 때 $PV \times (1+ir)^3 = 100,000 \times (1+0.1)^3 = 133,100$원이므로 3년 후의 100,000원을 선택할 여지는 없게 된다.

마찬가지로 3년 후의 100,000원은 현재의 가치로 환산하면 $PV \times (1+ir)^n = FV^n$이므로 $PV = FV^3/(1+ir)^3$으로 환산하여 $100,000/(1+0.1)^3 = 75,131$원의 현재가치가 되므로 3년 후의 100,000원을 선택하는 우를 범하지는 않게 되는 것이다.

이제 우리는 현재의 가치와 미래가치의 환산을 다음과 같이 정리하고 향후 미래가치를 현재가치로 환산하는데 이를 십분 활용하게 될 것이다.

$$PV \times (1+ir)^n = FV^n$$

(2) DCF(Discount Cash Flow)

이와 같이 미래의 값을 현재의 적정 할인율로 할인한 값을 우리는 DCF(Discount Cash Flow)라 하며 향후 미래의 창출되는 현금흐름을 현재의 값으로 할인_Discount_할 때 이를 사용한다고 이해하면 좋을 것이다.

일례를 들어 향후 1,2,3년차에 각각 100억 원씩 영업현금유입이 있는 사업이 있다고 가정하자. 이러한 사업을 200억 원에 인수할 것인가라고 묻는다면 어떤 답을 내야 할 것인가?

이러한 경우는 우선 3년에 걸쳐 나타내는 현금흐름의 가치가 200억 원보다 적은지 아니면 큰지를 가늠해 보아야 할 것이다. 이때 할인율(또는 요구수익율)을 10%라고 가정하면 미래가치의 값은 다음과 같이 평가될 수 있겠다.

즉 3년 간 매년 100억 원의 현금유입이 나타나는 경우 현재의 값은 249억 원의 가치를 나타내게 된다는 의미이고, 따라서 만약 지금 200억 원에 인수가 가능하다면 인수하는 것이 유리하다는 판단이 나오게 될 것이다.

$$\text{현금흐름} = \frac{1\text{년차}}{100\text{억원}} \quad \frac{2\text{년차}}{100\text{억원}} \quad \frac{3\text{년차}}{100\text{억원}}$$

$$\text{DCF에 의한 현가} = \frac{100}{(1+0.1)^1} + \frac{100}{(1+0.1)^2} + \frac{100}{(1+0.1)^3} = 249$$

5) 가중평균자본비용

가중평균자본비용(WCAA : Weighted Average Capital Cost) 산출

앞에서 우리는 미래가치를 현재로 환산하는 현가계수(이자율 또는 요구수익율 등)를 가정하여 현재의 가치를 산출하였다. 그런데 기업의 순영업현금흐름을 현재의 가치로 환산하는 데에는 다른 시각이 필요하다. 즉 이때의 할인율은 무엇이 적당할까? 3년 만기 회사채 금리일까? 5년 만기 국공채 금리일까? 아니면 그 기업이 운용하고 있는 유산스_Usance_ 금융이자율일까? 아니면 그 기업의 평균차입금 이자율일까?

어떤 기업이든 자신의 본연의 사업활동에 대한 결과를 평가하기 위해서는 그 결과물을 얻기 위해 투입된 자본의 비용율 즉 자본비용율이 할인율로 적용되어야 함이 합당하고 여기서 자본비용율은 자기자본에 대한 비용율과 타인자본에 대한 비용율이 가중 평균된 값이 가장 적합하다는 결론을 얻게 된다. 이를 가중평균자본비용율이라 한다. 다시 말하면 기업의 미래가치는 해당 기업의 자본조달대가율로 할인해야 그 기업에 적합한 현재가치가 나타나게 된다는 의미이다. 따라서 해당 기업의 미래가치는 이러한 그 기업의 적정 대가율에 의거 할인되어야 비로소 그 기업의 현재가치가 공정하게 평가되는 것이다.

아울러 기업의 자기자본 비용율 또는 타인자본 비용율이 지나치게 높은 기업일 경우 어느 한 요인에 의거하여 가중평균자본비용율은 여기에 크게 영향을 받게 될 것이다. 가중평균자본비용율이 높으면 높을수록 할인율이 커짐으로 인해 미래가치의 결괏값은 작아지고 반대의 경우 상반된 결과를 낳기 때문에 미래가치의 평가에 있어 할인율 즉 가중평균자본비용율이 미치는 영향은 적지 않다.

가중평균자본비용율의 산식은 다음과 같다.

가중평균자본비용

= 자기자본비용율 X 자기자본/(자기자본+타인자본) +
  타인자본비용율 X 타인자본/(자기자본+타인자본)

= (기본수익율+추가기대수익율×β) X 자기자본/(자기자본+타인자본) +
  타인자본비용율 X (1-Tax Rate) X 타인자본/(자기자본+타인자본)

---

6) 사업가치평가

(1) 사업가치의 산출

앞에서 우리는 미래가치를 현재로 환산하는 현가계수(이자율 또는 요구수익율 등으로)를 가정하여 현재의 가치를 산출하는 것을 설명했다. 즉, 미래사업의 영업현금흐름을 현재의 가치로 환산하는 방법은 바로 그 기업 또는 사업에 적용할 가중평균자본비용(율)을 매년 발생하는 현금흐름에 적용, 할인하여 그 합한 값이 사업가치가 되게 된다.

예를 들어 다음과 같이 매년 영업현금흐름이 발생하는 사업이 있다고 가정하자. 여기에 해당 기업의 가중평균자본비용을 10%로 가정한다면 이 사업의 사업가치 산정은 어떻게 해야 할까?

$$사업가치 = 1년차(50) + 2년차(100) + 3년차(150) + 4년차(200) + 5년차(250)$$

$$= \frac{50}{(1+0.1)} + \frac{100}{(1+0.1)^2} + \frac{150}{(1+0.1)^3} + \frac{200}{(1+0.1)^4} + \frac{250}{(1+0.1)^5} = 532억원$$

그러므로 5년간 발생한 영업현금흐름의 값은 750억이지만 이를 현재가치로 환산하면 532억 원의 가치가 된다. 결국 이 사업의 가치를 매년 나타나는 현금흐름을 더하여 평가하면 현재가치의 그릇된 판단을 하게 되므로 반드시 현재가치 환산을 통해 평가하고 의사를 결정해야 할 것이다.

다만, 위의 사례는 사업의 연속성을 5년에 국한한다는 가정 하의 계산된 것이므로 경우에 따라 사업가치를 몇 년을 가정할 것인가에 따라 현재의 가치가 상당한 차이를 나타내게 할 수 있다.

몇 년을 영업현금흐름의 산출 기간으로 볼 것인가는 그 사업의 PLC(Product Life Cycle; 제품의 수명주기)에 따라 다르게 볼 수 있으므로 사업의 특성에 따라 서로 다른 기간을 산정하는 것은 너무도 당연할 것이며, 해당 기간 동안에 투하된 투자자본이 PLC 내에 회수될지 아니면 회수되지 못할지의 문제가 사업성 평가의 중요한 관건이 되기도 한다.

한편 어느 일정 기간에 투하자본이 모두 회수되는 그 기간을 우리는 PBP(Pay Back Period: 투하지본회수기간)라고 하며 PBP는 PLC 내에 회수되어야 사업할 가치가 있다는 평가를 내릴 수 있는 것이다.

다만, 제한된 기간 내의 사업가치만을 전제로 현재의 사업가치를 계산한다면 그 이후에 나타나는 영업현금흐름은 전혀 고려되지 않아도 되는가라는 점에서는 또 다른 가치 계산을 고려할 수 있다. 즉 청산가치 또는 지속가치(Terminal Value or Continuing Value)라는 개념이다.

(2) 청산가치/지속가치(Terminal Value / Continuing Value)의 산출

위의 사례를 통해 미래에 나타나는 현금흐름을 현재의 가치로 환산하는 방법은 바로 그 기업이 가정하는 요구수익률 또는 가중평균자본비용율이었기에 이것을 할인율로 하여 매년의 값을 할인한 것인데, 그렇다면 기업의 영업현금흐름은 위의 예에서와 같이 단지 5년간의 현금흐름만을 가정하기에는 기업의 영속성의 관점에서 모순이 될 수도 있겠다.

따라서 하나의 사업가치를 산정할 경우 해당 사업의 PLC를 고려하여 이 기간 내에서 발생할 영업현금흐름을 기준으로 사업가치를 산정하는 것이 이론적으로 타당하나 기업의 가치를 산정할 경우는 이와는 다른 부분이 있다. 즉 기업은 하나의 사업만을 영위하지는 않는 경우가 대부분이기 때문이다. 하나의 사업을 통해 벌어들인 돈으로 재투자를 하고 여기서 번 돈으로 또다시 새로운 사업을 추구함으로써 영속적인 경영을 해나가는 것이 기본 개념 아니겠는가.

따라서 기업의 평가에 있어서는 특정 기한을 제한하여 평가하는 것은 다소 불합리하다 할 것이다. 이때 기업의 평가 시 사용하는 방법이 바로 잔존가치_Terminal Value_요 때론 영구히 지속적인 현금흐름을 창출할 것이란 가정하에 지속가치_Continuing Value_를 산출하는 것이다.

다만, 과거에는 잔존가치를 통해 미래 일정기간 동안 발생하는 영업현금흐름 이후 남게 되는 잔여가치를 산정하여 기업가치를 최종 합산하기도 했으나 최근 잔존가치의 개념보다는 영속하는 기업을 가정한 지속가치 평가를 많이 계산하고 있다. 다만 기업 간 M&A 거래가 이루어질 경우 지속가치는 사업의 성격과 기업의 여건을 고려하면서 일부만을 인정하는 경우도 실제 많다는 사실도 알아두면 좋을 듯싶다.

하지만 이론적으로는 정상적인 사업연도 말을 기점으로 직전 3년간의 평균성장율이 영원히 지속된다고 보고 잔존가치를 산정하는 경우도 있으나 이는 현실적으로 잘 적용하는 예가 없다.

참고로 잔존가치의 계산 사례는 신규투자사업계획에 대한 타당성 평가 시는 사업

종료 시점에서의 잔존가치를 청산가치와 동일한 개념으로 보고 산정하는 경우도 있고, 보수적 관점에서 이를 무시해버리고 평가하는 경우도 있으므로 이는 기업의 경영의사 결정시 어디에 관점을 더 두느냐에 따라 달라질 수 있다.

잔존가치의 산정방식은 다음과 같다.

> 잔존가치(Terminal Value 또는 Continuing Value)
>
> $$= \frac{(\text{정상 사업연도 종료시점의 영업현금흐름(FCF)} / \text{가중평균자본비용율})}{(1+WACC)^n}$$

7) 기업가치평가

(1) 기업가치의 산출

기업 내에는 여러 다양한 사업들이 있을 수 있기에 해당 기업의 기업가치를 산정하기 위해서는 기업 내 각 사업들의 가치를 모두 합하여 기업 가치를 산정하게 된다. 즉 한 기업의 기업가치는 당연히 기업이 가지고 있는 모든 사업의 사업가치의 합이 그 기본이 될 수 있다.

다만, 앞서 언급했듯이 기업이 조달한 자금으로 100% 해당 기업의 모든 사업에 이 자금을 투입했다면 문제는 없겠으나 경영을 하다 보면 일부는 실질적 사업과 무관한 자금의 운용이 있을 수 있는데 이것은 사업가치의 합에 포함되지 않는다. 즉 기업의 조달 자금을 비업무용 사업에 투여한 부분이 있을 것인데, 예를 들어 비업무용 부동산을 매입했다든지 아니면 직원들을 위한 콘도이용원, 골프회원권 등에 대한 비용 투하는 이 기업이 산출한 사업가치의 합산에는 포함되지 않았다고 보는 것이다. 따라서 한 기업의 가치를 평가하는 경우에는 이러한 비사업가치를 해당 기업의 기업가치에 합산하여 평가하는 것이 옳다고 본다.

> 기업가치 = 사업가치 + 비사업가치

(2) 주주가치의 산출과 기업거래

이렇게 기업가치는 사업가치에 비사업가치를 포함하여 산정하지만 그렇더라도 이것이 그 기업의 기업가치와 함께 실질 주주가치와는 다소 다른 의미를 갖게 된다. 왜냐하면 실질 주주의 가치는 이 기업가치에서 기업이 현재 가지고 있는 부채가치를 차감해야만 이것이 실제의 주주가치가 되기 때문이다.

즉 기업가치에서 부채가치를 차감한 수치가 그 기업의 실제 자기자본의 가치가 되는 것이며, 이것이 해당 기업의 주주들이 갖게 되는 실질적 주주가치가 되기 때문이다.

> 주주가치 = 기업가치 - 부채가치

여기서 어떤 기업간 거래를 가정할 경우 주주가치 10%에 해당하는 금액 전체를 지불하고 기업을 매수한 후 인수기업을 흡수하는 경우 이를 합병(Mergers)이라 하고, 때론 해당기업의 일정지분을 인수한 후 다수 의결권을 통해 경영권을 확보하여 경영해 나간다면 이는 기업인수(Acquisition)라 할 수 있다. 결국, 이 두 가지를 일컬어 기업 인수합병, 즉 M&A(Merger & Acquisition)라고 말한다.

이와 같이 기업 인수합병(M&A)과 같은 방법을 통해서 기업의 핵심역량을 조기에 확보, 진일보한 사업전략을 추진하는 경우도 많이 있으니 사업전략 수립 및 추진 시 참조하면 좋을 듯 하다.

다만 이 경우 앞서 설명한 현금흐름에 의한 미래가치 평가로만 거래하는 경우는 그리 많지 않고 다양한 방법에 의거한 사업가치 또는 기업가치를 산정하여 상호간 합의에 의거 가치를 산출해 내기도 한다.

특히 <표 2-12>를 보면 이를 쉽게 이해할 수 있는데 주주가치를 총주식수로 나누면 주당가치가 산정되나 이것이 시장가치와 꼭 일치하지는 않는다. 이는 순간순간 주식시장에서 해당기업의 경영성과나 미래기대치 등에 대한 주식시장에의 반영이 서로 다르고 때론 비정상적인 소재나 뉴스에 따라 주가에 가감 영향이 미치므로 시장가치와 평가되는 주식가치와는 동일하지 않은 경우가 많다. 따라서 기업들은 자사의 주식 동향을 늘 주시하며, 시장에 가급적 악재를 피하고 바람직한 기업경영 상황이 잘 반영되고자 노력하곤 한다.

> 주주가치 = 시장가치(A), (B)

흔히들 주식시장에서의 가치가 실질적 주주가치보다 높게 거래되는 경우 이를 고평가되었다고 하고, 반대로 낮게 거래되는 경우를 주식가치가 시장에서 저평가되었다고 한다. 이렇게 고평가 또는 저평가되었다고 생각하는 주식거래자들의 생각으로 인해 날마다 주식시장에서의 각 기업의 주가는 움직이는 것 아니겠는가.
다만 M&A 거래에 있어서 어느 특정 기업이 인수기업의 다수 주식을 인수함으로써 기업경영권을 확보하는 인수합병의 경우, 현재 주식시장에서의 거래단가와 인수주식을 계산해보면 그 거래가격과는 상당한 괴리를 가져오는 경우를 흔히 볼 수 있다. 이 경우엔 다수 주식을 통하여 경영권을 확보한다는 장점으로 인해 추가적인 경영권 확보 프리미엄이 거래 가격 속에 반영되었다고 보는 것이 더 합리적일 것이라 판단된다

> 순자산가치 = 자산총계 - 부채총계

이상과 같이 사업가치와 기업가치는 어디까지나 미래의 현금흐름을 가정하여 현

재 시점에서의 가치평가방법에 의해 산출한 값을 말한다. 이때 기업평가에 사용한 방법을 미래가치환산법이라고 한다.

하지만 이것만으로 기업을 평가하는 데에는 매수자의 입장에서 불합리한 시각으로 바라볼 소지가 있다. 왜냐하면 모든 가정이 미래의 현금흐름에 근거한 것이기 때문이다. 다시 말해 현재상황에 대한 평가가 배제되기 때문에 불확실한 미래의 가정만으로는 그 가치평가방법에 모순이 있다고 보는 것이다.

이러한 단점을 보강하는 보다 합리적인 방법 중 하나가 바로 순자산가치법이다. 이것은 현재 시점에서의 순자산가치를 산정하여 이를 미래가치환산법과 일정 비율로 가름하여 평가하는 방법이다.

결론적으로 우리는 이것을 순자산가치법이라고 하고, 이것은 총자산가액에서 총부채액을 차감한 순자산가액을 사용하는 방법을 말한다.

〈표 2-12〉 사업가치와 기업가치 그리고 주주가치

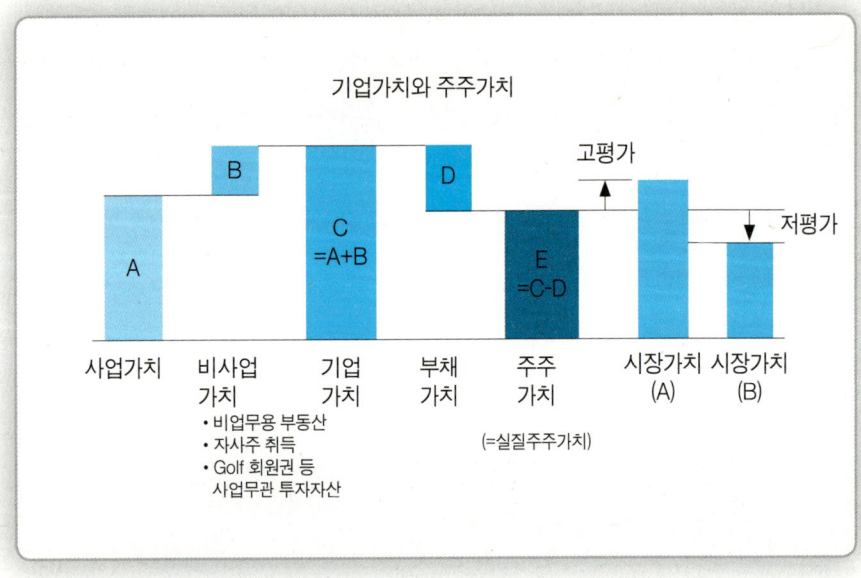

재무제표 기반의 기업경영분석

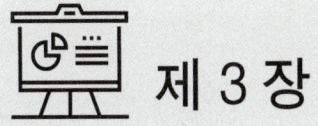 제 3 장

제3장

재무제표 기반의 기업경영분석

재무제표에 관하여

앞서 우리는 현금흐름 경영을 통해 재무상태표와 손익계산서의 기본 개념을 익힌 바 있고, 이제 이를 통해 보다 구체적으로 손익과 재무 그리고 영업현금흐름을 통해 기업경영분석을 알아보기로 한다.

기업은 기업경영활동의 내용을 일반적인 회계기준에 의거하여 표현해 놓음으로써 누구나 기업경영의 결과와 당시의 재정상황을 쉽게 알 수 있도록 하고 있는데 우리는 이것을 재무제표라고 한다.

재무제표는 일정 시점의 기업의 재정상황을 알려주는 재무상태표와 일정 기간 중의 손익사항을 잘 알려주는 손익계산서 그리고 주주총회에서 확정된 이익잉여금 처분내용을 나타내는 이익잉여금 처분계산서 그리고 일정 기간 동안 수행된 기업의 영업, 투자, 재무의 각 현금흐름을 기록하는 현금흐름표 등으로 대별하게 된다. 다만 현금흐름의 구분에 있어 이 경우는 재무회계 기준의 현금흐름이므로 앞서 학습했던 관리회계 관점인 현금흐름경영(Cash Flow경영)상의 영업현금흐름과는 차이가 있음을 참고하기 바란다.

1. 재무상태표

1) 재무상태표의 구성

먼저 우리는 현금흐름 경영을 통해 자금의 조달과 운용의 틀인 재무상태표에 대해 학습한 바 있다. 재무상태표(Balance Sheet)란 일정 시점에서의 기업의 재정상태를 표현하는 것으로써 재무상태표의, 대변 항목에는 자금의 조달을, 차변 항목에는 그 자금을 운용하는 현황, 즉 자산의 현황을 나타내는 표라 할 수 있다.

조금 더 자세히 설명하자면 기업은 주주가 출자한 자본금과 자본의 에 의해서 나타난 자본잉여(결손)금 그리고 경영활동을 통하여 얻어진 결과인 이익잉여금(또는 이월 결손금), 자본조정 및 기타 포괄손익 누계 등으로 구성된 자기자본과 자본 이외 소요자금을 외부 금융기관이나 채권자로부터 차입하여 자금을 조달한 타인자본으로 구성되어 있다. 재무상태표에서는 이러한 자기자본과 타인자본은 모두 기업자금의 조달구조로써 재무상태표의 대변(우측)에 기표해 구분하여 표시하고 있는 것이다.

〈표 3-1〉 재무상태표

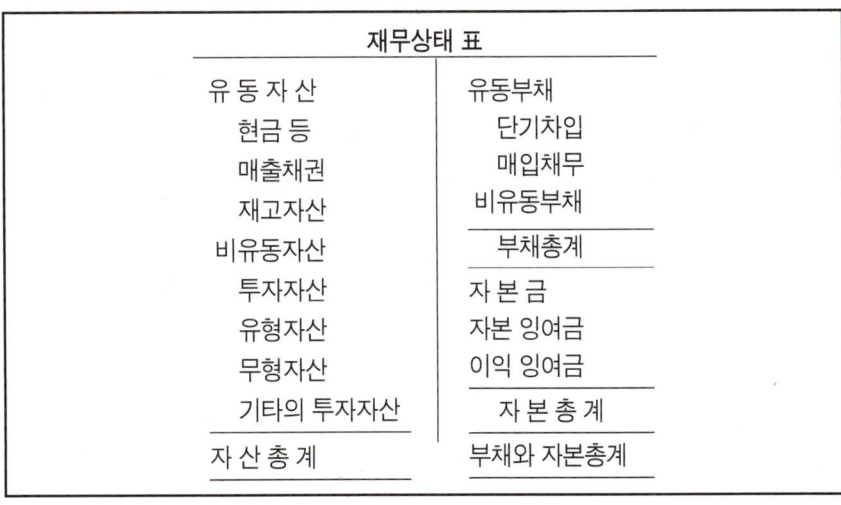

물론 〈표 3-1〉은 요약재무의 표식을 그려놓은 것이니_ 예를 들어 자본총계에는 기타 포괄손익누계, 자본 조정 등의 항목도 있지만 여기서는 생략한 상태임_ 큰 틀에서의 이해를 먼저 한 후 더 자세히 보고자 할 경우에는 일반기업회계기준상의 재무상태표를 참조함이 좋겠다.

2) 재무상태표 항목의 이해

(1) 자산

자산은 기업경영활동에 사용한 자금 운용의 총액을 말하며, 그 사용 내용에 따라 계정별로 구분, 분류하여 재무상태표 항목으로 나누어 기표한다. 그리고 크게는 기업회계기준상 1년 내외의 현금화를 기준하여 유동자산과 비유동자산으로 분류하도록 하고 있다.

① 유동자산: 1년 이내에 현금화가 가능한 자산을 말한다
  A. 당좌자산: 자금관리를 목적으로 보유하는 것으로 일반적으로 3개월 이내 현금화할 수 있는 자산을 말한다.
   a. 현금 및 현금성 자산
    통화 및 타인발행수표 등 통화대용증권과 당좌예금, 보통예금 및 현금등가물을 말한다. 이 경우 현금성자산이라 함은 큰 거래비용 없이 현금으로 전환이 용이하고 이자율변동에 따른 가치변동의 위험이 중요하지 않은 유가증권 및 단기금융상품으로 취득 당시 만기(또는 상환일)가 3개월 이내에 도래하는 것을 말한다.
   b. 단기금융상품
    금융기관이 취급하는 정기예적금, 사용이 제한되어 있는 예금 및 기타 정형화된 상품 등으로 단기적 자금용목적으로 소유하거나 기한이 1년 내에 도래하는 것을 말한다.

c. 유가증권

주식(시장성 있는 주식에 한한다), 채권 등과 같은 유가증권 중 단기적 자금운용목적으로 소유한 증권들을 말한다. 다만 특수관계자가 발행한 주식과 1년 이내에 처분할 투자유가증권은 포함하지 않는다.

d. 매출채권

일반적 상거래에서 발생한 외상매출금과 받을어음을 말한다.

e. 단기대여금

회수기한이 1년 내에 도래하는 대여금을 말한다.

f. 미수금

일반적 상거래 이외에서 발생한 미수채권을 말한다.

g. 미수수익

당기에 속하는 수익 중 미수액을 말한다.

h. 선급금

상품, 원재료 등의 매입을 위하여 선급한 금액을 말한다.

i. 선급비용

선급된 비용 중 1년 내에 비용으로 계상되는 것을 말한다

B. 재고자산: 판매목적으로 보유하는 자산

a. 상품

판매를 목적으로 구입한 상품, 미착상품, 적송품 등을 말하며 부동산 매매업에 있어서 판매를 목적으로 소유하는 토지, 건물, 기타 이와 유사한 부동산을 포함한다.

b. 제품

판매를 목적으로 제조한 생산품, 부산물 등을 말한다.

c. 반제품

자가 제조한 중간제품과 부분품 등을 말한다.

d. 재공품

　제품 또는 반제품의 제조를 위하여 재공과정에 있는 것을 말한다.

e. 원재료

　부재료, 매입부분품, 미착원재료 등으로 한다.

f. 저장품

　소모품, 소모공구기구비품, 수선용 부분품 및 기타 저장품을 말한다.

② 비유동자산: 1년 이내 현금화가 불가능한 자산을 말한다

　A. 투자자산: 영업 외의 목적_투자목적 등_ 으로 보유하는 자산을 말한다

　　a. 장기금융상품

　　　유동자산에 속하지 아니하는 금융상품을 말한다.

　　b. 투자유가증권

　　　유동자산에 속하지 아니하는 유가증권을 말한다.

　　c. 장기대여금

　　　유동자산에 속하지 아니하는 장기의 대여금을 말한다.

　　d. 장기성 매출채권

　　　유동자산에 속하지 않는 일반적 상거래에서 발생한 장기의 외상매출금 및 받을어음을 말한다.

　　e. 투자부동산

　　　투자 목적 또는 비영업용으로 소유하는 토지.건물 및 기타의 부동산을 말한다.

　　f. 보증금

　　　전세권, 전신전화가입권, 임차보증금 및 영업보증금 등을 말한다.

　　g. 이연법인세차

　　　일시적 차이로 인하여 법인세법 등의 법령에 의하여 납부하여야 할 금액이 법인세비용을 초과하는 경우 그 초과하는 금액과 이월결손금 등에

서 발생한 법인세 효과를 말한다.

B. 유형자산: 영업 목적으로 보유하되 그 형태가 있는 자산을 말한다.
 a. 토지
　대지, 임야, 전답, 잡종지 등을 말한다.
 b. 건물
　물과 냉난방, 조명, 통풍 및 기타의 건물부속설비를 말한다
 c. 구축물
　선거, 교량, 안벽, 부교, 궤도, 저수지, 갱도, 굴뚝, 정원설비 및 기타의 토목설비 또는 공작물 등을 말한다
 d. 기계장치
　기계장치, 운송설비(컨베이어, 호이스트, 기중기 등)와 기타의 부속설비를 말한다.
 e. 선박
　선박과 기타의 수상운반구 등을 말한다.
 f. 차량운반구
　철도차량, 자동차 및 기타의 육상운반구 등으로 한다.
 g. 건설중인 자산
　유형자산의 건설을 위한 재료비.노무비 및 경비를 합산하여 계산하되 건설을 목적으로 지출한 도급금액 또는 취득한 기계 등을 포함한다.

C. 무형자산: 영업 목적으로 보유하나 형태가 없는 자산
 a. 영업권
　합병, 영업양수 및 전세권취득 등의 경우에 유상으로 취득한 것으로 한다.
 b. 산업재산권
　일정기간 독점적.배타적으로 이용할 수 있는 권리로서 특허권, 실용신

안권, 디자인권, 의장권 및 상표권 등을 말한다.

c. 광업권

일정한 광구에서 등록을 한 광물과 동 광산 중에 부존하는 다른 광물을 채굴하여 취득할 수 있는 권리를 말한다.

d. 어업권(입어권을 포함한다)

일정한 수면에서 독점적, 배타적으로 어업을 경영할 수 있는 권리를 말한다.

e. 차지권(지상권을 포함한다)

임차료 또는 지대를 지급하고 타인이 소유하는 토지를 사용, 수익할 수 있는 권리를 말한다.

f. 창업비

발기인의 보수, 인수수수료, 설립등기비, 주식발행비등 회사설립을 위하여 발생한 비용과 개업준비 기간 중에 사업인허가를 획득하기 위하여 발생한 비용 등을 말한다.

g. 개발비

신제품, 신기술 등의 개발과 관련하여 발생한 비용(소프트웨어 개발과 관련된 비용을 포함한다)으로서 개별적으로 식별가능하고 미래의 경제적 효익을 확실하게 기대할 수 있는 것을 말한다.

(2) 부채

부채는 기업경영활동에 사용한 자금중 타인으로부터 조달한 자금의 총액을 말하는 것이며, 1년 이내 상환자금은 유동부채로, 1년 이상 사용조건으로 차입된 자금은 비유동부채로 구분한다.

① 유동부채: 1년 이내에 상환해야 하는 부채를 말한다.

a. 매입채무

일반적 상거래에서 발생한 외상매입금과 지급어음을 말한다.

b. 단기차입금

금융기관으로부터의 당좌차월액과 1년 내에 상환될 차입금을 말한다.

c. 미지급금

일반적 상거래 이외에서 발생한 채무(미지급비용을 제외)를 말한다.

d. 선수금

수주공사, 수주품 및 기타 일반적 상거래에서 발생한 선수액을 말한다.

e. 예수금

일반적 상거래 이외에서 발생한 일시적 제 예수액으로 한다.

f. 미지급비용

발생된 비용으로서 지급되지 않은 비용을 말한다.

g. 미지급법인세

법인세 등의 미지급액을 말한다.

h. 미지급배당금

이익잉여금처분계산서상의 현금배당액을 말한다.

i. 유동성장기부채

비유동부채 중 1년 내에 상환될 금액을 말한다.

j. 선수수익

받은 수익 중 차기 이후에 속하는 금액을 말한다.

k. 단기부채성충당금

1년 내에 사용되는 충당금을 말한다.

② 비유동부채: 1년 이내에 상환하지 않아도 되는 부채

a. 사채

1년 이후에 상환되는 사채의 가액을 말한다.

b. 장기차입금

1년 이후에 상환되는 차입금을 말한다.

c. 장기성매입채무

유동부채에 속하지 아니하는 일반적 상거래에서 발생한 장기의 외상매입금 및 지급어음을 말한다.

d. 장기부채성충당금

1년 이후에 사용되는 충당금을 말한다.

e. 이연법인세대

일시적 차이로 인하여 법인세비용이 법인세법 등의 법령에 의하여 납부하여야 할 금액을 초과하는 경우 그 초과하는 금액을 말한다.

(3) 자본

① 자본금

주주가 기업에 자본으로 납입한 납입주식의 액면가액을 말한다.

② 자본잉여금

주주가 기업에 자본으로 납입할 때 납입주식의 액면가보다 높거나 낮은 가액을 입금하게 될 때 해당 차액을 자본잉여금 또는 자본결손금으로 처리한다.

③ 이익잉여금(이월결손금)

기업이 경영활동의 결과 나타난 이익잉여금에서 배당을 공제한 후 차기에 이월시키는 금액을 이익잉여금(또는 이월결손금)으로 처리한다.

2. 손익계산서

1) 손익계산서의 구성

손익계산서(Income statement)는 일정 기간 동안의 기업경영성과를 나타내는 표이다. 재무제표를 작성하는 중요한 목적 중 하나는 기업이 일정 기간에 얼마나 이익을 남겼는지 또는 얼마나 손해를 보았는지를 정확하게 계산하는데 있으며, 손익계산서는 정확한 손익금액의 계산과 함께 그 손익이 경영의 어떤 활동에서 발생하였나를 알아보기 위하여 작성된다.

생산이나 판매 등 기업의 고유한 영업활동의 결과로 발생한 손익은 영업손익, 영업외적인 활동의 결과로 발생한 손익은 영업외손익으로 각각 구분하고, 여기에 법인세를 차감 후 순액을 기재한다. 결국 기업이 얻은 모든 수익에서 기업이 지출한 모든 비용을 차감하여 순수하게 기업에 손익으로 남는 몫을 당기순손익이라 한다. 이상의 설명을 아래의 손익계산서를 통해 다시 한번 상기해 보도록 하자.

〈표 3-2〉 손익계산서

손익계산서
Ⅰ. 매출액
Ⅱ. 매출원가
Ⅲ. 매출총이익
Ⅳ. 판매비와 관리비
Ⅴ. 영업이익
Ⅵ. 영업외수익
Ⅶ. 영업외비용
Ⅷ. 법인세비용차감 전 계속사업 손익
Ⅸ. 법인세 비용
Ⅹ. 당기순이익(또는 순 손실)

2) 손익계산서 항목의 이해

(1) 매출액

매출액은 제품을 판매한 총액을 말한다. 그리고 매출에누리와 매출환입, 매출할인 등은 매출에서 차감한다.

(2) 매출원가

매출원가는 제품을 만들기 위하여 사용된 모든 비용을 말한다. 즉 기초재고액 + 당기 매입액 - 기말재고액으로 매출원가를 계산한다.

(3) 매출이익

매출액에서 매출원가를 차감한 값을 말한다.

(4) 판매비와 일반관리비

판매비와 일반관리비는 제품의 판매 또는 관리를 위하여 사용된 비용으로써 다음 각 항의 계정과목이 있다.

① 급여

급여란 특정인에게 근로를 제공하고 이에 대한 대가로써 지급하는 제금액으로서 급여에는 임원급여, 급료와 임금 및 제수당을 포함한다. 일용직 근로자에게 지급을 하는 급여는 일반적으로 잡급으로 처리를 한다.

② 퇴직급여

퇴직급여란 영업기간 중 또는 영업연도 말 임원 또는 직원이 퇴사하는 경우에 자사의 퇴직금지급규정에 의하여 지급하는 금액을 처리하기 위한 계정이다. 퇴직급여충당금 미설정 시 퇴직금 지급액은 퇴직급여충당금이 설정되어 있는 경우 퇴직급여충당금에서 우선 상계하고 부족액을 퇴직급여로 처리한다.

③ 복리후생비

복리후생비란 종업원의 복리후생을 위하여 지출하는 비용으로 작업능률의 향상을 기하기 위하여 간접적으로 부담하는 시설 경비 등과 간식비, 회사부담 보험금 등 임직원의 복리후생을 위하여 지출한 비용을 말한다. 접대비를 복리후생비와 혼용하여 처리를 하는 일이 없도록 주의해야 한다.

④ 임차료

임차료는 부동산 또는 동산의 임대차 계약에 따라 지급하는 비용을 말하는데 예로는 사무실 임차료, 복사기/팩스 임차료, 차량 임차료, 창고/주차장임차료 등을 말한다.

⑤ 접대비

접대비란 일반적으로 회사의 영업과 관련하여 타인에게 금전을 제외한 재화나 기타 서비스를 제공하는데 소요되는 비용을 말한다. 거래처를 위해 지출한 주대, 차대, 식대, 선물비용, 경조사비 등이 있다.

⑥ 감가상각비

유형자산이 시간이 지남에 따라 그 가치가 점차 감소되는 것을 그 자산의 내용연수에 따라 비용화 시켜주는 것을 말한다. 감가상각비 산정 방법은 정액법_내용년수 기간 중 동일 금액을 상각하는 방법_과 정률법_ 내용연수 기간 중 같은 율로 상각하는 방법_에 의함이 일반적이나 때론 생산량 비례법이라 하여 광업권의 상각시 사용하는 방법 외 다수가 있을 수 있으니 기업회계기준을 찾아 기업에 적합한 방법을 사용하면 된다.

⑦ 세금과 공과

세금과 공과 계정은 기업에 대하여 국가 또는 지방자치단체가 부과하는 조세와 공공적 지출에 충당할 목적으로 동업조합, 상공회의소 등의 각종 공공단체가 부과하는 부과금 및 벌금, 과료, 과태료 등의 특정행위의 제재를 목적으로 하는 과징금을 처리하는 계정 과목이다. 회사 명의의 자동차세, 재산세, 사업소세, 적십자사 회비, 상공회의소 회비, 국민연금 회사부담분, 벌금, 인지대 등을 말한다. 국민연금 회사부담분은 일부 회사에서 복리후생비로 처리를 하고 있으나 이는 문제가 되지 않는다. 그러나 여기서 세금과 공과로 처리를 한 이유는 세법상 국민연금 회사부담분을 세금과 공과로 분류를 하고 있기 때문이다.

⑧ 광고선전비

광고선전비란 재화 또는 용역의 판매촉진이나 기업이미지 개선 등의 선전효과를 위하여 불특정 다수인을 대상으로 지출하는 비용을 말한다. 광고물 구입비, 광고제작 의뢰비, 광고물 배포비, 간판제작비, 법인결산 공고료 등을 말한다. 소비성 서비스업의 경우 일정 비율을 초과하는 경우에는 비용으로 인정을 받지 못한다.

⑨ 경상개발비

경상개발비란 경상적으로 발생하는 연구개발비로서 여기서 연구개발비란 새로운 제품과 새로운 기술의 연구 또는 개발활동과 관련하여 지출한 비용을 말한다.

⑩ 대손상각비

대손상각비란 거래처의 파산, 행방불명 등의 사유로 채권의 회수가 불가능하게 된 경우 회수불능채권을 비용으로 처리하기 위한 계정이다.

⑪ 여비교통비

판매 및 관리활동에 종사하는 종업원 및 임원에 관한 여비 및 교통비를 처리하는 계정이다. 여기에는 교통비, 항공료, 출장일당, 숙박료, 식사대, 주차료, 통행료 등이 포함된다.

⑫ 차량유지비

차량유류대, 차량수선비, 주차료, 안전협회비, 검사비, 통행료 등을 말한다.

⑬ 통신비

전화료, 등기우편료, 우표, 엽서 등의 사용 유지를 위하여 지출되는 비용을 처리하는 계정이다.

⑭ 교육훈련비

임직원의 교육을 위하여 지출한 비용을 처리하는 계정으로 강사료, 연수원 임차료, 학원연수료, 위탁교육훈련비 등이 이에 해당한다.

⑮ 수선비

유형자산의 원상회복을 위하여나 기능유지를 위하여 지출하는 비용으로 이에는 건물수선비, 기계수선비, 공기구수선비, 비품수선비, 유지보수비 등이 있다.

⑯ 수도광열비

수도, 전기, 가스료를 지불할 때 처리하는 계정으로 상하수도 요금, 도시가스료, 가스 대금, 난방용 유류대 등이 있다.

⑰ 도서인쇄비

도서인쇄비는 도서구입대나 인쇄요금을 지불할 때 사용하는 계정으로 신문구독료, 도서대금, 인쇄대금, 사진현상대금, 복사대금, 명함인쇄비용 등이 있다.

⑱ 포장비

상품이나 제품 등의 포장과정에서 발생을 하는 비용으로 외주포장비, 박스비용 등이 이에 해당한다.

⑲ 소모품비

소모자재대금으로서 이에는 복사기 팩스 부품 교체비, 건전지, 전구 등의 구입비용이 이에 해당한다.

⑳ 지급수수료

용역을 제공받고 이에 대한 대가로 지불을 하는 비용으로 세무수수료, 특허권사용료, 법률자문비 등이 이에 해당한다.

㉑ 보험료

산재보험료, 자동차보험료, 보증보험료, 책임보험료, 고용보험료(의료보험은 해당하지 않음), 화재보험료, 손해보험료 등을 처리하는 계정이다.

㉒ 외주비

외주용역비와 외주가공비를 지출할 때에 사용하는 계정으로 지급수수료의 일종이다.

㉓ 보관료

보관료란 상품, 제품, 원재료, 부산물 등을 창고에 보관하는데 소요되는 비용을 처리하는 계정이다.

㉔ 견본비

상품, 제품 등의 품질향상을 알리기 위하여 해당 상품을 시험 삼아 사용시킬 목적으로 제공하는 데 드는 비용을 말한다.

㉕ 운반비

판매와 관련하여 회사의 상품이나 제품을 거래처에 운반해 주는 과정에서 발생하는 비용을 말하며, 이에는 판매 시의 선박운임, 항공운임, 상하차비, 택배비용, 퀵서비스비용 등을 처리하는 계정이다.

㉖ 판매수수료

판매활동과 관련하여 판매대행 거래처 등에게 지급하는 수수료를 말한다.

㉗ 회의비

회의시 소요되는 비용으로 회의시 식대 및 차대, 회의용 소모품비 등이 있다.

㉘ 수출제비용

상품, 제품 등을 수출하는 경우 계약의 체결 때부터 물품 선적에 이르기까지 수출과정에서 소요되는 비용을 처리하는 계정으로 포장비, 운반비, 보관료, 선적비, 해상운임, 해상보험료, 검사료, 통관비 등을 처리하는 계정이다.

㉙ 잡비

잡비란 오물수거비, 방범비 등과 같이 비용항목 중에서 빈번하게 발생하지 않고 금액적으로 중요성이 없는 것 또는 다른 계정과목에 포함을 시키는 것이 적절하지 않은 비용을 처리하는 계정과목이 잡비 계정이다.

(5) 영업이익(매출총이익-판매비와 관리비)

영업이익은 매출총이익에서 판매비와관리비를 차감한 금액이 (+)인 금액을 말한다. (-)인 경우는 영업손실로 처리 한다.

(6) 영업외수익

영업외수익이란 기업 고유의 영업활동 이외의 활동을 통하여 발생한 이익을 말한다.

① 이자수익

예적금, 국공채, 사채, 대여금, 대표이사 가지급금이자 등과 같이 돈을 빌려주고 받는 이자를 말한다.

② 배당금수익

기업이 주식을 보유함으로써 받게 되는 현금배당, 주식배당, 의제배당 등을 말한다.

③ 임대료

부동산 또는 동산을 임대하고 타인으로부터 지대, 집세, 사용료 등의 대가로 수취하는 금액을 말한다.

④ 유가증권처분이익

주식처분이익, 국공채처분이익, 사채처분이익처럼 기업이 유가증권을 살 때 지불한 돈보다 더 많은 돈을 받고 판 경우 그 차액을 밀한다.

⑤ 유가증권평가이익

유가증권은 결산 시 현재의 시가로 평가하도록 되어 있는데 이때의 시가가 취득 시 또는 전기에 평가한 시가보다 상승한 경우 그 차액을 말한다._ 주식, 국공채, 사채 평가이익 등_

⑥ 외환차익

외환차익이란 외화자산을 원화로 회수할 때 원화로 받는 수취가액이 외화자산의 장부가액보다 큰 경우와 외화부채를 원화로 상환하는 금액이 외화부채의 장부가액보다 작은 경우 동 차액을 처리하는 계정을 말한다. 예를 들어 외환결제로 인한 이익 등을 말한다.

⑦ 외화환산이익

외화환산이익이란 기업이 외국 통화를 보유하고 있거나 외화로 표시된 채권,채무를 가지고 있는 경우에 이것을 기말결산 시 원화로 환산평가함에 있어서 그 취득 당시 또는 발생 당시의 외국환시세와 결산일에 있어서의 외국환시세가 변동하였기 때문에 발생하는 차익을 말한다.

⑧ 지분법평가이익

지분법평가이익은 피투자회사의 순이익(내부거래 제외)에 대한 투자회사의 지분평가차이를 말한다.

⑨ 투자유가증권감액손실환입

투자주식 또는 채권의 공정가액이 하락하여 회복할 가능성이 없어 투자주식 감액 손실로 처리한 것이 순자산가액이 회복된 경우에는 감액된 장부가액을 한도로 하여 회복된 금액을 처리하는 계정을 말한다.

⑩ 투자자산처분이익

투자자산의 처분 시 투자자산의 처분가액이 장부가액을 초과하는 경우 그 차액을 말한다.

⑪ 유형자산처분이익

유형자산 처분 시 유형자산의 처분가액이 장부가액보다 높을 시 그 차이를 처리하는 금액을 말한다. _유형자산처분 손익은 장부상 취득가액에 감가상각누계액을 차감하여 산정함_

⑫ 사채상환이익

사채의 상환 시 사채의 장부가액에 미달하여 상환가액을 지급하는 경우 동 차액을 처리하는 계정을 말한다.

⑬ 법인세환급액

법인세환급액은 법인세 납부액이 정부의 경정 또는 결정에 의한 법인세액을 초과하게 되는 경우에 납세의무자에게 돌려주는 금액을 말한다.

⑭ 잡이익

영업외수익 중 금액적으로 중요하지 않거나 그 항목이 구체적으로 밝혀지지 않은 수익을 말한다.

(7) 영업외비용

영업외비용이란 기업고유의 영업활동 이외의 활동을 통하여 발생한 비용을 말한다.

① 이자비용

차입금에 대하여 지불하는 이자를 말한다.

② 기타의 대손상각비

기타의 대손상각비 계정은 기업의 주요 영업활동 이외의 영업활동으로 인하여 발생한 채권에 대한 대손상각을 처리하는 계정이다. 즉 매출채권 이외의 채권인 대여금, 미수금, 미수수익, 선수금 등에 대한 대손액을 처리하는 계정이다.

③ 유가증권처분손실

부동산 또는 동산을 임대하고 타인으로부터 지대, 집세, 사용료 등의 대가로 수취하는 금액을 말한다.

④ 유가증권처분손실

유가증권을 팔 때 취득할 때의 금액보다 더 적은 금액을 받고 매도한 경우와 판매 시의 그 차액을 처리하는 계정이다.

⑤ 유가증권평가손실

유가증권은 결산 시 현재의 시가로 평가하도록 되어 있는데 이때의 시가가 취득 시 또는 전기에 평가한 시가보다 낮은 경우 그 차액을 말한다.

⑥ 재고자산평가손실

재고자산을 기말에 평가하는 경우 취득 시의 원가보다 시가가 더 하락한 경우 그 차액을 말한다.

⑦ 외환차손

외환차손이란 외화자산을 상환 받을 때 원화로 받는 수취가액이 외화자산의 장부가액보다 작은 경우와 외화부채를 원화로 상환하는 금액이 외화부채의 장부가액보다 큰 경우 동 차액을 처리하는 계정을 말한다.

⑧ 외화환산손실

외화환산손실이란 기업이 외국통화를 보유하고 있거나 외화로 표시된 채권·채무를 가지고 있는 경우에 이것을 기말결산 시 원화로 환산평가함에 있어서 그 취득 당시 또는 발생 당시의 외국환시세와 결산일에 있어서의 외국환시세가 변동하였기 때문에 발생하는 차손을 말한다.

⑨ 기부금

기부금이란 기업의 정상적인 영업활동과 관계없이 금전, 기타의 자산 등의 경제적인 이익을 타인에게 무상으로 제공하는 경우 당해 금전 등의 가액을 말한다.

⑩ 지분법 평가손실

지분법 평가손실은 피투자회사의 순이익(내부거래 제외)에 대한 투자회사의 지분평가에 대한 손실을 처리할 때 사용하는 계정이다.

⑪ 투자유가증권감액손실

투자유가증권감액손실은 투자주식 또는 채권의 공정가액이 하락하여 회복할 가능성이 없는 경우 당해 투자주식의 장부가액과 공정가액의 차액을 말한다.

⑫ 투자자산처분손실

투자자산의 처분 시 투자자산의 처분가액이 장부가액에 미달하는 경우 동 차액을 말한다.

⑬ 유형자산처분손실

유형자산의 처분 시 유형자산의 처분가액이 장부가액(취득가액 감가상각누계액)에 미달하는 경우 동 차액을 말한다.

⑭ 사채상환손실

사채상환손실이란 사채의 상환 시 사채의 장부가액을 초과하여 상환가액을 지급하는 경우 동 차액을 처리하는 계정을 말한다.

⑮ 잡손실

영업외수익 중 금액적으로 중요하지 않거나 그 항목이 구체적으로 밝혀지지 않은 비용으로 교통사고배상금, 계약위반배상금, 가산세, 가산금 등을 말한다.

(8) 경상손익(영업이익+영업외수익-영업외비용)

세전손익은 영업손익에서 영업외수익을 가산하고 영업외비용을 차감한 금액을 말한다. 여기서 영업외란 기업의 정관에 기재된 고유목적사업 이외의 사업을 말한다. 예를 들어 일반기업이 본연의 사업과 직접적 연관 없이 발생하는 환차손익이나 금융수입 또는 금융이자 등이 발생했다면 이는 영업외수익 또는 비용으로 처리하게 된다.

(9) 세전손익

세전손익이라 함은 법인세 차감 전 순손익을 말하는데 이는 경상손익에 특별이익을 가산하고 특별손실을 차감하여 표시한다.

① 특별이익

특별이익은 자산수증익, 채무면제이익, 보험차익처럼 비경상적, 비반복적 사건으로 인하여 발생한 이익을 말한다.

② 특별손실

특별손실은 재해손실과 같이 비경상적, 비반복적 사건으로 인하여 발생한 손실을 말한다.

(10) 법인세비용

법인세비용은 법인세비용차감전순이익에 법인세법 등의 법령에 의하여 과세하였거나 과세할 세율을 적용하여 계산한 금액으로 하며, 법인세에 부가하는 세액(주민세, 농어촌 특별세 등)을 포함한다.

(11) 당기순손익(법인세비용차감전순이익-법인세비용)

당기순손익은 법인세비용 차감 전 순손익에서 법인세 비용을 차감하여 산정한다.

3. 재무제표 분석의 개괄

1) 재무회계와 관리회계

앞에서 재무제표의 이해를 통해 우리는 기업경영의 활동의 결과와 재정상황을 파악하는 방법을 배웠다. 그러나 이러한 재무제표는 기업 내외의 이해관계자들이 객관적 잣대에 의해 기업의 경영상황을 알 수 있도록 하기 위한 수단이기에 이는 '일반적으로 인정되는 회계 원칙'에 따른 회계 방식의 표식을 통하여 나타내도록 되어 있으며, 반기나 연말 등 일정주기에 의거 공포하도록 의무화하고 있다. 우리는 이를 재무회계에 의한 결산이라고 하고, 이 결산의 결과를 두고 재무제표라고 한다.

반면, 기업은 이렇게 대외적 필요와 의무에 의해 기업경영의 성과와 현황을 나타내어야 할 경우도 있으나 진정한 의미에서는 이를 좀 더 구체적으로 살펴서 향후 기업경영 활동에 도움이 되도록 활용할 필요가 있기에 전사차원의 기업성과에서 각 사업별, 부서별 성과를 세분해 본다든지 반기나 연말 시점에서 보기보다는 매월 또는 분기별 결과치를 통해 경영의사를 수시로 최적화할 수 있는 내부체제를 갖고자 하는 것이다. 이것이 재무회계와 다른 관리회계의 시스템이라 하고, 이 관리회계는 주로 최고경영자와 경영자 그리고 내부 종업원 같은 내부 인사들의 경영의사결정 목적에 사용하고자 활용된다. 앞서 설명한 재무회계와 관리회계의 비교표 〈표 1-19〉를 참조하기 바란다.

2) 재무제표 분석 방법

(1) 관계비율법

재무제표상의 한 항목과 다른 항목간의 관계를 비율로 표시하여 기업의 수익성, 유동성, 안정성 등을 분석하는 것으로 일반적으로 널리 알려진 분석방법이다.

(2) 구성비율법

재무제표 각 구성항목을 백분율로 나타낸 것으로 총자산에 대한 구성 비율을 표시하는 백분율대차대조표(Common-size balance sheet), 총매출액에 대한 구성비율을 표시하는 백분율손익계산서(Common-size income statement) 등이 주로 이용된다.

(3) 표준비율법

재무제표로부터 산출한 경영분석비율을 표준비율과 비교하여 경영상태를 판단하는 분석방법이다. 표준비율은 동종기업의 수치를 평균하여 산출하거나 기업의 목표에 의해 설정될 수 있다.

(4) 지수법

기업경영에 대한 종합적 판단을 목적으로 하는 분석방법이다. 앞에서 살펴본 개별적 비율분석으로는 기업의 경영상태나 경영성과에 대한 종합적인 판단이 어려우므로 분석목적에 따른 중요비율을 산출한 후 각각의 중요비율에 대해 가중치를 부여하여 하나의 지수를 만들고, 이를 통해 기업의 경영 활동을 종합적으로 판단하는 것을 말한다.

(5) 실수비교법

시간의 변화에 따른 경영상태의 변화를 파악하기 위해 비교대차대조표와 비교손익계산서를 작성하여 해당 항목의 증감률을 구하고, 이를 통해 재무상태나 손익의 변동상황을 파악하는 분석방법을 말한다.

일반적으로 기업의 규모에 차이가 있으면 다른 기업과 비교하거나 또는 자기회사의 과거의 기간과 비교하여 양호여부를 판단하려는 경우에 이와 같은 절대액의 비교만으로는 효율적이지 못해 관계비율법 등의 비율법을 병용하게 된다. 그러나 흔히 비율법에 지나치게 의존하여 이와 같은 절대액의 크기 또는 변동상황을 중

요시하지 않는 경향이 있을 수 있으므로 이 점을 유의해야 할 것이다

3) 재무제표 분석의 한계

기업경영분석은 주로 재무제표상에 나타나는 금액 또는 비율 등을 분석함으로써 기업의 재무상태 또는 경영성과를 판단하는 것이다. 그러나 재무제표의 수치 및 비율은 기업의 경제적 실태에 대한 부분적인 정보를 제공할 뿐이므로 이에 근거한 기업경영분석은 완벽한 분석이라고 할 수 없으며, 다음과 같은 한계를 지니고 있다.

(1) 계량화의 한계

기업의 평가에 매우 중요한 요소가 되는 경영자의 능력, 종업원의 사기, 조직의 효율성, 우수한 판매망, 기업의 신용도, 고객에 대한 충성도 등은 재무제표상에 수치화하기 어려우므로 재무제표를 이용한 기업경영분석은 해당 기업의 경영상태를 모두 반영한다고 보기 어렵다. 이러한 점에서 재무제표 분석에는 일정 한계가 있음을 고려해야 한다.

(2) 회계처리방법의 차이

기업별로 실무적인 회계처리방법에 차이가 있는 경우 재무제표의 비교가능성이 저해될 수 있다. 예를 들어 자산에 대한 감가상각의 경우 기업회계 기준은 정액법, 정률법, 생산량비례법 등을 인정하고 있으므로 기업 간에 비교할 때 서로 다른 감가상각법을 채택하고 있다면 각각 다른 감가상각비를 가지고 상호 그릇된 비교분석을 하게 되는 우를 범할 수 있다. 즉 동일한 영업 성과에도 불구하고 다르게 나타나는 이익을 어찌 분석할 수 있겠는가.

이와 같은 일은 재고자산의 평가에 대해서도 나타난다. 즉 재고자산의 평가 시 선입선출법(先入先出法)을 적용하는 경우와 후입선출법(後入先出法)을 적용하는

경우 매출원가가 다르게 계상되므로 영업이익에 차이가 발생하기에 이러한 점을 고려한다면 해당기업의 감사보고서나 영업보고서 상의 상세내용을 추가로 살펴서 비교 분석하는 것이 필요하다.

(3) 기타의 제한 사항

재무제표 중 재무상태표는 일정시점의 재무상태를 표시하므로 기업활동의 계절적 변동을 제대로 고려하기 어렵다. 예를 들어 음식료품, 의복 등 계절적 변동이 심한 상품을 취급하는 경우 총자산에 대한 재고자산, 매출채권 및 매입채무 등의 구성이 크게 바뀌게 되므로 회계정보가 왜곡되어 전달되기 쉽다.

또한 물가상승률이 지속적으로 높은 수준을 유지하는 경우 장부상의 가치와 실제 가치 간에 큰 차이가 발생하므로 이 역시 재무제표는 기업의 실상을 정확히 반영하지 못한다.

이와 같이 재무제표는 그 특성상 기업 간의 특별한 상황 속에서 모든 것을 알아내어 분석하고 판단하는데 한계가 있으므로 이를 십분 감안하여야 할 것이다.

4. 수익성 분석

수익성 분석은 기업의 내부경영자나 관리자 그리고 주주 등 내부의 이해관계자들에게는 최대의 관심사이다. 어느 일정 기간 얼마의 돈을 벌었는가? 그리고 어느 정도의 수익구조인가? 라는 문제는 그 기업이 계속 유지되고 영속적 성장을 하기 위해 기업 내에서 갖게 되는 제1의 전제가 되는 사항인 동시에 과거와 현재 그리고 미래의 이익 창출이나 현금 창출과 직결되는 매우 중요한 사안이다.

수익성 분석에는 크게 두 가지인데 그 첫째는 손익계산서상 매출액에 대한 이익이 얼마인가와 둘째는 얼마의 자본 투하에 이익을 내고 있는가 하는 점이다.

1) 매출액 대비 이익율

(1) 매출액 대비 매출이익율

매출액에 대한 매출이익액의 비율을 말한다.

$$\text{매출액 매출이익율} = \frac{\text{매출이익}}{\text{매출액}} \times 100$$

(2) 매출액 대비 영업이익율

매출액에 대한 영업이익액의 비율을 말한다.

$$\text{매출액 영업이익율} = \frac{\text{영업이익}}{\text{매출액}} \times 100$$

(3) 매출액 대비 세전 이익률

매출액에 대한 세전이익액의 비율을 의미한다.

$$\text{매출액 세전이익율} = \frac{\text{세전이익}}{\text{매출액}} \times 100$$

(4) 매출액 대비 당기순이익률

매출액에 대한 당기순이익액의 비율을 말한다.

$$\text{매출액 당기순이익율} = \frac{\text{당기순이익}}{\text{매출액}} \times 100$$

2) 자본대비 이익률

(1) 납입자본 대비 이익률

① 납입자본 대비 매출이익율

납입자본에 대한 매출이익율의 구성비를 말한다.

$$\text{납입자본 매출이익율} = \frac{\text{매출이익}}{\text{납입자본}} \times 100$$

② 납입자본 대비 영업이익율

납입자본에 대한 영업이익율의 구성비를 말한다.

$$\text{납입자본 영업이익율} = \frac{\text{영업이익}}{\text{납입자본}} \times 100$$

③ 납입자본 대비 세전이익율

납입자본에 대한 세전이익의 구성비를 말한다.

$$\text{납입자본 세전이익율} = \frac{\text{세전이익}}{\text{납입자본}} \times 100$$

④ 납입자본 대비 당기순이익율

납입자본에 대한 당기순이익의 구성비를 말한다.

$$\text{납입자본 당기순이익율} = \frac{\text{당기순이익}}{\text{납입자본}} \times 100$$

(2) 자기자본 대비 이익률

① 자기자본 대비 매출이익율

자기자본에 대한 매출이익의 구성비를 말한다.

$$\text{자기자본 매출이익율} = \frac{\text{매출이익}}{\text{자기자본}} \times 100$$

②자기자본 대비 영업이익율

자기자본에 대한 영업이익의 구성비를 말한다.

$$\text{자기자본 영업이익율} = \frac{\text{영업이익}}{\text{자기자본}} \times 100$$

③ 자기자본 대비 당기순이익률

자기자본에 대한 당기순이익의 구성비를 말한다.

$$\text{자기자본 당기순이익율} = \frac{\text{당기순이익}}{\text{자기자본}} \times 100$$

(3) 총자본 대비 이익률

① 총자본 대비 매출이익율

총자본에 대한 매출이익의 구성비를 말한다.

$$총자본\ 매출이익율 = \frac{매출이익}{총자본} \times 100$$

② 총자본 대비 영업이익율

총자본에 대한 영업이익의 구성비를 말한다.

$$총자본\ 영업이익율 = \frac{영업이익}{총자본} \times 100$$

③ 총자본 대비 세전이익율

총자본에 대한 세전이익율의 구성비를 말한다.

$$총자본\ 세전이익율 = \frac{세전이익}{총자본} \times 100$$

④ 총자본 대비 당기순이익률

총자본에 대한 당기순이익의 구성비를 말한다.

$$총자본\ 당기순이익율 = \frac{당기순이익}{총자본} \times 100$$

5. 성장성 분석

성장성 역시 기업 내 경영자나 내부 종사자들에겐 매우 중요한 관심사항이다. 얼마의 수익을 내는 사업인가도 중요하지만 향후 얼마나 성장할 가능성이 있는가에 대한 문제는 결국 자신들의 문제이기도 하기 때문이다. 다만 성장성의 특징은 언제나 과거 실적대비 얼마나 변화되어 가고 있는가가 이슈로 된다는 점이 특징이다. 성장성 분석은 두 가지 측면에서 바라보는 것이 일반적이다.

그 첫째는 손익부문에서의 성장성 측면이고, 두 번째로는 재무적 관점에서의 성장성 분석이다. 여기에 손익부분의 성장성에서는 매출신장과 이익신장율로 크게 구분하여 분석이 필요하고, 재무부문서의 성장성은 총자본 및 총자산의 신장성 관점으로 구분하여 분석할 필요가 있다.

1) 매출액 신장율

매출액 신장율은 전기매출액 대비하여 당기매출액이 얼마나 신장되고 있는가 하는 지표이다.

$$매출액\ 신장율 = \frac{(당기매출액 - 전기매출액)}{전기매출액} \times 100$$

2) 이익 신장율

(1) 전기 대비 매출이익 신장율

매출이익 신장율은 전기매출이익 대비하여 당기매출이익이 얼마나 신장되었는지에 관한 지표이다.

$$\text{매출이익 신장율} = \frac{(\text{당기매출액} - \text{전기매출이익액})}{\text{전기매출액}} \times 100$$

(2) 전기 대비 영업이익 신장율

영업이익 신장율은 전기영업이익 대비하여 당기영업이익이 얼마나 신장되었는지에 관한 지표이다.

$$\text{영업이익 신장율} = \frac{(\text{당기매출액} - \text{전기영업이익액})}{\text{전기영업액}} \times 100$$

(3) 전기 대비 당기순이익 신장율

당기순이익 신장율은 전기순이익 대비하여 당기순이익이 얼마나 신장되었는지에 관한 지표이다.

$$\text{순이익 신장율} = \frac{(\text{당기매출액} - \text{전기순이익액})}{\text{전기순이익액}} \times 100$$

3) 자산 증가율

자산증가율 역시 전기 대비하여 자사의 자산이 얼마만큼의 변화를 보이고 있는가 하는 지표이다.

(1) 전기 대비 납입자본 증가율

$$\text{납입자본 증가율} = \frac{(\text{당기납입자본} - \text{전기납입자본})}{\text{전기납입자본}} \times 100$$

(2) 전기 대비 자기자본 증가율

$$\text{자기자본 증가율} = \frac{(\text{당기자기자본} - \text{전기자기자본})}{\text{전기자기자본}} \times 100$$

(3) 전기 대비 총자본 증가율

$$\text{총자본 증가율} = \frac{(\text{당기총자본} - \text{전기총자본})}{\text{전기총자본}} \times 100$$

(4) 전기 대비 순운전자본 증가율

$$\text{순운전자본 증가율} = \frac{(\text{당기순운전자본} - \text{전기순운전자본자본})}{\text{전기순운전자본}} \times 100$$

6. 유동성 분석

1) 유동성이란

유동성(Liquidity)이란 보유자산을 단기간 내 정상적인 가격으로 현금화할 수 있는 가능성을 말하는데 수익성이 양호한 기업이라 할지라도 유동성이 부족하면 단기채무에 대한 지급불능으로 흑자도산에 처할 위험이 높아진다.

유동성 분석이란 기업의 단기지급능력을 평가하고자 하는 것으로 기업에 자금을 대출하는 금융기관이나 신용으로 상품을 판매하는 공급업자의 경우 큰 관심을 가지는 부분이다. 기업의 단기채무에 대한 지급능력을 평가하기 위해 사용되는 대표적인 경영분석지표는 유동비율로써 유동자산을 유동부채로 나누어 산출한다.

그러나 경기변동에 민감하거나 진부화가 빠른 재고자산을 많이 보유하는 기업은 당좌비율을 이용하여 유동성을 파악하는 것이 보다 효과적이다. 당좌비율은 유동자산 중에서 재고자산을 차감한 당좌자산을 유동부채로 나눈 비율이다.

유동성분석 결과에 대한 평가는 기업이 속해 있는 업종, 기업규모, 분석자의 입장 등에 따라 상대적으로 다를 수 있다. 즉 기업의 채무상환능력에 일차적인 관심이 있는 채권자의 입장에서는 높은 유동성을 선호하게 되지만 경영자의 입장에서 볼 때 유동자산의 과다보유는 기업수익성 저하의 요인이 될 수 있다. 또한 유동자산에는 현금 이외의 자산이 포함되어 있어 실질적인 단기지급능력이 낮은 경우에도 유동성이 양호한 것으로 나타날 수 있으므로 현금흐름분석이나 자금조달능력에 대한 분석을 병행하는 것이 바람직하다. 기업이 자본조달을 함에 있어서는 자기자본조달과 타인자본조달이라는 크게 두 가지의 자본 조달방법을 들 수 있겠다. 이때 기업의 타인자본조달에는 그 상환기한이 1년 이내인 유동부채와 1년 이상인 비유동부채로 나눌 수 있겠는데 이때 1년 이내 상환이 도래하는 자금은 늘 상환능력이 어떠한가 하는데 대해 외부의 특히 금융기관이나 채권자의 관심의 대상이 될 수밖에 없다.

결국, 수익성이나 성장성과 같이 기업의 경영자나 주주, 종업원이 제일의 관심사와는 달리 유동성은 채권자나 금융기관의 최대 관심사로서 해당 기업이 얼마나 유동부채에 대한 상환능력을 보유하고 있는가 하는 관점의 평가를 받게 된다.

따라서 유동성은 모든 기준이 유동부채, 즉 1년 이내 도래하는 외부차입금에 대한 상환능력이 얼마나 되는지를 알 수 있는 매우 중요한 지표라고 할 수 있다.

2) 유동성 분석의 의의와 유형

유동성 분석에는 현금비율, 당좌비율, 유동비율 등이 있으며 유동성 분석의 의의는 다음과 같다.

유동성 분석은 단기채무에 대한 기업의 지급능력을 파악하기 위하여 은행 등의 금융기관이 대출심사 또는 신용평가 등에 사용하기 시작한 것으로서 재무분석의 출발점이라고 할 수 있다. 유동성(Liquidity)이란 단기간 내에 정상적인 가격으로 현금화할 수 있는 가능성을 말하며, 유동자산(Current assets)이란 1년 또는 기업의 정상영업주기 이내에 현금화될 것으로 예상되는 자산을 말한다.

기업회계기준에서는 1년을 기준으로 유동자산과 비유동자산을 구분하며, 유동자산은 다시 현금화의 용이성에 따라 당좌자산과 재고자산으로 분류된다. 유동성분석은 유동자산을 유동부채로 나눈 유동비율이 주로 사용된다. 그러나 경기변동에 민감하거나 진부화가 빠른 재고자산을 많이 보유한 기업의 경우 유동자산에서 재고자산을 제외한 당좌자산을 유동부채로 나눈 당좌비율을 이용하는 것이 바람직하다.

유동성 관련지표를 판단하는 경우 전통적으로 유동비율은 200%, 당좌비율은 100% 이상을 양호한 수준으로 평가하여 왔으나 최근에는 이러한 절대적인 평가기준 대신 기업이 속해 있는 업종, 기업규모, 분석자의 입장 등에 따라 상대적으로 다른 기준을 적용하고 있다.

예를 들어 채권자는 기업의 채무상환능력에 일차적인 관심이 있으므로 높은 유동성을 선호하는 반면 경영자의 입장에서 볼 때 유동자산의 과다보유는 자산운용의 효율성을 떨어뜨려 결과적으로 수익성을 저하시키는 요인이 될 수 있다. 또한 유동성 관련비율을 분석하는 경우에 유동자산의 현금화 속도 및 과정에 대해 파악하여야 하는데 이는 유동자산 중에 현금이 아닌 재고자산이나 선급비용 등이 포함되어 있어 유동성이 양호하게 나타난 경우에도 실질적인 단기지급능력은 높지 않을 수 있기 때문이다. 따라서 유동성 분석 시 기업의 자금조달능력과 현금흐름 분석을 병행함으로써 단기지급능력 분석의 정확성을 높일 수 있다.

(1) 현금비율

현금비율은 기업의 1년내 도래하는 외부차입액, 즉 유동부채에 대한 현금보유 능력을 의미한다. 업종에 따라 다르기는 하나 일반적으로 25-50% 수준일 경우 매우 양호하다고 평가한다. 그러나 이는 어디까지나 은행이나 채권자입장에서의 판단이고 기업자체에서는 현금을 최소화하면서 기업활동을 위해 가용자금을 최대한 활용하여 운용하는 것이 바람직하기에 이점 역시 충분히 고려하여 판단할 필요가 있다.

$$현금비율 = \frac{현금}{유동부채} \times 100$$

(2) 당좌비율

당좌비율이라 함은 기업이 1년 이내 상환해야 할 외부차입액에 대한 기업보유 현금과 예금과 매출채권, 즉 당좌자산이 얼마인지를 파악하는 지표라고 할 수 있다. 이 역시 업종에 따라 다를 수 있지만 일반적으로 50-100%를 양호하다고 평가한다. 이것은 은행이나 채권자의 입장에서 판단의 기준이라고 이해하면 될 것이다.

$$당좌비율 = \frac{당좌비율}{유동부채} \times 100$$

(3) 유동비율

유동비율이라 함은 기업이 1년 이내 도래하는 외부차입액에 대하여 해당 기업이 보유하고 있는 1년 이내에 현금화가 가능한 자산의 규모가 얼마 정도인지를 파악하는 지표이다. 일반적으로 유동비율은 100~200%면 안정적이라고 평가한다.

$$유동비율 = \frac{유동자산}{유동부채} \times 100$$

(4) 순운전자본비율

순운전자본비율이라 함은 총자산(총자본)에 대한 순운전자본의 비율이 얼마인지를 파악하는 지표이다. 순운전자본비율이 높을수록 유동성이 양호하다고 할 수 있다. 있다. 여기서 순운전자본이라 함은 (매출채권+재고자산-매입채무)를 의미하는 것으로써 사업의 크기가 커짐으로써 상대적으로 늘어나는 것이 일반적이라고 볼 수 있으나 이러한 일반적 현상과 달리 크게 늘거나 줄어드는 경우는 매출채권, 재고자산, 매입채무의 변화요인을 찾아 개선해야 할 이유와 그 대응방안을 강구하는 것이 중요하다.

예를 들어 재고자산이 급증했다면 생산부문에서 원재료비의 증가여부, 또는 재고 또는 제품의 증가여부 등을 찾아야 하고, 매출채권이 증가했다면 영업부문에서 대금수령의 조건변화를 확인해 본다거나 아니면 채권의 부실여부를 찾아보는 것이 좋다. 이를 위해 '월령분석'이라는 방안이 있는데 이는 추후에 다시 상세히 설명할 것이다.

$$순운전자본비율 = \frac{순운전자본}{총자산(총자본)} \times 100$$

7. 안정성 분석

안전성분석이란 기업의 재무구조가 얼마나 안정적인가를 분석하는 지표로써 기업이 장기성 타인자본을 사용함에 따른 채무이행불능위험의 정도를 파악하는 것을 말한다. 정보이용자들은 안전성 분석을 통하여 장기채무의 상환능력과 조달된 자본이 기업의 유동자산 및 고정자산에 적절히 분배되었는가를 측정하며, 기업지배에 필요한 자본의 규모 및 경기변동에 대한 장기적인 대응능력을 파악할 수 있다.

안정성을 측정하는 대표적인 지표로는 자기자본비율, 부채비율, 비유동비율, 비유동장기적합율 그리고 유보율 등의 재무적 관점의 평가지표가 있으며, 특별히 손익계산서를 통해 이자보상배율을 판단하는 지표 등으로 구성되어 있다. 자기자본비율(자기자본/총자본)과 부채비율(부채/자기자본)은 자금조달 측면에서 장기 안정성 판단에 주로 이용되며, 유동비율(고정자산/자기자본)과 비유동장기적합률(고정자산/(자기자본+비유동부채)은 자금운용 측면에서 자본의 고정화 정도를 측정하는 데 활용된다.

기업이 타인자본에 크게 의존하여 성장을 추구하다 보면 재무구조가 부실해져서 경영위험을 초래할 가능성이 높아진다. 그러나 재무구조의 안정성과 단기 유동성의 확보를 지나치게 강조하면 더 높은 수익창출을 위한 투자기회를 상실하게 된다. 따라서 기업은 성장을 무리없이 추진할 정도의 안정성을 유지하는 것이 중요하다.

1) 자기자본 비율

자기자본비율이란 총자본에 대한 자기자본의 비율을 말한다. 즉 기업이 자신의 총 자금조달 규모 중 자기자본의 구성비가 얼마를 차지하는 구조인지를 보는 지표로써 자기자본비율이 높아질수록 안정적 자본조달구조를 가지고 있다고 평가된다.

$$자기자본비율 = \frac{자기자본}{총자본} \times 100$$

2) 부채비율

부채비율은 어느 한 기업의 타인자본 조달 규모가 자기자본 조달 규모의 얼마가 되는지를 알려주는 지표로써 이 비율이 높으면 높을수록 타인자본이 많아지는 것이므로 안정적이지 못한 자본구조라고 판단할 수 있다.

$$부채비율 = \frac{부채}{자기자본} \times 100$$

통상 부채비율이 200%를 초과할 경우 안정성에 문제가 있다고 판단하는 경향이 크며, 일반적으로 100% 이하라면 안정적이라고 평가한다. 그러나 앞서 언급한 바와 같이 동종업계 평균 수치가 얼마인가 그리고 과거대비 얼마나 개선되고 있는가도 매우 중요할 것이다.

3) 비유동비율

비유동비율이란 한 기업의 고정자산의 투자가 자기자본 대비 얼마나 되는지를 알아보는 지표이다. 따라서 자기자본 대비 고정자산의 투자가 클수록 비유동비율이 높아지게 되어 안전성은 취약하게 된다. 하지만 이 역시 산업에 따라 크게 다르기에 동일업종 또는 동일산업군 내의 비유동비율과 비교하여 해당기업이 안정적인가 그렇지 않은가를 비교하는 것이 더 합리적이라고 할 수 있다.

$$비유동비율 = \frac{비유동자산}{자기자본} \times 100$$

4) 비유동장기적합율

비유동장기적합율이란 한 기업의 비유동자산 투자액이 해당기업의 자기자본과 비유동부채의 합계액에 대하여 어느 정도의 비율이 되는지를 가지고 안정성 여부를 파악하는 지표이며, 본 지표의 값이 100%를 넘게 되는 경우를 절대적 불안정의 수준이라고 평가하게 된다. 왜냐하면 비유동장기적합율이 100%가 넘는다는 것은 자기자본과 비유동부채, 즉 기업 내 조달된 타인자본 중 1년 이내 상환하지 않아도 되는 비유동부채의 합계액을 초과하게 됨으로써 어쩔 수 없이 단기자금의 차입을 가져올 수 밖에 없기에 이러한 경우의 비유동자산 투자는 유동성에 매우 위험한 상황에 도달할 수 있게 된다는 것이다.

$$비유동장기적합율 = \frac{비유동자산(투자액)}{(자기자본+비유동부채)} \times 100$$

예를 들어 A기업이 자기자본 100억 원, 비유동부채 100억 원의 자금으로 비유동자산 투자를 220억 원 했다고 가정하자. 결국 이 기업은 두 자금의 원천에서 투자자금이 부족하여 단기자금으로 20억 원을 추가로 가져와야 한다. 이렇게 단기자금을 가져와 투자한 사업이 다행히도 잘되어 단기에 20억 원의 상환여력을 만들어 준다면 문제는 없겠으나 만약 그렇지 못할 경우에는 매 상환시기가 도래할 때마다 단기자금을 조달하고 상환하는 단순반복적 상황을 맞게 될 것이고, 이것이 여의치 못할 경우 결국은 자금유동성의 문제로 회사는 문을 닫게 되는 결과를 초래하게 될 것이다.

5) 이자보상비(배)율

이자보상비율이란 기업의 순지급이자 규모가 동기간의 영업이익 대비 어느 정도

수준이 되는지를 보는 것으로서 이를 통해 영업이익의 과소 또는 금융비용의 과다 수준을 평가하는 지표가 될 수 있다. 따라서 이는 기업의 안전성 분석의 중요지표이다. 부채비율의 적정성 여부를 판단하는 지표가 되기도 한다.

$$이자보상비(배)율 = \frac{영업이익}{순지급이자} \times 100$$

이 비율은 순지급이자 대비 영업이익이 4~5배수가 되어야 최적 자본구조 즉 자기자본과 타인자본의 최적 구성비에 가깝다고 이해할 수 있다. 그 이유는 자기자본비율이 높을 시 자기자본 비용율이 높아 자본구조는 안정적으로 평가되나 자기자본비율, 즉 배당에 따른 자기자본비용의 부담이 크고, 상대적으로 타인자본에 대한 지급이자 감소로 법인세 감세 효과의 기대치가 낮을 수밖에 없다는 단점이 있다. 반면 과다하게 부채가 많을 경우 부채비율의 증가가 자본구조의 불안정을 초래할 뿐 아니라 차입금 증가로 인해 당기영업이익에 대한 금융부담을 가중시키는 결과를 가져오게 되어 가능한 적절한 자기자본과 타인자본의 구조는 언제나 기업의 최적 경영활동의 전제 사항이 되고 있다. 따라서 영업이익에 대한 영업이익의 1/4 또는 1/5의 순금융비용 지출이 합리적인 수준으로 제시되고 있는바 이는 이자보상배율 4~5배수를 의미하고 있다. 다음의 예를 통해 알아보기로 하자.

손익 항목	억원						
매 출 액	1,000						
매 출 원 가	700	*영외손익(차입금)의 규모에 따라 법인세 효과가 다름. *법인세는 30% 가정					
매 출 이 익	300						
판 관 비	100						
영 업 이 익	200	200	200	200	200	200	
영 외 손 익	0	20	40	50	100	200	
세 전 이 익	200	180	160	150	100	0	
법 인 세 등	60	54	48	45	30	0	
당 기 순 이 익	140	128	112	105	70	0	

결국 차입금이 증가할수록 법인세는 절감되지만 차입금이 어느 일정 수준 이상일 경우는 영업이익의 급격한 하락을 초래하여 오히려 기업경영활동의 영업현금흐름을 크게 저해하는 결과를 초래하게 될 것이기 때문에 적절한 부채규모와 함께 최적의 금융비용 부담과 절세는 기업이 가져야 할 궁극적 목표가 될 것이다.

이에 순지급이자에 대한 영업이익을 이자보상 배율이라 하고, 이 비율이 4~5배수일 경우를 최적의 자본구조 형태라고 일반적으로 보고 있다.

6) 유보율

유보율이란 자본잉여금과 이익잉여금의 합계액이 납입자본 대비 얼마의 비율을 차지하는가를 나타내주는 안정성 분석지표의 하나이다. 유보율이 높을수록 자본의 안정도가 높다고 할 수 있으나 총자본 대비 수익율은 상대적으로 낮게 나타나는 결과를 초래할 수 있다.

$$유보율 = \frac{(자본잉여금+이익잉여금)}{납입자본} \times 100$$

8. 활동성 분석

1) 활동성이란

활동성 분석은 경영자가 기업가치를 극대화하기 위하여 자산을 얼마나 활발하게 운용하고 있는가를 측정하는 것이다. 활동성의 측정에는 매출액을 기준으로 평가하고자 하는 특정자산, 즉 매출채권, 재고자산, 매입채무, 순운전자본 등으로 나누어 산출한 지표가 이용된다. 이때 특정자산이 매출채권일 경우 매출채권회전율, 매입채무일 경우 매입채무회전율, 재고자산일 경우 재고자산회전율이 되고, 순운전자본일 경우 순운전자본회전율이 되면서 각 특정자산에 대한 활동성이 클수록 회전율이 높아지고 자금의 회수기간에 대한 평가가 좋아지는 것으로 평가 된다.

여기에 회전율의 역수를 취하여 365일을 곱하면 판매액의 회수기간 또는 특정자산이 현금화되는 속도를 측정할 수도 있다. 이러한 회전율은 연중 기간별 매출차이에 따른 영향을 최소화하기 위하여 기간 중 평균 금액을 사용하는 것이 타당하다. 가령 연말과 연초를 더하여 2로 나눈 값, 즉 연평균 특정자산가액으로 나눈다든지 이것보다 더 정밀하게 계산한다면 매월 평균값을 더하여 13으로 나눈 값을 가지고 연매출액을 나누어 평가하는 방법들을 말한다.

기업의 활동성에 관한 정보는 다른 평가기준과 상관관계를 가지고 보아야 한다. 예를 들어 시장이 호황기에 상대적으로 매출은 증가하였으나 특정자산이 같은 비율로 증가하지 않을 경우 활동성은 높게 보이나 실제로는 미래의 기대수익을 고려한 재투자의 기회를 상실한 의사결정이 가려진다는 판단이 내려질 수 있다. 또한 기업이 전략적으로 판매촉진활동을 위해 저가판매를 강화함으로써 시장점유 확대를 기했다면 활동성은 높아지나 수익률은 상대적으로 낮아진다는 점 등을 동시에 고려해야 한다는 것이다. 따라서 활동성 분석 결과를 판단할 경우 수익성과 성장성을 동시에 고려하여 평가하는 것이 타당하다고 할 수 있다.

2) 활동성의 의의와 유형

기업의 활동성, 즉 기업이 얼마나 활발하게 움직이고 있는가를 측정하려면 자산의 활용도를 살펴보면 된다. 자기자본이나 타인자본을 막론하고 기업에 투하된 자금은 기업의 경영활동에 사용되어 수익을 발생시키며, 이 수익은 다시 기업에 필요한 자금으로 돌아온다. 이것이 자본의 회전이며 이 회전속도가 빠르면 빠를수록 자본의 이용률은 높아지게 된다.

활동성 분석은 기업이 조달한 자본 또는 투하한 자산을 얼마나 효율적으로 운용하고 있는가를 측정하는 것이다. 기업은 수익증대를 목적으로 투입된 자본을 끊임없이 회전시키는데 이에 따른 성과는 매출액으로 대표될 수 있다. 따라서 기업의 활동성은 매출액과 각 자산, 부채, 자본항목 등에 대한 회전배수로 측정되는 회전율로 나타낸다. 이러한 활동성비율을 이용하면 영업활동 순환과정의 각 단계별로 자금의 회수기간 또는 자금이 묶여있는 기간을 알 수 있다. 회전율의 역수에 365일을 곱하면 회수기간의 의미가 있으므로 특정자산이 현금화되는 속도를 파악할 수 있다. 재고자산회전율, 유형자산회전율 등은 투하된 자산 1단위가 매출실현에 어느 정도 활발히 사용되었는가를 나타내므로 자산운용의 효율성에 관한 정보를 제공한다.

또한 소요운전자금의 효율적 관리를 측정하는 매출채권회전율, 매입채무회전율 등은 동일산업 내의 다른 기업과 비교하여 자사의 외상매출금의 회수기간, 외상매입금의 상환기간 등이 상대적으로 적정한지를 판단하는 자료로 활용할 수 있다. 그러나 회전율 지표를 이용할 경우 다음과 같은 점들에 유의하여야 한다.

첫째, 회전율 지표 산출 시 계절성에 따른 영향을 최소화하기 위해 기간 중 평균금액을 사용하는 것이 바람직하다.

둘째, 기업의 활동성에 관한 정보는 다른 평가기준과 상충관계(Trade-off)에 있을 수 있다. 예를 들어 기업이 시장점유율의 확대를 위해 저가판매 전략을 채택하는 경우 판매이익률은 하락하게 되나 자산회전율은 높아지게 된다. 또한 경기호전으로 매출액이 크게 증대되었으나 설비투자가 부진한 경우 유형자산의 활동성은 향상된 것으로 나타나지만 미래의 성장가능성과 이익창출 능력의 저하를 가져올 수 있다는 점에 유의하여야 한다.

한편 기업의 투자수익률은 앞에서 살펴본 바와 같이 매출액이익률과 자산의 회전율로 나누어지는데 이를 분석하여 기업의 경영정책 및 마케팅전략의 변화가 수익성에 미치는 영향을 종합적으로 평가할 수 있다.

3) 매출채권회전율

이미 언급했듯이 기업은 영업활동의 결과 현금이 수중에 도달할 때까지 매출채권이라는 과정을 겪게 된다. 매출채권이란 외상매출금 및 받을어음 등 현금이 기업 내 입금되어 확정될 때까지 중간과정에 있게 되는데 이를 매출채권이라 하고, 이 매출채권이 연평균 총 매출액 대비 얼마나 되는지를 통해 기업의 경영활동, 특히 영업활동이 얼마나 활발한지를 파악하는 지표로 사용되고 있다.

$$\text{매출채권회전율} = \frac{\text{연간 총매출액}}{\text{연평균 매출채권}}$$

$$\text{매출채권회전일(수)} = \frac{\text{연평균 매출채권}}{(\text{연간총매출액}/ 365일)}$$

한 예로 어느 회사의 연간매출액이 1,000억이고 연평균 매출채권액이 100억이라면 위 공식에 의해 매출채권회전율은 10회전이라는 것이고, 매출채권회전일수는 36일이라는 것이다. 그래서 매출채권회전율이 연간 10회전이라 함은 그 일수로 표현할 경우 36일이라는 뜻이다.

물론 채권회전율은 클수록 활동성이 높다고 할 것이고, 채권회전일수는 짧을수록 활동성이 큰 것으로 판단 할 수 있겠다

4) 매입채무회전율

매입채무회전율이란 기업의 매입채무가 총매출액 대비 몇 회전 수준인가를 알려주는 지표로서 이 역시 빠르면 빠를수록 활동적이라 평가할 수 있다. 다만, 어느 기업에서는 매입채무를 매출원가에 대비하여 몇 회전인가라는 관점에서 비교해 보기도 하지만 매출채권회전율과의 상대적 비교를 통해 분석하는 경우를 고려하여 많은 기업이 동일 기준치, 즉 매출액을 기준으로 계산하여 평가하는 것이 일반적이라 할 수 있다.

$$매입채무회전율 = \frac{연간\ 매출액}{연평균\ 매입채무}$$

$$매입채무회전일(수) = \frac{연평균\ 매입채무}{(연간\ 총매출액/365일)}$$

5) 재고자산회전율

재고자산회전율이란 기업의 연평균 재고자산이 당해연도 총매출액의 몇 회전 또는 며칠인지를 파악하여 재고자산의 활동성이 어느 정도인지를 파악하는 지표를 말한다.

$$재고자산\ 회전율 = \frac{총매출액}{연평균\ 재고자산}$$

$$재고회전일(수) = \frac{연평균\ 재고자산}{(총매출액/365일)}$$

이 또한 매입채무회전율(또는 회전일수)의 산정와 마찬가지로 총매출액 대비 몇 회전(또는 몇 회전일수)가 되는지를 계상할 때 매출액 대신 매출원가를 기준으로 산정하는 경우도 있긴 하나 상대적 비율 비교를 위해 기준치를 매출액으로 통일하여 산정하고 평가하는 것이 더 효과적이기에 다수의 기업이 이 방법을 사용하는 것이다.

6) 자기자본회전율

자기자본회전율이란 기업의 연평균자기자본이 당해연도 총매출액의 몇 회전 또는 며칠인지를 파악하여 자기자본에 대한 기업경영활동의 활동성이 어느 정도인지를 파악하는 지표이다.

$$\text{자기자본회전율} = \frac{\text{총매출액}}{\text{연평균자기자본}}$$

7) 납입자본회전율

납입자본회전율이란 기업의 연평균납입자본이 당해 연도 총매출액의 몇 회전 또는 며칠인지를 파악하여 납입자본에 대한 기업경영활동의 활동성이 어느 정도인지를 파악하는 지표이다.

$$\text{납입자본회전율} = \frac{\text{총매출액}}{\text{연평균납입자본}}$$

8) 총자본회전율

총자본회전율이란 기업의 연평균총자본이 당해 연도 총매출액의 몇 회전 또는 며칠인지를 파악하여 자기자본에 대한 기업경영활동의 활동성이 어느 정도인지를 파악하는 지표이다.

$$총자본회전율 = \frac{총매출액}{연평균총자본}$$

9) 비유동자산회전율

비유동자산회전율이란 기업의 연평균 고정자산이 당해 연도 총매출액의 몇 회전 또는 며칠인지를 파악하여 납입자본에 대한 기업경영활동의 활동성이 어느 정도인지를 파악하는 지표이다.

$$비유동자산회전율 = \frac{총매출액}{연평균비유동자산}$$

9. 기타 경영의사결정을 위한 경영분석의 방법들

기업은 영속성 그 자체가 경쟁력이고 생명력이다. 이의 판단에는 여러 가지가 있겠으나 무엇보다도 우선하는 것이 바로 매기마다 양(+)의 부가가치 창출이고, 투자자본에 대한 양(+)의 성과라 할 수 있겠다. 이러한 지표로서 ROE, ROIC, EVA를 간략히 설명하고자 하니 추후 자세히 언급되는 개념과 이론을 통해 기업에서 많은 활용이 있길 바란다.

1) ROE 분석

ROE란 기업이 투입한 자기자본에 대하여 얼마의 수익을 창출했는가를 나타내는 지표라고 할 수 있다. 즉 자기(납입)자본에 대한 수익(Return On Equity)을 의미하는 말로 자기(납입)자본 대비 당기순이익이 얼마인가를 나타내는 지표이다.

$$ROE = \frac{NOPLAT}{Equity} = \frac{당기순이익}{연평균자기자본}$$

예를 들어 기업이 투입한 자기(납입)자본이 10억 이었는데 이를 통해 1억 원의 이익을 냈다면 순이익(1억) / 자기(납입)자본투여액(10억) = 10%의 ROE 를 창출했다고 평가하는 것이다. ROE가 높다는 것은 그만큼 투하된 자기자본 대비 수익율이 높은 것이니만큼 주주의 입장에서는 고마울 수 밖에 없겠으나 이것은 순수 주주의 몫에 대한 결과치이므로 기업이 보유하고 있는 실제적 자기자본_즉 자기자본 잉여금 및 이익잉여금을 포함한 개념임_ 또는 총자본_자기자본과 타인자본의 합산 개념_에 대한 수익률도 동시에 고려해야 한다.

한편 ROE의 경우는 특별히 주주의 관점에서 자신의 주식지분 대비 수익율을 평가하는 것이기에 재무제표 등 객관적 자료를 통해서 쉽게 계산할 수 있고, 기업의 최고경영자를 평가할 수 있겠으나 기업 내부경영자나 관리자의 관점에서 본다면 그 관점은 다소 한계가 있다고 할 것이다. 즉 내부 관리자의 입장에서 보면 실질투하자본에 대한 수익율이 얼마인가를 볼 필요가 있다는 말이다.

즉 납입자본에 대한 수익율도 중요하지만 얼마의 내부 투하자본을 가지고 얼마의 수익을 얻었는가도 매우 중요하다는 말이다. 이러한 관점에서 평가할 수 있는 지표가 바로 ROIC(Return On Invester Capital; 투하자본회수율)라고 할 수 있다.

2) ROIC 분석

ROIC란 투하자본에 대한 수익률(Return On Invested Capital)을 의미한다. 즉 일정 기간 동안 발생한 세후순영업이익을 당기간 투여한 총 투하자본으로 나눈 값을 의미한다.

$$ROIC = \frac{NOPLAT}{IC} = \frac{세후순영업이익}{투하자본}$$

$$= \frac{(매출액 - 총원가(매출원가와 판관비))}{투하자본(투자비 + 운전자본)}$$

따라서 ROIC를 극대화하기 위해서는 적은 투하자본으로 보다 많은 세후순영업이익을 내는 것임을 알 수 있겠다. 일반적으로 주주의 입장에서는 ROE 가 중요하겠으나 경영자 입장에서는 각 사업의 책임자의 평가나 자신의 경영성과를 평가할 시 ROIC를 통한 내부평가가 더 많이 활용되고 있다.

3) EVA 분석

EVA(Economic Value Added; 경제적 부가가치)란 자금의 운용을 통해 기업이 얻어 들인 총부가가치(세후순영업이익; NOPLAT)에서 동 부가가치를 얻기 위해 투입한 총 투하자본비용(총투하자본비용 = 투하자본×가중평균자본비용율 = IC × WACC)을 차감한 값을 의미한다. 아래 <표 3-3> EVA의 개념도를 보면 더욱 확연히 이해할 수 있다.

결국, 기업이 창출한 자금운용의 결괏값인 NOPLAT이 이 값을 창출하기 위해 조달한 자본에 대해 지불한 총투하자본 비용(IC × WACC)보다는 커야 EVA가 양(+)의 값을 갖게 되고 그래야 기업은 지속적으로 성장할 수 있다는 결론이 나온다

<표 3-3> EVA(=NOPLAT-IC X WACC) 개념도

참) M : Money

마친가지로 EVA는 다음과 같은 산식으로 이해될 수 있다.

$$EVA = ROIC - WACC \times IC$$
$$= (\frac{NOPLAT}{IC}) - (\frac{WACC \times IC}{IC}) \times IC$$
$$= (ROIC - WACC) \times IC$$
$$= EVA율 \times IC$$

이때 총투하자본(IC; Invested Capital)은 다음과 같이 이해할 수 있다.

총투하자본(IC) = 투자비 + 운전자본 즉 사업을 하기 위해 투자한 사업관련 비유동자산(여기에 건설중인 자산은 사업에 아직 투입이 되지 않았으므로 투하자본에서 제외 됨)에 운전자본(사업관련 유동자산-유동부채)을 더한 값이 총투하자본(IC)이 된다.

> 〈참고〉
> * NOPLAT : Net Operating Profit Less Adjusted Tax(세후영업이익)
> * IC : Invested Capital(투하자본)
> * WACC : Weighted Average Capital Cost(가중평균자본비율)
> * EVA율 = ROIC - WACC

물론 이때 사업관련 유동자산-사업관련 유동부채라 함은 곧 매출채권+재고자산-매입채무의 운전자본을 의미한다. 결국 재무상태표 상에서 투하자본이 아닌 것은 1)사업과 무관한 자산과 부채 그리고 2) 조달자본의 비용과 관련되어 가중평균자본비용에 계상되어야 할 차입금과 자본금이 된다.

〈표 3-4〉 투하자본 설명도

재무상태표		투하자본
유 동 자 산 비유동 자산 기타 사업용 자산 -건설중인 자산 -비사업용 자산 (금융관련자산)	유 동 부 채 기타 무이자 부채 -건설중인 자산관련 -차입금 -자기자본	1. 운전자본 　(유동자산-유동부채) 2. 비유동 자산 3. 기타 사업용 자산 　(기타사업용자산-기타무이자부채)

10. 생산성 분석

1) 생산성과 부가가치

기업은 노동과 자본을 투하하여 새로운 가치를 창출한다. 기업이 자원을 투하하여 얼마나 많은 가치를 창출했는지를 산정하여 분석하는 방법이 바로 생산성 분석이며, 이 방법은 통상 기업 내 노사협의 중 연말 성과급을 산출할 때 많이 사용하고 있다.

$$1.\ 생산성 = \frac{산출량}{투입량} \times 100$$

$$2.\ 부가가치 = 당기순이익(경상이익) + 인건비(인건비 + 인건비성\ 부대비용) + 순금융비용 + 임차금 + 세금과\ 공과 + 감가상각비$$

2) 생산성 비율

$$1.\ 부가가치율 = \frac{부가가치}{매출액} \times 100$$

$$2.\ 노동생산성 = \frac{부가가치}{평균종업원수} \times 100$$

$$3.\ 자본생산성 = \frac{부가가치}{총자본} \times 100$$

$$4.\ 노동소득분배율 = \frac{인건비}{부가가치} \times 100$$

성장전략 수립을 위한 환경분석

제 4 장

제4장

성장전략 수립을 위한 환경분석

전략은 환경으로부터 시작

사람이 하루에 선택하고 결정하는 순간이 150회 이상이 된다고 한다. 기업은 매 순간 선택해야만 하는 것이 얼마나 될까? 미래의 꿈을 실현하고자 수립하는 자사의 장기전략 수립을 위해 가장 먼저 해야 할 일은 바로 자사와 그 주변에 놓여진 그리고 놓여지게 될 환경에 대한 분석일 것이다. 놓여진 것은 현재이고 놓여지게 될 일이란 미래의 환경을 말한다. 모든 환경분석에는 현재와 미래를 고려해야 한다는 말이다. 더구나 이를 위해서는 보다 빠르고 체계적인 접근이 필요하다. 전략 수립을 위해 반드시 알아야 할 기업 경영 환경분석의 툴을 먼저 알아보고자 본 장을 만들었다. PEST 분석, 3C TAW 분석 그리고 5 FORCES 분석이 그것이다.

1. PEST 분석

PEST 분석은 기업이 전략을 수립함에 앞서 정치(Political), 경제(Economical), 사회(Social) 그리고 기술(Technological) 등 사회 전반의 환경에 대하여 거시적 관점에서 바라보며 환경분석을 할 때 사용하는 도구라 할 수 있겠다. 최근에는 사회(Social)에 문화(Cultural)를 그리고 여기에 법률(Legal)과 환경(Environment)을 포함시켜 분석하는 경우도 많아 참조하면 좋을 듯하다. 즉 PESTLE 또는 PESTEL 이라 칭하기도 한다.

1) 정치적 관점(Political)의 분석

과거와 달리 현재는 세계가 하나의 경제권역이라 해도 과언이 아니다. 다시 말해 국내외 아니 지구상의 대다수의 기업들이 글로벌화된 경제권역 하의 주체들이라 할 수 있다는 것이다. 때문에 이러한 기업들에게 있어서 국내 정치적 영향은 말할 것도 없고 타 국가의 정치적 환경이나 이해관계 등은 다른 나라와 기업에까지 큰 영향을 미치고 있다 하지 않을 수 없다.

그러기에 이제 세계적 교역국가이자 전 세계 10위권 대의 경제규모를 가진 우리나라의 기업인 경우 국가간 정치적 영향이 기업의 중요 정책결정에 영향을 미친다는 것을 부인할 수 없다. 바로 얼마 전까지만 해도 한반도 내 사드배치 문제로 중국 시장에서 차별적 입지에 놓이자 롯데 등 많은 기업들이 중국 시장을 뒤로하고 동남아시아나 인도 등 여타 국가로 사업의 중심권을 옮기고 있음은 이를 입증하는 한 예라 할 수 있겠다.

따라서 한반도에 위치한 국내기업들은 물론이고 전 세계를 상대로 하는 기업들은 국내외 정치적 이슈에 대해 지대한 관심과 민감도가 필요할 것으로 판단된다. 여기서 정치적 관점의 환경분석 시 사례를 든다면 남북간 첨예한 이슈가 될 수 있는 군사, 정치적 문제, 한반도와 이웃하고 있는 국가 간의 정치적 이해관계, 세계 강대국 간의 핵확산 저지문제와 북한의 비핵화 문제, 미국의 중동지역 엑시트_Exit, 시리아 주둔 미군 철수 등_ 을 예로 들 수 있다.

2) 경제적(Economical) 관점의 분석

한편 기업의 경영환경분석에 있어 경제적 환경 또한 매우 중요하다 할 것이다. 1960년대 이후 고도성장기를 거쳐왔던 우리나라가 1990년대 말 IMF라는 큰 파고를 만나 겪을 수밖에 없었던 아픔이라든지 2008년 미국의 리먼 사태로 촉발된 자국 내 경제 위기가 우리나라에까지 미쳤던 상황들 그리고 그로부터 10년 후인 현재의 어두운 경제적 전망 등이 결국 많은 기업들의 전략적 의사결정에 지대한 영향을 미치고 있음을 우리는 잘 알고 있다. 따라서 현재의 경제상황뿐 아니라 미래 상황까지 예견해 대안을 강구하는 혜안을 발휘하자면 자사에 직간접으로 영향을 미치는 경제적 요소들을 사전에 잘 파악해서 주도면밀하게 상황을 리드해가는 것이 중요하다.

여기서 경제적 관점의 사례들을 든다면 환율, 유가, 금리, 관세율, 국제원자재가격, 전력요금, 국민경제성장률, 소비자물가지수 등을 들 수 있다.

3) 사회, 문화적(Social & Cultural) 관점의 분석

기업경영 환경분석에 있어 중요한 또 하나의 부문이라면 사회, 문화적 관점을 비껴갈 수는 없을 것이다. 인류는 그 역사의 흐름에 따라 산업의 발전 과정도 점차 크게 변모되어 왔고, 이에 따라 사회적 변화나 문화적 환경의 변화 역시 컸기에 기업들에 있어서 전략적 의사결정에 미치는 영향 또한 적지 않다.

따라서 사람들의 라이프 스타일이라든지 삶의 질, 건강과 복지에 대한 인식, 여가 시간에 관한 생각, 노동에 대한 인식, 인구 성장률, 소득분포 등 자사와 관련한 중요한 사회, 문화적 관점의 분석 요소를 잘 파악하여 면밀히 분석할 필요가 있다고 생각된다.

4) 기술적(Technological) 관점의 분석

PEST 분석의 마지막인 기술적(Technological) 분석은 인류 문명의 발달 과정과 산업화의 변천 과정에서 빼놓을래야 빼놓을 수 없는 중요한 환경분석의 한 부문이라 얘기할 수 있다. 과거 전기와 기계의 도입으로 인한 공장형 생산체제인 1차 산업혁명의 시기를 거쳐 오늘날 정보통신(ICT)의 융합으로 이어지는 4차 산업혁명의 시대에 이르기까지 기술의 발전이 환경 놀라운 변화를 주도했음을 우리는 충분히 인지하고 있다. 자동차 하나만 보더라도 과거 금속(Mechanical) 중심의 산업분류에서 이제는 가히 전자(Electronic) 중심의 산업으로 변화되었다 해도 과언이 아닐 정도로 큰 변화가 있었던 것이다.

최근에 삼성이 하만을 인수하여 자동차 전장사업 분야에의 진출과 함께 미래 자율주행차 시장을 겨냥한 전략전개를 해나가고 있는 것들은 바로 이러한 기술적 변화가 주요인이었음을 알 수 있다. 물론 향후 2030년 또는 2050년대에 있어 지구상의 기술적 이슈는 무엇일까를 두고 많은 미래학자들이 여러 가지 의견을 말하고 있는데 물, 에너지, 생명과학, AI 및 이를 통한 온갖 분야의 자동화 등을 거론하고 있는 점들을 포함해서 현재와 향후의 경영환경을 예의주시하여 분석하는 것은 필연이라 하시 않을 수 없을 것이다.

기타 관점의 분석

이 밖에도 앞서 언급한 바와 같이 법률적 관점(Legal) 그리고 환경적 관점(Environment)의 분석도 있을 수 있으니 기업의 특성과 연관에 따라 민감항목을 발췌하고, 이에 대한 면밀한 예측과 분석 그리고 이에 대한 대응전략 등을 준비하는 것은 미래를 내다보는 기업으로서 필수라 할 수 있다.

PEST 분석의 사례

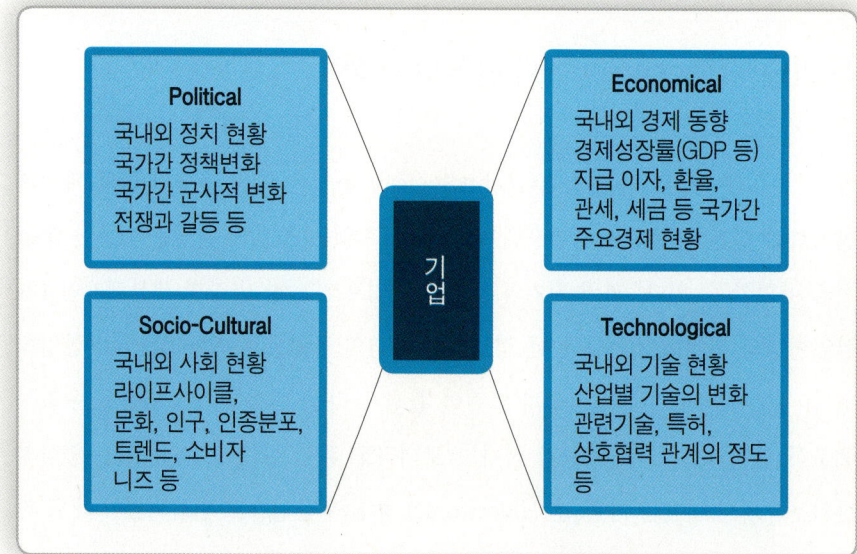

2. 3C FAW 분석

기업경영환경 분석의 하나의 툴로 3C FAW를 빼놓을 수 없다. 이 3C FAW는 자사_Corporate 또는 Company_, 경쟁사_Competitive_, 고객_Customer_ 그리고 환율, 금리, 유가와 같이 사전에 통제할 수 없는 어떤 외부의 경영환경 _FAW: Forces At Works_를 말하는 것으로 앞서 언급한 PEST 분석과 함께 거시적 기업경영환경 분석 시 사용하는 환경분석 툴이라 할 수 있다. 여기서 자사분석이라 함은 일반적으로 Business System _Value Chained과 동일한 개념으로 볼 수 있음_상 자사의 제 기능의 강, 약점을 분석하는 과정을 말한다.

이때 기업은 자사의 원료조달, 생산, 영업, 물류, A/S 등 본원적 기능에 대한 분석과 인사, 총무, 재경, 기획 그리고 R&D와 같이 본원적 기능을 제고시키기 위한 경영지원기능을 자체적으로 분석함으로써 자사의 위상을 점검하게 되는데 이 경우 통상 과거대비 변화의 정도와 내용 그리고 경쟁사와의 대비 등을 함께하는 것이 바람직하다.

여기서 자사분석을 내부경영환경분석이라 한다면 외부환경분석은 그 나머지인 경쟁사, 고객 그리고 FAW라고 표현한 시장분석을 말한다. 더 자세한 사항은 각 항목에서 추가로 알아보기로 한다.

1) 자사분석

앞서 언급한 바와 같이 경영환경은 3C FAW로 요약할 수 있고 이는 중장기 경영전략의 수립 시나 중·단기 사업계획 수립 시, 또는 신규사업의 개발이나 신규사업 계획의 수립 그리고 타당성 평가 시에 반드시 활용하는 환경분석 툴이다. 이 가운데 무엇보다 우선하여 분석 대상으로 삼는 것이 자사분석(Corporate)이다.

자사 역량 분석을 위해서는 먼저 기업의 제 기능들을 세분화하여 각 부문별로 살펴보고, 추후 이를 종합하여 평가하는 것이 좋은 방법이다.

기업의 제 기능은 'Business System' 또는 '가치사슬'_ Value Chain_이란 구조를 통해 기업 내 각 기능의 역량분석을 가능케 하는 M. Porter의 분석방법으로 설명할 수 있다. 즉 기업의 제 기능은 크게 고객과 밀접하여 고객의 가치를 극대화하는 역할을 담당하는 본원적 기능(Primary Function)과 기업 내 본원적 기능의 가치를 더욱 높이고자 기업 내에서 이를 보다 다양한 위치에서 지원하는 지원기능(Supporting Function)으로 크게 대별한다.

이때 본원적 기능이라 함은 원료조달, 생산, 영업, 인앤아웃 바운드 물류, A/S 등의 기업 내 고객 접점에 있는 제 기능을 의미하며, 지원기능이라 함은 기획, 인사, 총무, 재무, R&D와 같은 본원적 기능을 후방에서 지원하고 협력하는 기능을 의미한다고 할 수 있다. 하지만 모든 기업이 모든 기능을 다 가지고 있는 것이 아니라면_ 어느 한 기능을 핵심으로 한 기업인 경우_해당 부문의 핵심기능에 대한 분석이나 평가가 핵심 대상이 될 수도 있을 것이다. 예를 들어 제조전문기업이면 제조에 관한 핵심세부 사항에 관한 역량분석이 되고, A/S 부문이라면 해당분야의 세부항목에 대한 역량분석이 대상이 될 것이다.

아래의 Value-Chained 도표에서 보듯이 먼저 원료조달 부문에 대한 역량평가는 자사의 원료부문이 조달원료의 단가, 조달원료의 품질 수준 그리고 원료의 적기 인도여부 등에 대한 관점에서 자사의 역량이 어느 정도의 수준인지를 파악하여 분석하는 것을 말하며, 생산부문에 대한 역량평가로는 자사의 생산부문에 있어서 생산량에 대한 능력, 가동률, 생산수율, 로스(LOSS)율, 생산코스트(제조원가)와 단위제조 코스트, 생산제품의 품질 등의 측면에서 어느 정도의 역량을 가지고 있는지를 분석하는 것을 말한다.

또한 영업부문에 있어서의 역량평가로는 해당 기업의 매출규모 그리고 해당 시장에서 나타내는 시장점유율, 경쟁사 대비 판가, 또 고객의 제품인지도와 충성도 등에 대한 평가가 해당 기업의 영업능력을 분석하는 주요 지표들로 설명할 수 있다. 물류부문에 대한 역량평가 항목으로는 자사의 원재료나 상품도입에 대한 인 바운드(In-Bound) 물류능력과 함께 제품이나 상품 판매와 관련한 아웃바운드(Out-

Bound)물류에 대하여 조달 물류코스트, 조달 소요시간, 상품인도 역량, 소비자 만족도 수준 등이 주요 평가 지표로 거론될 수 있다.

여기에 사후 서비스(A/S)의 역량 평가에 있어서는 주로 기업의 A/S 접수로부터 A/S 처리속도, 고객의 A/S 만족도, 사후재발 여부 등이 해당 기능의 역량을 파악하는 주요 지표들이 되고 있다.

마지막으로 이러한 본원적 기능이 최적의 성과를 낼 수 있도록 지원해주는 경영지원기능의 역량 평가에 있어서는 기획, 인사, 총무, 재무, 연구개발 등 각 기능부문에 대한 세부 사항을 점검하고 평가해볼 필요가 있다. 이는 이러한 경영지원 기능의 역량이 자사의 본원적 기능을 강화시키고 기업의 경쟁력을 키우는데 매우 큰 역할을 하는 기능들이기 때문이다.

이러한 기업의 제 기능을 하나의 그림으로 잘 표현한 것이 바로 Business System 이자 또는 Value-Chain이니 〈표 4-1〉을 분석 툴로 잘 활용할 수 있기를 바란다.

〈표 4-1〉 Value Chain / Business System

Value Chain 의 구조로부터 내부역량 분석의 KFS를 도출

경영지원활동
- 경영지원 능력 (관리, 총무 능력 등)
- 정보화 능력 (IT System 구축 및 운용 능력 등)
- 재무 및 회계 능력 (자본조달비용, 자금동원력, 관리회계시스템 등)
- 연구개발 능력 (R&D 투자, 기술수준, 기술혁신 능력 등)

조달활동	생산활동	물류활동	마케팅 및 판매활동	서비스활동
원자재 조달력 부품 조달력 자재관리	가동률 제품품질 생산원가	유통비용 공장입지 소요시간	시장점유율 Brand Royalty 가격경쟁력	대고객 서비스 서비스 질 서비스 만족도

2) 고객분석

외부환경 중 고객(Customer)에 관한 동향과 정보는 매우 중요하다. 특히 자사 제품이나 상품, 서비스에 대한 고객의 인지도나 충성도는 자사의 유지, 존속과 직결되므로 이에 대한 분석 또한 매우 중요하다는 얘기다. 따라서 기업은 늘 자사에 대한 고객의 반응이 어떠한지, 그들의 니즈(요구)는 무엇인지 그리고 이들의 변화 추이(Trend, 트랜드)는 어떠한지에 대해 예의주시할 필요가 있으며, 때로는 이들의 변화에 민감히 대처할 수 있는 능력을 가지고 있어야 할 것이다.

3) 경쟁사 분석

경쟁사의 동향 분석은 자사의 Value-Chain 구조와 동일한 방법으로 분석하는 것이 일반적 툴(Tool)이다. 즉 경쟁사의 원료조달, 생산, 영업, 물류 A/S 등의 본원적 기능의 역량과 이를 지원하는 기획, 재무, 인사, 총무, 연구개발 역량 등 지원기능의 역량이 어느 수준인가를 파악하는 것이 중요하고, 경쟁사의 동향과 정보에도 민감해야 할 뿐 아니라 때론 재빠른 대응전략도 기업의 영속적 성장의 주요한 하나의 요소가 될 수 있다.

한편으로 경쟁사와 자사를 비교하여 그들의 강점을 통해 자사의 역량을 증대시켜 나가는 경영의 방법을 벤치마킹(Bench-Marking)이라고 하니 이러한 경영의 한 방편도 참조하여 잘 활용할 수 있다.

벤치마킹은 해당기업이 도달하고자 하는 기업의 수준이 당사와 어떤 차이가 있는지를 파악하여 이 차이를 극복해가는 과정과 방법을 말하는데 이때 수준이라 함은 기업의 핵심 성과지표, 즉 판가나 원가, 수량이나 품질, 제품의 인도 등 경영상의 핵심 요소들을 말한다. 경쟁사 분석은 자사분석과 동일한 관점에서 분석하고 평가해 보는 것이 가장 합리적이라 할 수 있다. 즉 고객대면 사업부문의 역량 평가와 비대면 사업부문_이를 경영지원부문이라 함_평가가 그것이다.

그러나 이러한 경쟁사의 역량평가는 아무래도 해당 기업의 동일한 정보의 입수여부가 쉽지 않다는 제약이 있다. 해서 가장 이상적이라 할 수 있는 방법이라면 경쟁사와 선의의 경쟁관계를 통해 상호호혜적이며 공생의 관계성을 통해 상대와의 정보를 공유하는 관계라면 이것이 최고의 분석방법이 될 것이다. 한편으론 직접적인 경쟁사의 정보파악보다는 유사업종 또는 업종은 다르나 생산기반의 유사성, 유통경로의 유사성 등을 고려한 여타 기업의 벤치마킹을 통해서 간접적 방법으로 경쟁사 비교분석도 가능하리라 생각된다. 다만 이러한 것조차 어렵다고 생각될 경우에는 어쩔 수 없이 공개적인 방법과 수단을 사용하여 최대한의 자료를 얻는 방법을 제안하고자 한다.

예를 들어 금융감독원 전자공시시스템상의 기업정보_dart.fss.or.kr_ 즉, 해당 기업의 감사보고서, 영업보고서 외 정기 및 비정기 보고서 열람 그리고 수시 공시 내용 등을 참조하여 동종업계 또는 경쟁사를 비교 분석하는 손쉬운 방법도 있으니 참조하기 바란다. 그리고 이를 통해 동종기업 또는 경쟁사의 동향을 예의 중시하는 것이 중요하다.

4) 시장환경(FAW) 분석과 활용사례

한편 고객과 경쟁사 외에도 기업이나 고객, 경쟁사가 어쩔 수 없이 받아들여야 할 외부 시장 여건들이 있는데 이를 FAW라 한다. 이러한 시장 환경에는 환율, 금리, 유가, 관세율, 국제원자재 가격, 법령, 법규 등의 여러 요소들이 바로 그것이다. 이러한 환경들에 대해서는 기업이 자체적으로 조절 또는 통제할 수는 없으나 이러한 요소들의 변화가 나타나는 순간 누가 더 빠르고 적절한 전략적 대응을 하느냐는 바로 그 기업의 경쟁력이라 말할 수 있다. 따라서 기업은 이러한 외부 환경에 대해 수시로 대응전략을 수립하기도 하고, 실제 발생했을 경우 유연히 대응해 나갈 수 있도록 내부 역량을 키워나가야 할 것이다.

예를 들어 환율의 변화에 대한 기업들의 대응은 다양하다. 그러나 어떤 기업은 대응을 잘못하여 커다란 손실을 입게 되는 경우도 있고, 어떤 기업은 기본에 충실하여 적절한 대응(Balance Hedge 같은 방법을 의미함)을 함으로써 환율의 수시 변동에도 안정적 사업기반을 잘 유지해 나가는 기업들이 있는 것이다. <표 4-2>는 3C FAW를 활용하여 기업이 대응전략을 수립하는 사례를 간략히 그려본 것이다. 기업에 따라 다양한 전략들이 나올 수 있음은 각 기업이 처한 상황이 다를 수 있기는 하겠으나 어떠한 관점에 무게를 두느냐 하는 점도 중요하기에 평상시 자사에 영향을 미치는 주요 요소_Factor_와 그 요소에 미치는 영향_Impact_에 대하여 늘 집중하여 대비할 필요가 있다.

예를 들어 <표 4-2>에서 볼 수 있듯이 환율의 영향을 많이 받는 기업의 경우 환율변화에 따른 영향이 자사에 어떤 충격을 줄 것인지를 알아보고 환실물 Balance Hedge를 하는 등 여기에 대한 사전 대응전략을 수립하는 것이 바로 리스크 매니지먼트_Risk Management_라 하겠다. 또한 유가의 변화에 대한 안정적 대응을 위해 원광 또는 원전의 투자_지분확보 등_를 통해 원료의 안전적 조달을 도모하는 기업대응전략도 그 하나의 예라 할 수 있다. 그리고 최근 자국보호무역주의화 추세로 국가간 관세분쟁이 크게 이슈화되고 있을 때 현지국가에 생산설비투자를 통하여 이를 회피하는 등의 방법도 가상할 수 있겠다.

<표 4-2> 3C FAW와 기업대응전략

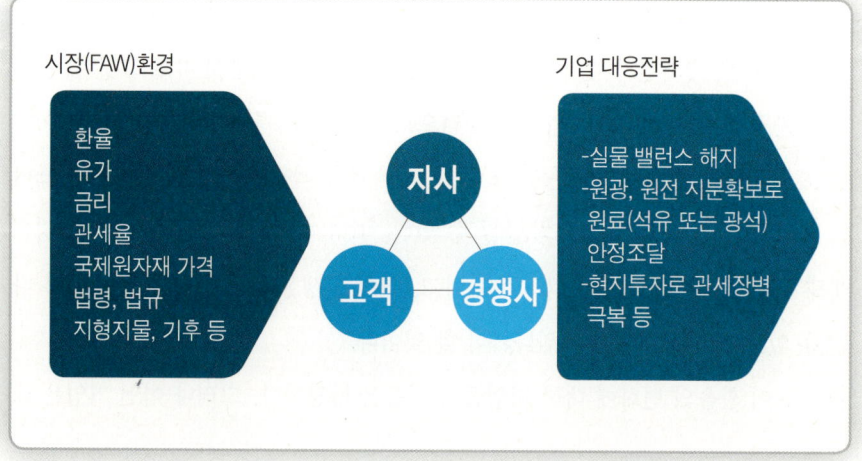

3. 5 FORCES 분석

PEST 분석이나 3C FAW 분석을 거시적 관점에서의 기업경영분석 툴이라 한다면 이것들보다 구체적 관점에서의 경쟁분석 등에 사용하는 툴로서 5 FORCES 분석이 있다. 5 FORCES 분석은 기업이 자신에게 놓여진 다섯 가지의 경쟁요인을 통하여 해당 산업의 구조분석을 하는 경영기법으로써 1979년 미국의 마이클 포터_Michael Porter_가 제시한 산업구조분석 기법이다. 여기서 다섯 가지라 함은 첫째, 기존 경쟁자의 경쟁 정도의 분석 둘째, 신규진입자의 위협 셋째, 구매자의 협상력 넷째, 공급자의 협상력 다섯째, 대체재의 위협적 요소 등을 말한다.

마이클 포터는 이상과 같은 다섯 가지의 경쟁요인을 근간으로 산업구조를 분석하여 기업이 자사의 경쟁력에 위협이 되는 요인이 무엇인지 분석하고, 이에 대한 대응전략을 수립하는데 본 툴을 사용했다. 물론 특정 산업분야에 신규로 진입하려는 기업들이 해당 산업의 진입 직전 시장분석 등을 통한 전략 수립 시에도 많이 사용하기도 한다. 이제 5 FORCES 의 각 항에 관하여 생각해 보기로 한다.

1) 산업 내 기존 공급업체 분석

산업구조분석 툴의 하나인 5 FORCES 분석 가운데 기존 기업간 경쟁분석은 시장 진입자에 있어 그 무엇보다도 우선된다. 신업 내 기존 공급업체의 현황과 미래 예측 시에는 다음과 같은 몇 가지 요소들을 점검해 보아야 할 것이다. 그 요소들은 경쟁 기업의 수가 얼마나 되는지, 규모나 경쟁 내용의 수준은 어떠한지, 또 해당 산업의 성장 속도는 어떠한지 기업의 고정비용 부담의 정도, 기업 재고비용에 대한 부담의 정도, 제품 판매에 대한 시간제약 여부, 경쟁자 간의 이해관계, 철수장벽 등이다. 일반적으로 산업의 성장률이 낮고 고정비 비중이 높으며, 철수장벽이 높을 때 그 산업의 경쟁은 치열해질 것으로 판단되기 때문이다

2) 새로운 경쟁자의 진입 가능성

신규 진입자의 위협이란 새로운 경쟁기업이 동일 산업군 내에 진입할 경우에 대한 가설과 이에 대한 분석을 말한다. 이 경우 다음과 같은 위협적 요소가 존재하고 이를 분석해서 전략적 의사결정을 하게 된다. 또한 필요시 사전 대응 방안을 만들어 놓아야 할 경우도 있다. 예를들어 신규 진입기업의 위협적 요소로는 규모의 경제성 여부, 제품의 차별화 여부, 소요자본의 필요 여부와 그 규모, 전환비용과 교체원가, 유통망에 대한 접근과 유통경로의 확보, 규모와 무관한 유통상의 불리함_ 예를 들어 기존 기업의 독점적 기술이나 제품에 대한 노하우, 원자재에 대한 유리한 접근과 유리한 입지요건, 정부의 보조, 숙련된 노동력 등을 말함_ 정부정책 등을 거론할 수 있다는 것이다.

3) 대체재의 출현 가능성

대체재란 구매자가 어떤 종류의 제품이나 서비스를 구매하다가 향후 여타 다른 종류의 제품이나 서비스로 대체할 수 있는 가능성을 말하는 것이다. 당연히 대체의 가능성이 높을수록 협상에서 구매자와 공급자의 협상력은 달라지게 될 것이다. 일반적으로 콜라와 사이다 또는 이와 유사한 음료들이 서로 대체재의 관계라 할 수 있고, 버스나 택시의 파업으로 교통대란이 예견될 때 택시나 버스 또는 지하철의 공급을 동일 기간 증가시키는 정부의 정책은 대체재를 통한 대응 노력의 일환이라 할 것이다. 그러나 때론 대체재가 보완재와 혼돈하여 판단되는 경우도 흔치 않다. 대체재인 듯 보이나 상호간 별다른 영향을 미치지 않는 독립적 시장을 구축하고 있는 경우에는 이를 보완재라고 할 수도 있기 때문이다.

예를 들어 데스크탑 PC와 노트북 PC는 어쩌면 대체재의 관계처럼 보일 수도 있지만 한편으론 그 기능상 특성과 활용의 차이에 의거 엄연히 고객이나 시장의 특성이 다르기 때문에 보완재로서의 판단도 가능하다는 것이다. 따라서 대체재의 출현 가능성에 대한 판단과 함께 보완재의 출현에 관한 가정도 동시에 감안해 보는 것이 바람직하다.

4) 공급업체 협상력

5 FORCES의 하나인 공급자 협상력은 공급자 입장에서 협상력이 높아지거나 낮아지게 될 요인들을 중심으로 살펴보고 분석해 보아야 한다는 것이다. 예를 들어 공급자가 제공한 제품이 구매자의 사업에 얼마만큼 중요한 것인지, 그 공급량은 얼마이며 구매자 측의 전체 구매량에 얼마만한 비중을 두고 있는지, 대체품과의 경쟁은 없는지, 대체의 경우 투입되어야 할 부담 여부는 어느 정도인지 등이 공급자의 협상력에 영향을 미칠 것이기 때문이다. 따라서 이러한 요소들을 분석함으로써 공급자의 협상력 수준을 평가하고 분석해 보는 것이 좋겠다.

5) 구매자의 협상력

구매자의 협상력은 구매자의 구매량은 얼마인지 그리고 그 비중이 얼마나 되는지, 구매하는 제품의 차별화 정도는 어떠한지, 구매자의 공급업체에 대한 정보력은 어느 수준인지 등이 구매자의 협상력에 영향을 많이 미칠 수 있다고 본다. 물론 구매자의 협상력에 영향을 미치는 요소로 구매자 교체 시 지불해야 할 경제적 불이익, 구매자의 가격 민감도, 구매자의 잠재진입능력 등도 협상력에 영향을 미치는 요인이 되기도 하기에 이들을 감안하여 평가하고 분석하는 것이 옳다고 본다.

지속가능기업을 향한
기업의 성장전략
수립 실무

 제 5 장

제5장

지속가능기업을 향한
기업의 성장전략 수립 실무

1. 경영환경의 변화와 기업의 대응

1) 경영환경의 변화

대한민국의 경제는 1961년 1인당 국민소득 87불의 수준에서 오늘날 3만 불을 상회하는 수준에 이르렀고, 국제 자유주의 무역체제 하에서 여타 선진국들과 어깨를 나란히 하는 위치에 이르렀다. 물론 이렇게 된 기간은 불과 50여 년에 지나지 않았다. 그간 우리나라는 1960년대 초반, 즉 산업화의 초기단계에_ 천연자원이나 기술, 재원 등 그 어느 것 하나 갖춘 것이 없는 시대에 선택할 수 밖에 없었던 섬유산업인 경공업 위주의 산업으로 시작하여 점차 중화학공업 그리고 토목, 건축, 금속, 자동차, 조선으로 성장하였고, 현재는 전기전자, 반도체, 바이오, 항공우주, 신 재생에너지 산업 등 선진국형 산업으로 발전하여 왔음을 알 수 있다.

따라서 산업화 초기에 특별한 지식기반 없이 성장할 수 있는 산업, 고용 창출을 통해 많은 노동력을 중심으로 한 노동집약적 산업을 통해 외화를 획득하고, 이러한 부의 원천을 이용해 다시 또 한 차원의 고부가가치 산업화를 도모하는 형태의 경제 발전을 이루었다. 이렇게 산업화가 전개되는 동안 선진국으로부터 우리나라는 1950년 6.25 동란 이후 국가재건에 동참해 준 여러 국제 선진국들의 각종 무역혜택(예를 들어 G.S.P 일반 특혜관세 등)과 경제원조에 힘입은바 크지만 국가 역시 외국 차관을 들여 기업들이 산업을 일구도록 하고, 이 과정에 있어서도 수출장려금 등의 각종 지원과 혜택을 기업에 쏟아주면서 기업을 일으켜 세우는데 하나가 되었음을 부인할 수 없을 것이고, 기업 역시 이를 바탕으로 고도성장 전략을 가미하면서 기업을 키워 나갔던 것이다.

이러한 산업성장의 배경으로인하여급속한 성장을 거듭했던 기업들이 자신의 역량을 바탕으로한 다양한 사업분야의 전개로 일궈낸 기업성장의 결과를 선단식 경영 또는 재벌이라는 부정적 경제구조 인식을 갖게하는 배경이 되었고, 한편으로는 오늘날 세계적 기업과 경쟁할 수 있는 글로벌 초일류국가들을 탄생시킨 배경이 되었다고 할 수 있다.

결국 우리나라의 산업화 초기는 과감한 투자, 매출의 획기적 증대 그리고 이를 바탕으로한 사업다각화 등으로 성장 그 자체가 경영의 화두이자 중심이었다고 할 수 있다. 그러나 1980년대 중반 이후 국내 경제성장에 따른 시장의 많은 변화들이 나타나기 시작하였다. 즉 고객 트랜드와 보다 다양해진 고객의 니즈 등 고객의 커다란 변화가 나타남과 동시에 동일산업군 내 다수의 경쟁자 출현으로 시장 경쟁은 치열해지고, 그 범주는 세계화되어 이제는 국제 규모의 경쟁자를 상대해야 하는 경쟁 환경이 조성되었을 뿐 아니라 국가 간의 무역 관세 분쟁 등 무한경쟁 시대로부터 생존해야 하는 경영환경에 놓이게 된 것이다.

특히 2000년대에 들어와서는 세계 무역 시장에서 무한 경쟁을 하게 된 기업들이 무역관세 철폐를 통한 국제시장 진입과 확장전략을 꾀하고 있고, 최근에는 미국과 중국 그리고 미국과 러시아의 정치경제적 상황과 맞물려 이제는 단순한 매출 증대, 다각화라는 전략으로부터 전환하여 사업 확장과 이익의 동시 추구, 핵심역량 중심의 선택과 집중 그리고 세계 초일류화를 지향하는 전략으로 커다란 변화가 이루어지지 않으면 안될 시점에 오게 된 것이다.

2) 기업대응 전략과 방향

따라서 향후의 기업들의 경영 전략의 핵심은 당연히 무한 경쟁체제 하에서의 생존과 성장을 추구하는 전략이 되어야 할 것이며, 이를 위해서는 첫째로 자기 분야의 최고가 되지 않으면 생존할 수 없다는 절박감을 가지고 기업경영에서 할 수 있는 사업이나 제품을 자기분야에서 최고로 만들 전략과 실행이 필요하고, 둘째로는 이를 위하여 자신이 가진 사업의 제반 역량 중에서 핵심역량 중심의 사업을 통해 성과를 도출하겠다는 관점이 중요하며, 마지막으로는 자신의 제반 경영 요소들 중에서 선택과 집중을 잘 활용하여 최대의 성과를 도출해야겠다는 전략이 향후 기업경영에 있어 필연적이라 할 수 있겠다.

특히 마지막의 선택과 집중의 전략은 기업경영의 자원이 제한이 되어 있다는 점에서 매우 시사하는 바가 크다 하겠다.

따라서 기업경영의 제 자원을 현재의 수익사업이나 미래전략사업에 집중하되 그렇지 않은 사업은 과감하게 정리 또는 철수함으로써 한정된 자원을 통한 기업 성과를 극대화시켜야 한다는데 그 의의가 있는 것이다.

아울러 이상의 환경변화와 전략의 변화는 다음의 〈표 5-1〉 기업경영환경의 변화와 기업전략의 전환을 참조하시기 바란다.

〈표 5-1〉 기업경영환경의 변화와 기업전략의 전환

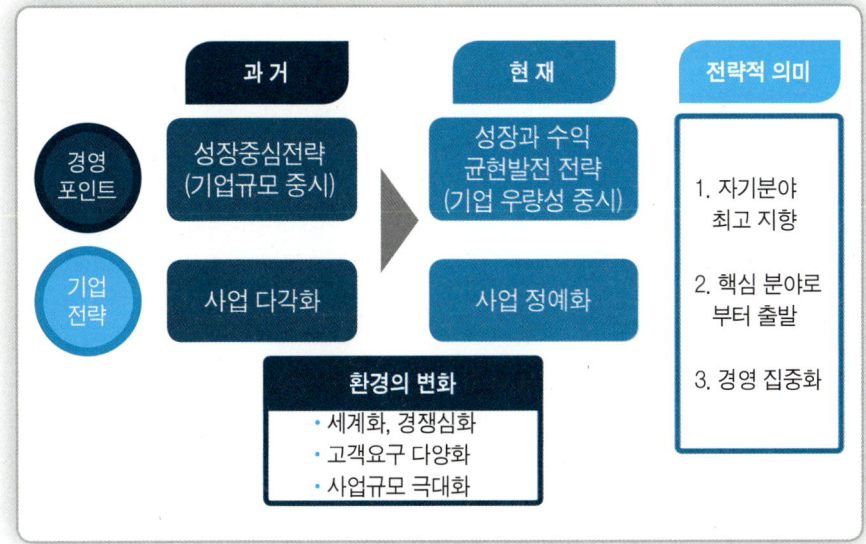

2. 기업경영 이념과 비전의 수립

1) 기업경영이념의 개념

(1) 기업경영이념

기업경영이념이라 함은 제1장의 '가치관과 꿈을 가진 기업'에서 설명한 바 있다. 개인의 가치관이 자신의 행위를 그리고 그 행위가 습관화하여 미래의 모습을 만든다고 했고, 기업 안에는 서로 다른 각 사람이 모여 공동의 목표를 이루는 집단이기에 각개의 기업은 자신만이 이 사회에 있어야 할 존재의 이유, 기업의 존재가치를 표방하고, 이 기업 설립 가치에 맞게 모든 구성원이 생각하고 행동해 주기를 바라는 것인바 이것이 바로 기업의 경영이념이라고 했다.

그리고 이 경영이념으로 모든 구성원이 하나가 되어 가치창조 활동을 해 나갈 때 미래 이 기업의 모습, 즉 장래상(비전)이 나타날 수 있다고 했다. 기업경영이념은 그 기업의 사상이자 기업의 존재가치이고, 모든 구성원의 의사결정의 기준이 되는 것이다.

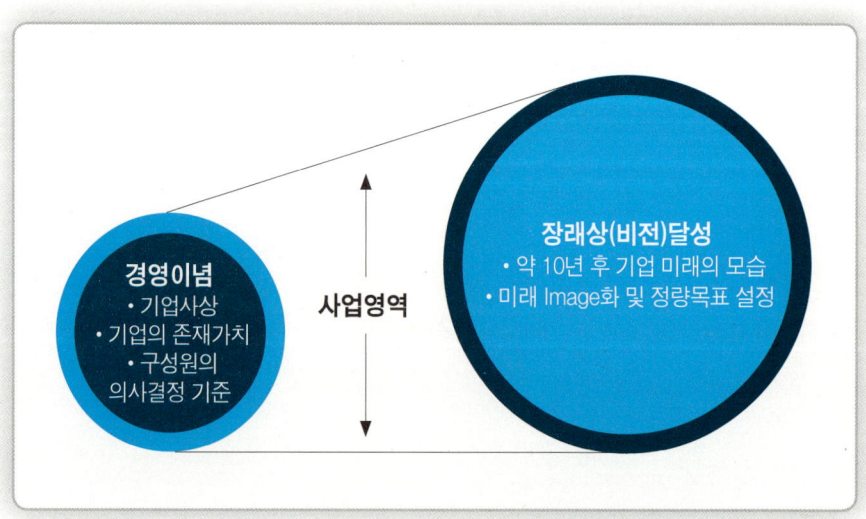

(2) 기업경영이념의 특성

이러한 기업경영이념은 조직구성원의 자부심과 활력의 원천이 될 뿐 아니라 모든 의사결정의 지침이 되기도 한다. 따라서 이 경영이념은 모든 구성원에 전파되어 공유되어야 하고, 이를 믿고 행동으로 옮길 수 있도록 강력한 실천력을 동반하여야 한다는데 의심이 여지가 없다.

중요성	특성
1. 조직구성원의 자부심과 활력의 원천임 2. 모든 경영 의사결정의 지침이 됨	1. 경영이념은 경영자와 관리자의 끈질긴 전파노력에 의해 형성됨 2. 경영자, 관리자는 경영이념을 수시로 전달하고 굳게 믿으며 행동으로 실천해야 함 3. 어떤 가치관이 폭넓게 공유되어 있을 경우 이를 무시한 전략은 실패의 첩경임

2) 기업비전의 개념

개인은 자신의 가치관을 가지고 미래에 되고자 하는 모습을 향해 부단히 노력해 나간다. 이것이 꿈이 있고 비전이 있는 사람이 생각하고 살아가는 모습이다. 기업도 마찬가지다. 모든 구성원들로 하여금 하나된 가치관을 가지고 기업활동에 임하도록 기업경영이념을 설정하고, 이러한 기업가치를 가지고 모든 이들이 노력하면 미래 그 기업이 달성하게 될 꿈이 있다는 것이다. 미래의 그 꿈이 바로 비전이고 장래상이다.

이렇게 기업이 장래상을 설정하는 데에는 현재 해당 기업의 현상을 기점으로 현재의 환경과 미래의 변하게 될 환경을 예측하여 미래 달성하고자 하는 꿈, 곧 비전을 만들어 가는 것이다. 곧 비전은 3C FAW의 환경 하에서 성과로 나타난 기업의 미래상을 나타내는 것으로써 기업의 장기적 경영구상이라 할 수 있으며, 이는 보다 구체적으로 매출액, 영업이익, 투자비, 인원수 등 장기 목표치를 제시함으로써 비전을 보다 명확히 할 필요가 있다.

특히 사람들은 각 개인의 비전과 장기목표는 살아있는 동안의 기한을 전제로 하지만 기업은 현재 근속 중인 구성원들의 재직 시 꿈을 현실화시키는데 1차적 목표가 있으므로 일반적으로 약 10년 후의 달성 가능한 기업의 미래상을 제시하는 것이 바람직하다.

〈표 5-2〉 기업비전의 배경

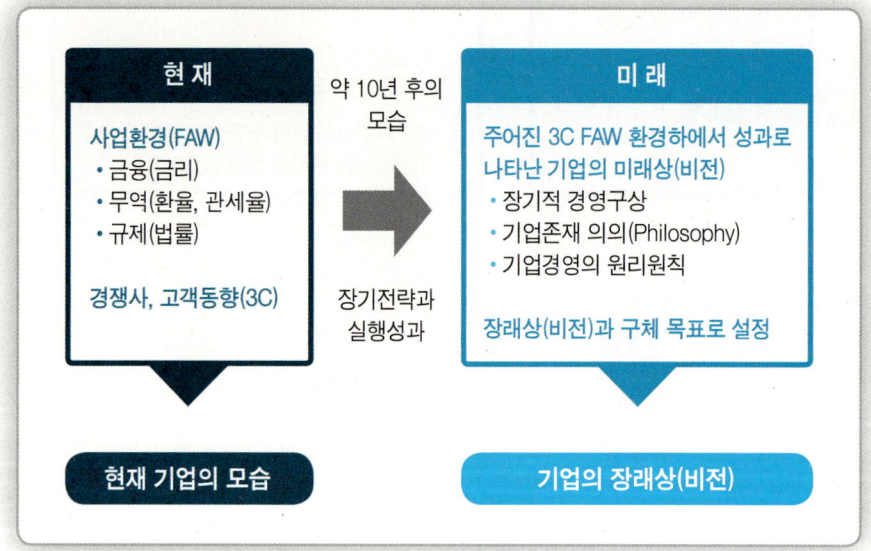

3) 기업비전의 필요성

기업비전은 기업의 장래상을 달성하는데 지표가 될 뿐 아니라 달성하기까지의 모든 경영 활동의 통일을 이루어 그 성과를 극대화할 수 있겠으나 만약 그 기업에 비전이나 장래상이 없다면 그 기업은 단기 경영 성과에만 치우쳐 장기적으로는 경영기반을 약화시키거나 허약한 체질로 인해 기업의 장기 경영기반이 침체될 수 있다. 곧 장기적 시각에서 모든 구성원들의 행동 통일과 장기경영성과의 극대화를 이루는데 비전은 반드시 있어야 한다는 말이다.

4) 기업비전의 내용

기업의 비전 수립 시 우리는 기업비전에 반드시 포함되어야 할 항목들을 사전에 염두에 두고 준비하고 결정하여야 할 것이다. 기업비전 수립 시 반드시 다음 사항을 포함시키고 각 항목들이 기업이념과 함께 공유되도록 할 필요가 있다. 말하자면 약 10년 후 우리가 반드시 갖추고 이루어야 할 것들이 무엇인지 그리고 그 수준은 어느 정도인지에 관하여 모든 구성원들이 함께 공유해야 한다는 의미이다. 다음의 표를 통하여 중요한 항목들을 점검해보도록 하자.

〈표 5-3〉 기업비전의 내용

주요 내용	구 조	중점 내용
사업내용	어떤 제품을? 어떤 고객 또는 시장에? 어떤 지역, 어떤 나라에? 어떤 사업 또는 기업과 연계?	• 전체의 이미지를 언어로 표현하여 설정
사업목표	매출규모 이익 또는 이익률 투자비 및 소요 인력	• 비전상의 장기목표에 반드시 포함
Business System	KFS 기능은 무엇인가? 어떤 대응전략이 필요한가?	• 원료, 조달, 생산, 영업, 물류, A/S, 경영지원 등 핵심기능 선정
경영자원	필요인재와 육성방법은? 소요자금과 조달방법은? 원가경쟁력 제고 방법은? 고객 대응능력 제고 방법은?	• 기업 경영의 제 자원 중 핵심 자원에 대한 조달과 운용에 대한 전략이 포함되어야 함

5) 기업비전의 수립 절차와 방법

기업비전은 먼저 자신의 현상이 어떠한가를 파악하는 것으로부터 시작된다. 즉 현재 기업의 상황이 어떠한가를 보는 것이다. 현재의 경영 현황을 경영환경 분석 도구 중 하나인 3C FAW로 파악하는 것은 물론 특히 비전과 관련하여 기업의 경영층과 기업의 각 구성원들은 이에 대해 어떠한 생각을 하고 있는가 하는 것을 파악하기 시작한다.

첫째 단계가 바로 현상분석 단계이다. 사내외의 정보를 통해 기업의 현상에 대한 주요 사항을 파악한 다음 적절한 설문조사를 통해 계층별, 사업장별, 사업단위별 조직원들의 생각을 점검해 보고 이어 필요사안에 대해서 인터뷰 등을 통해 무엇이 자사의 비전으로 적절한 것인지 개괄적으로 알아보는 것이다. 아울러 사내 각 계층별 핵심 인력들에 대한 워크숍 등을 통해 보다 현실적인 미래 10년 후의 기업의 바람직한 장래상을 그려보고 이에 대한 관리자 및 경영층의 의견도 함께 논의해 보는 과정이 바로 이 현상분석 단계라 할 수 있다.

두 번째 단계로는 기업의 장래상을 설정하는 단계이다. 첫 단계에서 수렴된 각 계층의 의견이 종합되어 구체적 미래상을 정리하고 간략하고도 함축적인 언어로 모두가 공감할 미래상을 비전으로 다듬고 확정할 뿐 아니라 구체적 달성목표를 설정하여 보다 분명한 비전을 제시할 필요가 있다. 더구나 이를 구성원 모두가 함께 공감대를 형성하고, 그 실천력을 높여 나가기 위한 캐치프레이즈도 설정하고, 비전의 이미지화도 만들어 확고히 조직 내에 자리잡히도록 하는 것은 매우 중요하다.

이제 기업비전이자 장래상이 확정되면 세 번째로는 이를 구체적으로 추진할 계획을 수립하게 된다. 전략전개 방향을 수립하고 목표 달성을 위한 경영과제를 도출함은 물론 각 경영과제에 대한 구체적 실행계획을 수립함으로써 비전의 실천이 보다 효과적으로 추진될 수 있도록 준비하게 된다.

마지막 단계로는 수립된 비전이 진정으로 실천되고 있는지를 체크할 수 있는 비전달성의 추진체제 구성과 피드백 시스템을 구축하는 단계이다. 반드시 비전의 추진 과정과 결과를 점검하고, 주체되어 추진하는 조직을 구축하고 이들의 지속적인 활동에 최고경영층과 해당 위원회의 활동이 시스템화되어 움직여주어야 한다는 것이다.

비전의 설계도 중요하지만 더 중요한 것은 비전의 구체적 실행력이다. 이를 가능케 하는 것이 마지막 단계인 만큼 반드시 비전 수립과정 말미에 피드백 시스템을 갖추어야 한다. 〈표 5-4〉의 기업비전수립절차 표를 참조하시기 바란다.

〈표 5-4〉 기업비전수립의 절차

6) 기업비전수립 시 전제 사항

기업비전의 수립 시 유의해야 할 사항이 있다. 첫째는 명쾌한 기업의 사상이다. 이미 언급한 바와 같이 기업은 명확한 기업의 존재가치와 가고자 하는 회사의 미래상 그리고 장기 목표의 수준 등 기본적인 방향이 확고히 결정되어야 한다. 예를 들어 '인류에게 행복을'이란 기업가치를 가진 기업이 약 10년 후 미래상을 '세계 초일류의 전자기업'이란 비전을 설정했다면 그 구체적 목표치는 어디까지인지를 제시하고 출발하자는 의미이다. 즉 매출액, 이익액(또는 이익율), 투자비, 인원수 등의 주요목표치의 제시는 모든 구성원들에게 보다 명확한 실행을 유도할 수 있기 때문이다. 둘째로는 이러한 기업사상과 목표가 어느 일방의 이상이나 목표치가 되어서는 실현불가능하다. 따라서 이를 모든 구성원이 공유하고 공감대를 형성할 뿐 아니라 자발적 참여 의욕이 발전되어 나타나야 한다. 이것이 바로 일체감이다. 기업은 비전의 수립 시 이 두 번째의 요건을 반드시 전제해야 한다. 셋째로는 비전은 당장 내일이나 내년의 목표가 아니다. 약 10년 후 기업이 가야 할 꿈 바로 그것인 것이다. 그러기에 장기적 시각에서 비전을 구상하고 장기적 관점의 프로세스를 가져야 할 것이다.

이 세 가지는 필연적으로 기업 비전을 수립할 경우 전제되어야 할 사항인 만큼 각 계층에서 비전을 수립할 경우 반드시 유의해야 할 것이다. 결국 이 모든 것도 어느 일방의 꿈으로 비전이 만들어져서는 실천력의 결정적 문제를 드러내게 될 것이다. 따라서 이러한 유의사항을 통해서 비전을 수립할 경우 한 가지를 더한다면 양방향(Two-Way Communication) 소통방식의 비전수립이 전제되어 있어야 할 것이다. 그리고 위의 설명은 아래의 〈표 5-5〉를 참고하자.

〈표 5-5〉 기업비전수립 시 전제 요건

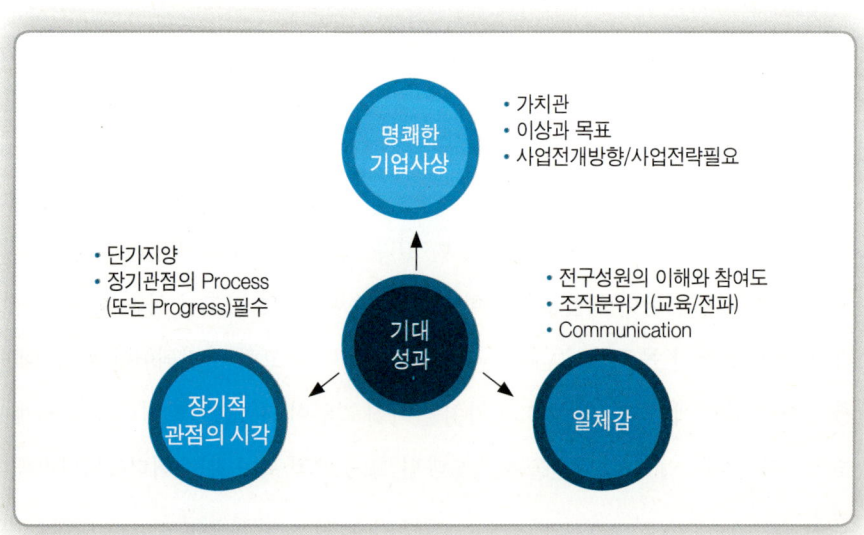

3. 사업영역의 설정과 도메인화

1) 현재와 미래 사업영역의 검토

기업은 현재 자신의 사업영역을 정의한 후 장래에 펼쳐나갈 사업영역을 정리하는 단계를 거치게 된다. 이때는 현재의 사업영역에 대한 평가를 통해 첫째, 수익 및 전략사업, 둘째, 철수 및 정리 예상사업, 셋째, 미래 전략사업으로 대별한 후 보다 구체적으로 검증해 나갈 필요가 있다.

이때 기업은 자신의 기능별, 사업목적별, 산업군별, 원천기술별, 시장별 구분을 통해 대, 소 분류를 하고 여기에 대한 현재와 미래의 사업을 선정하여 정리하게 된다. 현재의 사업군 분류와 미래의 사업군 분류가 비전 설정에 따라 변화되게 되는데 이때는 반드시 각 요인에 따른 분류와 분석을 통해 결론지어야 한다.

2) 사업영역의 도메인화

기업은 현재와 미래의 핵심역량 중심의 사업영역을 확정한 후 모든 조직원이 효율과 효과를 추구하며, 동일한 사업영역에서의 경영 행위를 추진하길 간절히 소망하고 있다. 혹시라도 기업이 비전이나 전략상 제시되지 않은 사업이 과다하게 논의되거나 논란의 대상이 되어 시간과 자원을 소비하는 우를 범하지 않으려 하고 있다. 따라서 모든 종업원에게 앞서 언급한 비전에 따라 앞으로 기업이 가져가야 할 사업영역을 분명히 할 필요가 있다.

더구나 이제 현재와 미래의 사업영역을 분명히 한 이상 이것이 모든 구성원들에게 확실히 각인시켜야 할 필요를 느끼게 된다. 그래서 때론 언론 홍보자료로, 때론 기업 내부의 월간 또는 분기 홍보지로, 또는 기업 부르쇼어나 내외부커뮤니케이션 채널을 통해 대내외에 알리게 되는 것이다. 다음의 사례들을 보면 우리는 그 기업은 어떠한 사업영역을 가지고 있는지 확연히 알게 된다.

〈표 5-6〉은 과거 L전자의 6개 커다란 사업영역을 도식화한 그림으로 이 기업은 향후 10년 후 6개 영역의 사업군을 통해 비전을 실현하겠다는 의미의 사업도메인을 그린 적이 있다. 누가 보아도 쉽게 자신의 기업이 지향하는 사업영역을 쉽게 알 수 있도록 도식화하는 것은 비전 수립과 전파에 매우 중요한 일이다.

또 〈표 5-7〉은 일본의 N그룹의 사업영역으로서 그룹은 화학(Chemical, C1, C2, C3)사업 부문과 석유(Petroleum, P1, P2)사업 부문의 두 사업영역 하에서 기업을 성장시켜 나가겠다는 전략을 내포하고 있음을 알 수 있다.

다만, 두 사업영역에서 미래 적지 않은 육상 및 해상 물동량이 발생할 것을 예상하고 하나의 또 다른 사업, 즉 물류사업(L1사업-Logistics)을 별도의 사업영역으로 계획한 것임을 알 수 있다.

이와같이 기업이 향후 비전달성을 위한 핵심사업 영역을 확정하였다면 각 사업영역과의 연관관계를 고려하여_Up Stream과 Down Stream 또는 사업기능별 등으로_사업도메인을 접하고 이를 도식화하여 조직 내 구성원이 일체감을 가지고 협력하여 추진할 수 있도록 해야 할 것이고, 한편으로는 대외고객들로 하여금 그 기업을 이해하고 Royalty를 더할 수 있도록 유도해야 할 것이다.

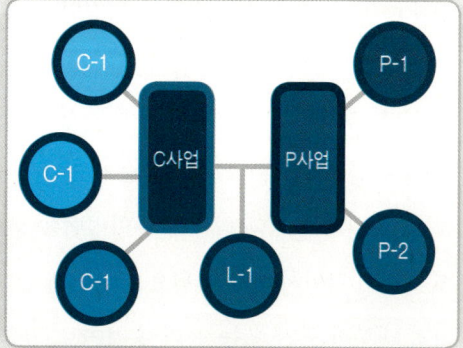

〈표 5-6〉 L전자의 6개 사업영역   〈표 5-7〉 일본 N그룹의 사업영역

4. 전략수립을 위한 경영환경분석

1) 핵심 기능별 내부역량의 평가

(1) 핵심 기능의 정의

기업에는 두 가지 측면의 기능으로 나눌 수 있다. 즉 원료조달, 생산, 영업, 물류, A/S 등 고객과의 접점에서 부가가치를 창출하는 본원적 기능(Primary Function)과 기업 내에서 본원적 기능을 지원하는 기획, 인사, 재경, 총무, R&D와 같은 지원기능(Supporting Function)으로 나눈다. 이러한 기업 내의 제 기능 중 자사가 가지고 있는 부가가치 창출의 핵심역량은 무엇인가를 정의하는 단계가 바로 핵심 기능의 정의 단계라 할 수 있다.

〈표 5-8〉 세부역량 평가의 제 요소

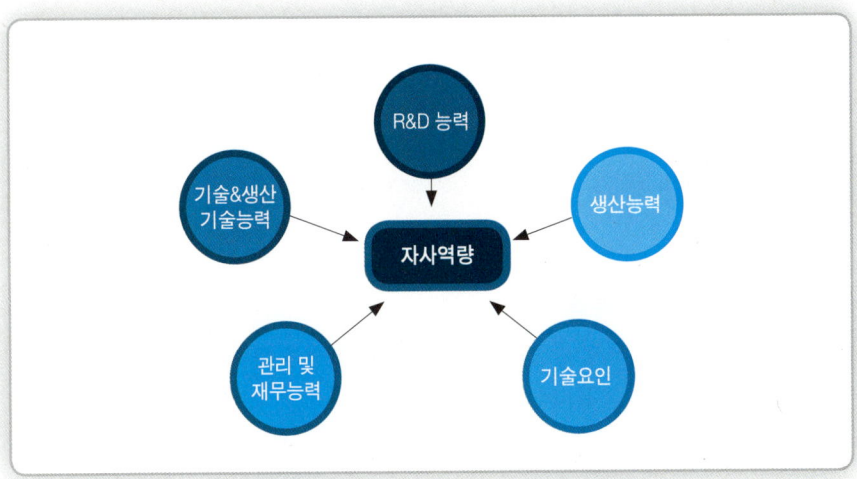

(2) 각 기능의 핵심역량 평가

이제 기업이 자신의 각 기능 가운데 기능별 역량 평가를 하고 이중 자신의 핵심 역량은 무엇인가를 평가하고 판단하게 된다. 이때 각 기능의 평가 요소들은 기업의 성격에 따라 다소간 차이는 있으나 일반적으로 다음과 같은 평가지표를 사용하면 평가가 용이하다.

〈표 5-9〉 핵심역량 평가 요소

대분류	기능 분류	평가 내용
본원적 기능	원료조달기능	원료조달 코스트, 조달원료의 품질 원료조달 시간
	생산/기술기능	생산능력과 생산량(가동율) 생산 코스트, 생산성(수율, 로스율)
	영업기능	시장점유율, 판매단가
	물류기능	물류코스트, 인도(Delivery) 소요시간
	A/S 기능	A/S 발생 건수, A/S 처리속도 A/S 처리 만족도
경영지원 기능	재무, 관리기능	R&D 역량, 재무역량, 기획, 인사, 총무, 관리역량 등

위의 〈표 5-9〉를 근간으로 자사의 역량 평가를 현재와 미래의 시점으로 각각 평가한다.

2) 외부환경의 평가

(1) 외부환경의 요소들

기업의 외부환경으로는 앞서 언급했듯이 고객, 경쟁사 및 시장환경의 세 측면으로 볼 수 있겠으나 이를 좀더 세분화한다면 정치, 경제, 사회, 정부요인과 기술요인 그리고 시장요인, 공급요인 등으로 구별하여 볼 수 있다. 따라서 기업은 이러한 측면에서 현재와 미래의 외부환경을 분석하고 미래전략의 도출을 위해 자사를 평가할 필요가 있다. 외부환경의 평가에 있어서 각 평가 항목들이 〈표 5-10〉과 같이 분류되어 있으니 평가할 때 참고하기를 바란다.

〈표 5-10〉 외부환경의 제 요소

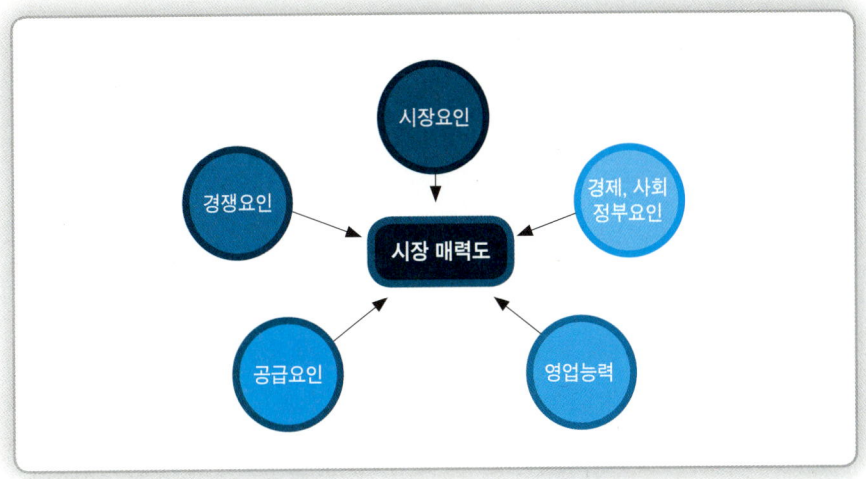

(2) 외부환경의 각 요소들에 대한 평가 항목

기업이 현재와 미래의 외부환경을 평가함에 있어 위에 언급한 핵심요소, 즉 시장요인, 공급요인, 경쟁요인, 기술요인 그리고 경제사회정부요인의 다섯 가지를 들 수가 있는데 각 평가 요소들에 대한 가장 중요한 평가 요소들은 〈표 5-11〉과 같다.

〈표 5-11〉 외부환경 평가요소

외부환경요소	평가 내용
시장요인	• 시장의 크기　　　　　• 시장의 성장성 • 시장진입 난이도
경제사회정부 요인	• 경제 사회여건　　　　• 국제교역 상황 • 정부의 정책, 법규, 정부지원 등
경쟁요인	• 경쟁자 경쟁 수준　　　• 경쟁요인의 증감 • 신규 경쟁자 출현 가능성
공급요인	• 공급자의 공급능력　　• 공급자의 공급상황 • 공급자의 공급능력 확장 여부
기술요인	• 기술보유의 강약 정도 • 기술수준의 진보 상황

3) 기업환경 종합평가

(1) 환경 종합평가

앞서 기업은 자사의 역량에 대해 각 기능별 핵심 평가 요소들에 대해 평가한 결과 각 기능별 강점은 무엇인지 또 약점은 무엇인지에 대해 파악한바 있고, 외부환경 역시 외부환경의 각 요소들이 자사의 현재와 미래 사업에 있어서 기회적 요인은 무엇이고 위협적 요인은 무엇인지에 대해 평가한바 있다.

이제 기업은 현재와 미래의 전략을 수립하기 위해 자사 역량의 강점과 약점 그리고 외부환경의 기회와 위협을 종합평가해야 할 단계에 왔다.

각각의 환경평가를 종합하여 전략을 도출해내기 위해 사용하는 방편(Tool)으로 SWOT라는 도구를 사용하는데 이제는 먼저 SWOT의 방법을 통해 자사의 강점과 약점 그리고 외부환경의 기회와 위협이 교차하는 상황에서의 전략들은 무엇이 있는지를 알아내는 방법을 연구해보기로 하자.

〈표 5-12〉환경 종합평가 사례 연구에서 SWOT의 Frame를 보면서 각각의 전략을 도출할 수 있으므로 예를 통해 이해해 보기로 하자.

〈표 5-12〉 환경 종합평가 사례 연구

외부환경 \ 자사	강점(Strength)	약점(Weakness)
기회(Opportunity)	SO전략	WO전략
위협(Threats)	ST전략	WT전략

(2) 환경 종합평가의 사례

K사는 국제수준의 생산기술을 보유한 제조업체로 국내에 생산기지를 두고 관련

사업 분야에서 국내 시장 점유율 1위의 기업으로 입지를 굳힌 기업이다. 따라서 생산과 영업능력은 탁월한 수준에 있으며, 향후로도 당분간은 어느 기업이 추월해 올 수 없는 독보적 기업이라 하겠다. 다만 이 기업은 원료 조달을 해외에 의존하고 있고, 무역장벽이 완전 개방될 경우는 세계수준의 2~3개 업체가 국내 시장 장악을 위해 진입할 예정으로 있어 이에 대한 대비가 시급한 형편이다. 아울러 내부관리나 재무 부문에 있어서는 국제경쟁수준에서 다소 부족한 면이 있어 향후 이러한 부문에의 보강도 필요하다.

K사의 외부환경 요소를 보면 국제시장 전면 개방이 3년 정도 밖에 남지 않았고, 환율은 평가 절상되어 원자재 조달에 다소 유리할지 모르겠으나 국제경쟁력의 확보와 해외시장진출로는 다소 불리한 여건을 안고 있다고 할 것이다. 각각의 상황을 종합하여 메트릭스 모양의 환경 종합표를 만들고 각각의 교차점에서의 전략을 찾아본다면 어떠한 전략들이 나올 수 있겠는가?

자사의 강점과 외부환경의 기회를 통해 도출할 SO전략으로는 기술력, 생산능력, 국내 판매역량 등의 자사 강점과 원화절상에 따른 원자재 조달의 기회를 활용하여 국내시장의 지속적 우위를 점하는 전략이 도출될 것이고, 이를 위해서는 국내 시장점유율의 지속적 우위를 통해 국내 우위 고수를 지속화하는 전략을 택하게 된다. 그러나 한편으론 이러한 강점이 있는 속에서도 해외기업들이 자유무역 경쟁상황 하에서 국내에 용이하게 진입하게 될 것이므로 이에는 추가투자 등의 공격적 투자전략을 전개함으로써 국내 시장의 지속우위에 문제가 없도록 하는 ST전략을 사용할 수 있게 될 것이다.

한편 원자재 해외의존의 자사 약점과 국제 무한경쟁 시대에의 외부환경의 기회가 되는 상황 하에서 이 기업이 도출할 수 있는 WO전략으로는 해외시장에 원자재 생산공장에 투자하고 현지화하여 국내 원자재의 안정적 수급도 노리면서 해외시장의 진출도 꾀하는 전략을 찾아볼 수 있겠다.

마지막으로 자사의 약점과 시장의 위협에 대한 WT전략으로는 생산 및 기술은 우위에 있으나 해외시장에서는 아직 약함이 있으니 현지에 원자재 조달로부터 현지 판매에 이르기까지 현지 기업화를 도모하거나 현지 우수기업과의 사업제휴 등을 통해 해외진출 성공과 확대를 꾀하는 전략이 유효하지 않을까 하는 것이다.

이렇게 자사의 강, 약점과 외부환경의 기회와 위협이 서로 일치되는 점에서 각각의 전략을 도출하고, 전략을 종합하는 과정에서 최종 결론을 내리게 되는데 우리는 이것을 사업전개전략의 기본방향을 수립하는 과정이라 보면 될 것이다.

5. 사업전개전략의 수립

1) 사업전개방향의 설정

SWOT에 의한 사업전개방향 수립

앞서 자사의 강점과 약점, 외부환경의 기회와 위협을 통해 각각의 상황 하에서의 전략들을 도출한 바 있다. 그러나 각 상황 하에서의 전략이 전사적 관점에서 모두가 타당하고 모두의 실행이 최선의 방법은 아니다. 비록 모든 실행이 올바른 전략이 될 수는 있을지 모르나 우선순위에 따른 최선의 전략적 순서는 있게 마련이다. 따라서 앞서 언급된 각 전략을 전사적 관점과 우선 순위에 의거하여 타당한 사업전개 방향을 종합적으로 제시할 필요가 있다.

각 기업은 사업의 유형에 따라서, 그리고 각 기업의 형편에 따라서 그 사업전개방향이 다를 수 있기에 어떤 방향성의 수립이 최선인가에 대해서는 정확한 답을 찾기란 쉽지 않으나 일반적으로 기업들이 사업전개 방향을 수립할 때 사용하는 방법이 있으므로 <표 5-13>의 그림을 참조하면 좋겠다.

그 첫째는 해당 기업의 수익사업과(이나) 전략사업을 어떻게 수익력을 증대하고 성장시킬 것인가에 대한 전략을 표방하고
둘째로는 해당 기업이 안고 있는 상대적 비수익사업과(이나) 비전략사업을 어떻게 정리 또는 철수할 것인가에 대한 방향을 제시해야 하며
셋째로는 미래 기업이 핵심전략사업으로 가져갈 사업을 제시하고, 이 사업을 어떻게 성장시켜 나갈 것인가에 대한 방향성을 확립하는 것이라 할 수 있겠다.
마지막으로 한 가지가 더 있는데 이것은 기업이 비전과 장기목표를 달성하기 위해 반드시 갖추어야 할 기반(인프라스트럭쳐)구축을 말하는데 예를 들어 인재의 채용과 육성, 조직활성화, R&D역량 강화, IT구축 등이 그것이다.

<표 5-13> 사업전개방향의 수립

자사 외부환경	강점 (Strength)	약점 (Weakness)
기회 (Opportunity)		
위협 (Threats)		

→
1. 수익/전략 사업의 전개 전략
2. 비수익/비전략사업의 정리
3. 미래전략사업의 사업전개 전략
4. Infra의 구축 : 인력, 조직문화, R&D, IT 등

앞서 소개한 K사는 기존 주력사업을 해외원자재 확보와 현지 사업화를 위한 해외투자를 통해 국내시장에서의 우위를 지속 유지하면서 해외시장의 진출을 동시에 꾀하여 미래 주력사업으로의 지속적 성장을 도모하되 기존 사업 중 수익성과 미래 지속가치가 떨어지는 소수의 사업을 정리, 철수함으로써 주력사업 전개의 투자재원 마련에 도움이 되도록 하는 상대적 비전략/비수익사업으로의 정리, 철수 전략을 수립하게 된다. 더구나 기존 사업의 기술력과 해외 경쟁기업과의 기술 및 해외시장 영업제휴를 통해 미래 신사업을 전개하겠다는 전략을 수립하게 된다. 아울러 K사는 이러한 사업의 전개를 든든히 하고자 인재의 채용과 육성에 관한 사항과 조직의 혁신 그리고 R&D 및 IT 등에 대한 전략방향을 대내외에 전파할 사업전개전략을 확정하게 된다.

이와 같이 사업전개 방향은 그저 막연한 방향성이 아니라 보다 구체적인 방향성, 즉 미래의 사업전개를 어디에 주안점을 두고 핵심사업을 전개하며, 상대적 비주력사업은 언제 어떻게 정리하는지 그리고 창출된 현금흐름을 통하여 향후 어떠한 사업에 신규 또는 확장투자를 통한 제2의 성장을 도모할 것인지를 알 수 있도록 분명한 전략을 제시해야 하는 것이다.

2) PPM의 이해와 운용

(1) PLC (Product Life Cycle)을 통한 PPM의 이해

PPM이란 제품포트폴리오관리(Product Portfolio Management)로서 기업이 추진하고 있는 사업군들에 대해서 어떻게 하면 최적의 조화를 가져가며 기업경영을 해야 하는가의 문제에 대해 가장 합리적인 방법을 찾아내고 계획하는 툴이라고 할 수 있다.

이를 종합적으로 이해하기 위해서는 먼저 사업의 생성과 소멸의 역사를 이해하는 것이 가장 빠른 방법이라 하겠다. 우리가 어떤 사업을 하나 추진한다고 가정하자. 우리는 처음 사업을 시작할 때 그 시장성은 현재나 미래에 매우 유익하다고 생각되어 시작하게 되지만 그렇다고 아직 해보지도 않은 사업을 그리 큰 자사역량을 확보한 후 시작하기란 쉽지 않을 것이다. 이러한 상황은 4분면에서 1상한에 속하는 사업군으로서 BCG그룹은 이를 Problem Child(문제아)라 이름하고 이때의 투자 전략을 초기투자 또는 육성투자라고 이름 했다.

이제 미래의 가치를 기대하고 시작된 본 사업은 사업이 진행되면 될수록 자사의 역량은 점차 좋아져 사업의 성과는 커지고 매출의 신장과 수익의 확대기를 맞게 된다. 이를 성장기라 하고 이름하여 Star(별) 사업군이라 한다. 이때는 경쟁사가 어느 정도 진입하려 하기 때문에 시장 매력도는 다소 낮아지더라도 시장의 매력도는 여전하고 나름 수익을 창출하여 추가투자를 검토하거나 신규투자를 실행할 만한 시점이 되는 상한이기도 하다.

그러나 언제까지 본 사업이 별(Star)상한을 유지할 수는 없겠다. 제품이나 상품, 서비스의 유형에 따라 다르긴 하나 언젠가는 유사한 제품이나 상품, 서비스가 경쟁우위에 있게 될 때 본 사업의 매력도는 줄어들고 오히려 어느 시점에서는 자사의 역량이 획기적으로 줄어들게 되는데 이때를 현금유지(Cash Cow)의 상한이라 한다. 이때는 시장의 성숙기로서 향후 지속적인 성장을 기대하긴 힘들고 매출은 다소 확대되나 이익은 크게 줄어들어 공헌이익만 기대되는 수준이므로 추가투자

하기보다는 경상투자, 유지, 보수수준의 투자를 하는 상한이 될 것이다.

이제 본 사업도 언젠가는 기존의 상품보다 우수하거나 혁신적인 상품에 밀려 더 이상 시장에서 요구되지 않는 시기를 맞게 된다. 우리는 이 시기를 쇠퇴기라 하며 BCG는 이를 Dog(개) 상한이라 하여 철수전략이 이에 타당하다고 설명하고 있다. 결국 어떤 사업이나 제품이든 시작이 있으면 끝이 있게 되는데 이 시작과 끝의 기간을 Life Cycle이라 하며 하나의 제품이나 상품, 서비스의 생명주기를 제품의 수명주기(PLC ; Product Life Cycle)이라 한다.

〈표 5-14〉 제품의 Life Cycle(생명주기)

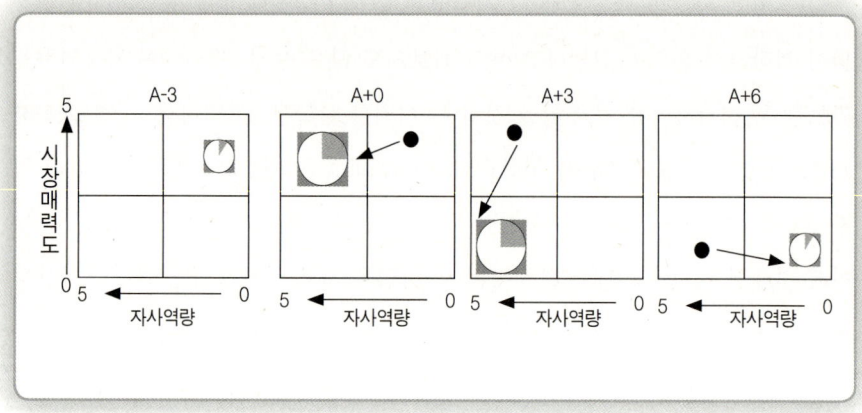

(2) 기업의 최적 PPM 도출

결국 기업은 기업이 진행하는 다수의 사업(프로젝트)을 어떻게 유지해야 전사적으로 최적의 사업 구조를 가지면서 유지, 존속은 물론 성장하겠는가 하는 그림을 PPM으로부터 찾을 수 있다는 것이다. 이때 기업은 스타(Star)사업군이나 Cash Cow사업군으로부터 창출되는 현금을 미래 전략사업 군에 재투자 함으로써 또 다른 미래의 Star와 Cash Cow를 지속적으로 창출해 낼 수 있을 것이기에 기간별 PPM의 구축은 곧 그 기업의 성장전략과 직결된다고 볼 수 있는 것이다.

(3) 재무제표와의 동시 이해

이는 곧 재무제표의 재무상태표와 손익계산서를 통해 유사한 답을 찾아낼 수 있다. 즉 기업은 경영활동을 통해 이익을 창출하게 되고, 이익이 창출된 모습은 손익계산서에서 영업이익과 당기순이익으로 나타나게 될 것이다. 이처럼 매출의 신장과 영업이익의 지속적 확대가 나타난다면 우리는 이를 성장기로 이해될 수 있는 상황이 된다. 말하자면 Star의 상한임을 알 수 있다는 것이다. 이후 매출의 신장은 지속되나 그 기울기가 완만해지고 이익률은 오히려 감소되는 현상이 나타난다면 이는 성숙기(Cash Cow)가 나타나는 것으로 판단할 수 있다.

이때는 성장기와 성숙기에서 축적된 현금흐름(유보액)으로 재무상황표의 자본항목에 이익잉여금 유보액이 커지고, 이후 기업의 매출 신장은 멈춰서 이익조차도 더 이상 기대할 수 없는 상황에서 겨우 공헌이익만을 기대한다면 이는 바로 Dog 상한으로 철수나 정리를 판단해야 할 상황이 도래했다고 말할 수 있는 것이다.

따라서 앞서 언급한 스타와 현금창출 상한에서 축적된 현금유보를 당시 재투자로 유도했다면 이와 같이 기존 사업이 Dog 상한에 와서 더 이상 현금창출의 기대를 할 수 없는 상황이 오더라도 이미 새로이 투자된 사업의 현금창출이 재개될 것이므로 이와 같이 기업은 연속된 사업으로 지속적인 성장을 해 나갈 수 있다는 것이다. 다음의 <표 5-15> 그림과 같은 두 유형의 PPM을 가진 기업이 있다고 가정하자. 어느 기업이 PPM구성이 바람직하다고 할 것인가? 당연히 우리는 A사를 선택하게 될 것이다. 왜냐하면 A사는 비록 스타사업은 없으나 Cash Cow 사업을 통해 창출되는 이익을 미래 스타사업을 일굴 목적으로 새로운 사업, 즉 문제아(Problem Child)에 투자를 하고 있는 모습이고 반면에 B사는 비록 스타 사업군을 가지고는 있으나 Dog 상한의 사업이 내는 적자로 인해 기업 전체로는 이익을 내지 못하는 형국을 보이고 있다. 더구나 Dog상한에 속하는 사업을 정리, 또는 철수하는 의사결정을 하지 못함으로써 미래 사업에의 투자 조차 하지 못하고 있기 때문이다.

〈표 5-15〉 2 Type's PPM

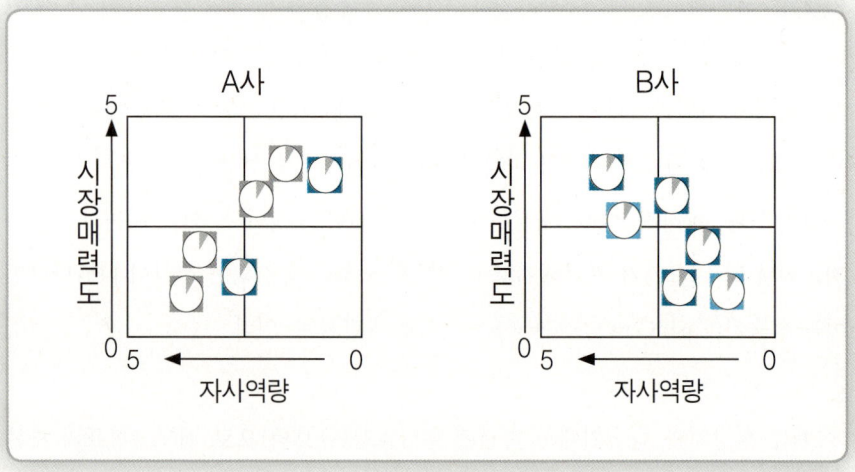

(4) PPM에 의한 사업 우선순위의 결정

기업은 자신의 영속적 성장을 위하여 위에서 언급한 사이클을 고려하여 미래 지속적인 사업의 전개를 고려해야 하는바 그 우선순위의 순서는 다음과 같다.

첫 번째, 전략적 우선순위의 투자

두 번째, 사업가치가 상대적으로 높은 사업의 우선투자(전략적 우선순위가 동일한 경우)

세 번째, 리스크가 상대적으로 적은 사업을 선별한다(첫째, 둘째항 모두 동일한 경우를 전제함).

이렇게 신규투자의 우선순위를 결정하고 매 기마다 새로운 투자의 투자계획을 반영한다. 다만 투자 선별에 앞서 투자 규모의 범주가 우선 결정되어야 하는바 이는 해당 기업의 해당 기간 중 창출한 현금흐름이 핵심이 될 것이다.

예를 들어 어느 한 기업의 영업이익은 500억 원, 법인세율은 20%, 비현금유출비용은 100억 원이라면 이 기업은 총 500억 원의 현금창출을 이루었고, 만약 이 기업이 부채비율과 비유동장기적합율에 문제가 없다면 현금창출 수준에서 재투자를 할 수 있게 될 것이다.

물론 이때 현금창출 수준보다 월등한 수준의 투자를 하는 이를 우리는 공격적 투자자라 하고 현금창출여력 대비 미미한 투자를 하는 성향을 보이는 경영자가 있다면 우리는 이를 보수적 투자자라고 하여 그 성향을 파악할 수 있다. 굳이 일반적 지표를 제시하라 한다면 자기자본비율 33.3%, 부채비율 200% 전후의 재무구조가 투자 적정성의 가이드라인이라고 제시할 수는 있겠지만 이것은 단순 참조 사항이라 보는 것이 옳다.

(5) 현금흐름에 의한 투자여력 산출과 투자 조정

이상의 순서를 통해 우리는 기업이 투자와 정리를 반복해가며 기업을 성장시켜 나가는 것인데 이때는 반드시 기업이 창출한 재원조달 여력과 당시 재무상황을 고려하여야 한다는 것이다. 그리고 이러한 자금조달여력을 근간으로 새로운 투자의 우선순위를 결정하고, 필요 시 조정할 것이며, 피치 못할 경우 외부로부터 추가 자금조달을 계획하는 과정을 거치게 되는 것이다.

3) 사업별 전개전략의 수립

(1) 사업별 전개전략

지금까지는 전사적 차원에는 사업전개방향은 무엇이고, 이에 다른 핵심전략은 무엇이며, 재원한도를 고려한 시기별 투자우선순위와 철수, 정리 사업들의 실행계획들을 수립하는 과정을 살펴보았다.

이제는 각 개별 사업들에 대한 구체화 단계가 남아 있게 된다. 즉 각각의 사업들에 대한 구체적 사업전개 전략을 종합하고 정리해야 할 단계에 왔다는 것이다.

따라서 각각의 사업전개 전략을 전사의 사업전략 수립과 동일한 방법에 의해 수립해야 하고, 이들에 대한 구체적 장기목표와 실행전략을 정립하는 과정을 거치게 되는 것이다. 물론 이 과정의 종합으로 다음의 〈표 5-16〉의 사업별 전개전략의 수립을 참조하면 이해하기가 쉽다.

〈표 5-16〉 사업별 전개전략 수립(예시)

		A+0	A+3	A+5
A 사업	• 매출액	1,000	1,200	1,500
	• 영업이익	100	150	300
	• 투자비	50	50	50
B 사업	• 매출액	500	2,200	3,500
	• 영업이익	100	150	1,000
	• 투자비	500	150	50
C 사업	• 매출액		1,200	1,500
	• 영업이익		150	500
	• 투자비		150	50

(2) 사업별 구체일정에 대한 Road Map

이상의 각 사업별 전개전략과 목표가 수립되면 사업별로 이의 달성을 위한 구체적으로 추진일정 계획을 수립하며, 실행력을 높이기 위한 구체적인 전략을 수립하게 된다.

〈표 5-17〉 기간별, 사업별 전략실행 로드맵 (Road Map)

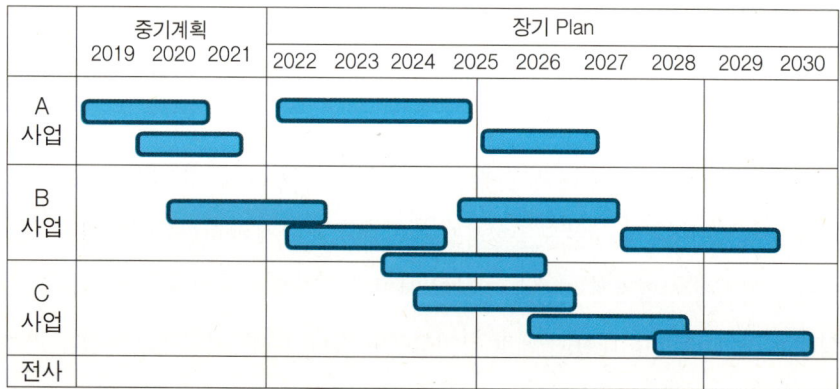

6. 성공적 사업추진을 위한 전제 요건

1) 경영과제의 선정과 실행계획 수립

(1) 경영과제의 선정

사업별 전략이 완성되면 전사 및 사업본부 입장에서는 각 사업들이 성공하기 위한 핵심전략과제들을 찾아내야 한다. 즉 어떠한 전제 요건이 본 사업의 성공열쇠인가를 찾아 이에 대한 해결 대안을 만들어 추진해 나가야 성공한다고 할 수 있다. 따라서 막연히 전략을 추진하면 되겠지 하는 생각에서 벗어나 무엇을 어떻게 하면 될 것인가 또 어떠한 난관_Bottlenet_이 있을까 그리고 이것을 극복하려면 무엇을 해야 하나를 먼저 생각하고 준비해 두어야 한다는 것이다. 이것이 곧 경영과제_공공기관 또는 공기업에서는 일반적으로 이것을 전략과제라 표현한다_ 도출의 과정이고, 실천계획의 첫 발인 것이다.

(2) 실행계획의 수립

기업은 각 사업별 전략과제를 도출하고 난 후 구체적 추진의 핵심 내용을 사전에 계획해 놓고 이를 모든 구성원들이 차질 없이 실행코자 정리해 두는 것이다. 일명 로드맵(Road Map)이라 하는데 〈표 5-18〉을 참조하면 좋다.

〈표 5-18〉 전략과제 도출 및 실행계획의 수립

사업 구분	핵심전략과제	기간별 구체 실행계획		
		중기(3Y)	장기(1단계)	장기(2단계)
A 사업	1. 핵심 인력의 확보 2. 핵심 기술의 확보			
B 사업	3. 영업 역량의 제고 4. 원료조달 능력 5. 생산 및 생산기술 역량			
C 사업	6. A/S 역량 7. 경영지원 능력			
전사	8. 자본구조와 재원조달 능력 등			

2) Feed-Back System의 운용

이상과 같이 기업은 기업경영이념과 비전의 재설정을 기초로 환경 분석 그리고 사업전개전략을 통해 기업 및 사업의 전략수립을 확고히 했고, 이의 실천력을 높이고자 전략과제와 구체추진일정까지 확정해 두었다. 다만 이러한 일정은 실천이 따르지 않으면 그저 일정일 뿐이고 실천적 행위의 부재로 인해 전략수립의 시간만 낭비할 뿐이다. 이를 보다 확실히 하기 위하여 기업은 Feed-Back System을 완성시키고 최고경영자는 분기단위로, 차기 경영자는 월별관리를 그리고 임원이나 관리자는 주별 주기관리를 통하여 실천력을 제고해 나가야 한다. 전담 Monitoring 팀은 주관부서의 전담팀과 각 기능주관부서의 핵심요원 그리고 필요시 내·외부 컨설팅 요원들로 구성되고 있는 아래의 표를 참조하면 좋겠다.

〈표 5-19〉 피드백 시스템의 구축과 운용

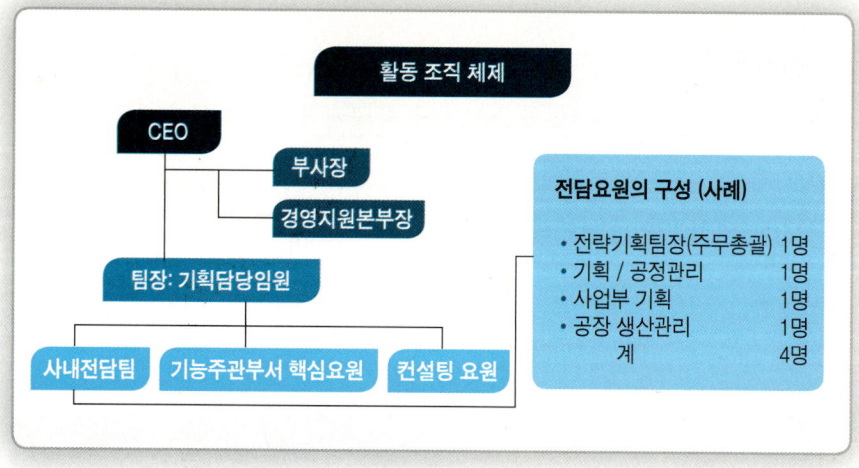

3) 비전 및 전략수립과 운영상의 유의점

이제는 비전을 수립하는 과정으로부터 실행하는 과정까지 우리가 반드시 유념해야 할 몇 가지를 정리해 볼 필요가 있다. 무엇보다도 중요한 것은 환경대응경영이 준비되고 비전과 전략에도 반영되어 있어야 한다는 것이고, 비전과 전략의 수립 이후에도 변하는 환경에 유연히 대처하는 능력은 필수사항이라 하겠다.

더구나 이 비전과 전략의 추진은 누구보다도 CEO의 강력한 의지와 실천이 반드시 전제되어야 하는 만큼 최고경영층이나 경영자들의 각오와 실행이 중요하다.

이 외에도 조직은 꾸준히 계획과 실적 그리고 성과 평가의 체제가 지속적으로 운용되어야 할 뿐 아니라 EVA관점의 경영이 지속되어 날마다 EVA가 극대화되어 나가는 일들이 중요한 비전 달성의 전제 사항이라 하겠다.

〈표 5-20〉비전 수립과 운영상의 유의사항 숙지

환경대응전략	• 과거, 현재, 미래에 대한 철저한 분석과 예측 • 환경변화(경쟁사, 고객 등)에 적시 대처하는 능력 배양 • 시나리오 별 대응전략 체제 구축
Top-Management의 Super-Leadership	• 강력한 리더십과 지속적 추진력, 사업에 관한 Insight(통찰력) • System 구축과 인재육성을 통한 연계
목표 관리와 이익 창출	• 미래 스타사업에 대한 Idea 창출과 지속적 노력 • 현재 사업의 최대이익 창출을 위한 노력 　*Revenue 극대화(매출증대, 생산성 배가 혁신, 재고 최적화 등)
EVA 개념의 경영 실행과 성과 도출	• Cash Basis의 경영 Mind • 투자와 회수를 동시 고려한 성과이익 추구 • 실행력 점검과 업적평가를 통한 보상과의 철저한 연계

중·단기사업계획 수립과 실행력 제고

 제 6 장

제6장

중·단기사업계획 수립과 실행력 제고

1. 중기 경영환경 분석

1) 자사 분석

(1) 장기 경영전략의 점검의 배경

기업은 연속성의 개념을 가지고 끊임없이 최선의 전략을 도출하고 실행해 나가는 과정을 반복한다. 즉 기업은 자신의 비전과 장기 전략이 포함된 미래의 전략과 실천계획을 끊임없이 수립하고 실행하며 피드백하는 과정을 통하여 자신의 가치를 나날이 키워나게 되는 것이다. 이때 기업은 기업 내외의 경영환경을 면밀히 검토하고 이를 바탕으로 자신의 경영자원을 최대한 효율적이고 효과적으로 활용하면서 최대의 성과를 창출하면서 앞으로 나가야 한다. 이제는 그러한 비전과 장기전략을 기반으로 단기의 구체적인 실행력을 높이기 위한 또 한 단계의 노력을 더해야 할 것이다.

기업은 매년 장기사업계획과 연계된 단기의 사업계획을 수립하고, 이를 구체적으로 실행할 전략들을 수립하게 되는데 이의 수립에 앞서 다시 한번 자사의 중장기 경영전략을 재점검해 보고 최적의 단기 사업전략을 만들어 가기 위한 준비를 하게 되는 것이다.

(2) 비전의 점검

기업비전은 유효한가? 기업의 장기목표는 계획대로 진행되어가고 있는가? 기업의 장기목표를 달성하기 위한 전략들에 변화가 있을 요소는 발견되지 않는가? 이러한 환경들의 변화로 전략전환이 필요한 부분은 없는가? 그리고 있었다면 전략은 변환되었는가? 등에 관하여 내부적으로 일정 주기에 따라 점검하되 중·단기사업계획 수립 시 다시 한번 점검해 보도록 한다. 특히 자사의 비전과 장기목표에 대해 추진되고 있는 것과 그렇지 못한 것 그리고 전략전환을 해야 할 것들에 대해서 특별히 주의를 기울이면서 점검해야 할 것이다.

(3) 장기 전략과 전략 실천과제 등의 점검

또한 기업은 단기사업계획을 수립하기에 앞서 자사의 장기 전략과 전략과제 등을 재점검함으로써 차기 연도 사업계획에 이를 반영할 준비를 하게 되는 것이다. 예를 들어 장기목표는 변하지 않았다 하더라도 그 목표에 도달할 전략을 불가피하게 수정할 수밖에 없었다면 이런 사항은 차기 사업계획과 실천전략에 매우 중요한 사항이 되기 때문이다. 1조의 매출을 장기목표로 설정한 기업이 최대 추진사업인 K라는 신재생에너지 사업화에 대한 타당성 검토 결과 이를 포기하고 새로운 사업영역인 P라는 사업으로 전략전환을 이루었을 때 장기 전략의 전환에도 당연히 수정이 되어야 하겠지만 특히 단기사업계획 수립 시 이의 반영은 너무도 당연한 사안이 되게 될 것이기 때문이다.

2) 고객 분석

(1) 고객 분석의 필요성

기업은 고객과 함께 영원히 관계를 유지하고 성장 발전하는 이익 공동체이다. 고객이 누구인지, 고객이 원하는 것이 무엇인지를 알지 못하고서야 고객과 함께 성장하고 발전한다는 것은 어불성설이다. 중장기 경영전략을 수립하는 과정에서도 기업은 반드시 고객 분석을 통하여 기업의 핵심적인 장기 전략을 수립했지만 이제 단기 사업계획 수립 시에도 필연적으로 다시금 고객에 대한 정보를 면밀히 분석하여 이에 적합한 단기 전략을 도출해 냄은 물론, 이를 사업계획에 구체적으로 반영하게 되는 것이다. 고객 분석에는 크게 고객의 트랜드 분석과 고객의 니즈 분석으로 구분하여 분석해 본다.

(2) 고객의 트랜드 분석

고객의 트랜드 분석은 고객 분석 가운데서도 거시적 차원의 분석이라 할 수 있겠다. 다시 말하면 자사의 사업영역 또는 관련 영역에서 볼 때 시장에서(고객 차원에서) 자사의 제품, 상품, 서비스에 대한 트랜드가 어떻게 변화되어가고 있는지에 대한 분석을 철저히 해야 할 필요가 있다는 것이다.

이미 시장에서 고객들의 반응이 식어가고 있는데 해당 사업의 사업계획을 종전과 동일한 전략이나 규모로 설정한다면 이러한 경우 사업계획에 큰 차질을 빚을 뿐 아니라 기업의 영속성에도 큰 타격을 입게 될 것은 불을 보듯 뻔한 일이 될 것이기 때문이다. 때론 고객의 트랜드를 주도해 나갈 전략을 도출하는 것도 중요하다.

사회 전반의 경제와 문화, 생활 그리고 주거와 인간관계 등의 변화에 따른 사회적 변화가 고객의 트랜드를 변화시켜 나갈 것이란 생각을 한다면 당연히 트랜드를 읽는 수준이 아닌 트랜드를 주도해 나가는 전략이 기업의 영속성에 더욱 근접할 것이기 때문이다.

(3) 고객의 니즈(Needs) 분석

위의 고객의 트랜드 분석이 거시적 관점의 고객 분석이라 한다면 고객의 니즈 분석은 이보다 더 고객에 밀착한 미시적 고객 분석이라 할 수 있겠다. 고객의 트랜드 분석이 시장 전반의 흐름분석 차원이라면 고객 니즈 분석은 자사의 제품, 상품, 서비스에 대한 고객의 직접적인 반응, 즉 보다 구체적인 고객의 요구사항이라고 할 수 있겠다.

제품, 상품, 서비스에 대한 품질, 납기, 가격, 포장, 고객에의 인도, 사후관리 등 고객의 매우 세밀한 반응들에 대한 분석을 통해 차기 사업계획에 이를 반영하는 준비가 바로 고객의 니즈 분석이라 하겠다. 물론 고객의 니즈 분석 시에는 여러 계층의 고객을 구분하여 각 계층의 니즈를 별도로 분석할 필요가 있기에 고객 계층의 분류도 염두에 두어야 하는데, 예를 들어 연령대별, 지역별, 학력별, 소득 수준별, 직군, 직업, 직종별, 남녀 성별, 취미생활 등 그 고객 계층들의 분류는 다양하다 할 수 있겠다.

다만, 단기사업계획 수립 전 환경 분석 단계에서 고객 분석을 할 경우는 일반적으로 트랜드 분석 중심의 준비 단계가 강하고 추후 실제 사업계획 수립 시에는 각 사업별로 세밀한 고객 분석이 이루어지게 될 것이다.

3) 경쟁사 분석

(1) 경쟁사 분석의 필요성

기업은 자신의 제 경영자원을 가지고 핵심역량 중심의 미래 사업전개를 통해 자신이 목적하는바 장단기 사업목표를 지속적으로 실천해 나가고 이의 연속성을 통하여 기업의 비전 달성은 물론 영속적 성장과 발전을 꾀해가는 이해집단이다. 그런데 이러한 과정 속에서 반드시 고려해야 할 요소가 있다면 이는 앞서 언급한 고객 분석과 함께 경쟁사 분석을 빼 놓을 수 없다.

즉 아무리 고객 관점에서 최대한의 가치를 창출한다고 하더라도 경쟁사가 자사보다 우위에 위치한 가치를 창출해 낼 때 자사의 입지는 좁아질 수밖에 없게 되기 때문이다. 따라서 기업은 장기 전략이든 단기 전략이든 언제나 경쟁자의 동향을 주시하여 그들의 전략을 읽어낼 뿐 아니라 여기에 합당한 자사의 특출한 전략을 창출하여 앞서가는 것이 경쟁우위에 있는 기업이 갖추어 나가야 할 필수 요소가 아닌가 싶다.

(2) 경쟁사 분석

경쟁사 분석의 기본 구조는 자사 분석의 틀과 동일하다고 보면 된다. 자사의 분석 시 많이 사용하는 대표적 도구라 함은 일명 가치사슬고리 또는 비즈니스 시스템 상의 제 기능별 분석이 될 것인데 그 구체적 기능은 다음과 같다.

즉 원료조달의 능력, 생산의 능력, 영업 능력, 물류 능력, 사후관리 능력 그리고 경영지원의 능력 등이다. 이때 경영지원능력에는 재무역량, 인사 및 총무 기능의 역량, 기획기능의 역량, 연구개발 역량, 물류 역량 등이 있다. 이 밖에도 경쟁사의 최고경영자, 경영층, 종업원의 내부 인력의 역량과 조직구조, 조직력, 조직문화, 최근의 내부 변화뿐 아니라 주주와의 관계, 정부와의 관계 등도 살펴보아야 할 각 요소들이 되므로 반드시 경쟁사의 제반 동향들을 체크하여 필요 시 자사의 사업전략에 반영하도록 하여야 한다.

경쟁사 분석의 각 항목은 자사의 역량 분석에 관한 분석 방법에 좀 더 상세히 언급되어 있으므로 이를 참조하면 좋을 것이다.

4) 외부환경 분석

(1) 외부 경영환경은

　기업의 외부 경영환경에는 고객, 경쟁사 관점의 경영환경 분석이 포함되나 앞서 이미 언급한 바 있는 고객과 경쟁사 분석을 제외하면 나머지는 자사나 고객이나 경쟁자가 마음대로 통제나 제어할 수 없는 시장환경이 있다. 즉 통제 불가한 외부 경영 환경이 될 수 있을 것이다. 이를 통상 '시장환경'이라 통칭하여 사용하므로 앞으로는 FAW(Forces At Works; 시장환경)로 약하여 설명하고자 한다.

(2) 외부 경영환경(FAW)의 분석

FAW에는 다양한 시장의 통제 불가능한 요소들이 있게 된다. 따라서 기업이 자사의 전략을 수립할 경우 자사에 비교적 지대한 영향을 미치는 요소들을 구별하여 중요한 전략이나 계획을 입안할 시 특정 외부환경에 대한 철저한 분석이 사전에 절실히 요구되는 것이다.

예를 들어 FAW에는 환율, 금리, 유가, 관세율, 국제 원자재 가격, 관련 법령 및 법규 등 통제 불가능한 외부환경의 요소들이 있고, 이 밖에도 국제무역거래나 관련 기업 간의 보이지 않는 룰 등 이러한 각각의 분야에서 커다란 변화 등이 포함될 수 있다. 환율은 누구도 예측하기 어렵고 미래 환율이 변화할 경우에도 자사에 유리한 방향으로 급선회하기에 그리 녹녹하지 않은 요소임에 틀림없다. 어쩌면 요행히도 자사에 유리한 여건을 주었으면 하는 바람만 있을 가능성이 높다. 따라서 자사에 커다란 영향을 미치는 요소 중 하나가 바로 환율이라면 그 어떤 환경보다도 신중히 미래 변할 수 있는 가능성에 대해 생각해보고, 보다 근본적인 대응 전략을 마련하는 것은 사업계획 수립에 매우 중요한 요소가 될 것이다.

참고로 이렇게 외부환경의 변수들에 대한 변화들을 〈표 6-1〉 외부환경(FAW)의 변수들(사례)에서 미리 예견해보고 각각의 경우에 대응하는 전략을 수립해보는 것을 시나리오 경영이라고 한다.

〈표 6-1〉 외부환경(FAW)의 변수들(사례)

항목	Factors(변수)	경영Impact사례		비고
		단위변동치	영향(Impact)	
FAW (Forces At Works)	환율(원/$)	10$	200억	각 변수에 대한 영향을 사전 파악, 대응전략 마련이 중요
	유가($/BL)	10$	50억	
	금리	1%	25억	
	관세율	1%	100억	
	국제 원자재 가격 (Fe)	10$/Ton	250억	
	법규 등	국회법 통과시	200억	

위의 변수들을 통하여 해당기업은 첫째, 국제원자재가격 둘째, 환율 셋째, 법규 등의 변화에 가장 큰 영향(Impact)를 받고 있음을 알수 있고_이를 Big3라 칭한다_따라서 이상의 세 변수에 대한 전략적 대응은 반드시 필요하다고 할 수 있다

(3) 외부 경영환경(FAW) 분석의 원천(Sourcing)

그러나 이렇게 외부 경영환경을 분석하게 될 경우 우리는 일반적으로 우리의 직감이나 단순한 예측 정도의 판단은 금물이다. 따라서 가능한 신빙성 있고 권위 있는 사람이나 기관으로부터 전달된 자료나 정보를 보다 투명한 과정을 통해 입수하여 분석한 결과 그 자료를 사용하는 것이 타당한 외부환경 분석의 절차라고 얘기할 수 있다.

일반적으로 해당 산업이나 기업들의 입장에서 핵심 환경 요소들에 대한 분석 데이터를 활용할 시 그 원천을 다양한 루트를 통해 가져오고 있긴 하나 매우 일반적이고도 보편적인 방법을 소개하면 다음과 같다.

그 첫째는 민간경제연구소의 예측자료를 참고하는 것이다. 통상 삼성경제연구소

(SERI), 엘지경제연구소, 현대경제연구소, 포스코경영연구소 등 민간경제연구소 등은 미래 경제예측에 신뢰성과 권위를 가질 수 있을 만한 기관들이므로 이들의 자료를 참조하면 좋을 것이다.

다음으로는 국책금융기관 및 연구기관의 미래예측환경 자료를 참고로 하면 좋을 것이다. 예를 들어 한국은행의 경제통계시스템 또는 한국산업은행의 산은경제연구소 등에서 제시하는 미래 예측자료 등도 기업의 예측자료로 활용하기에 매우 도움이 될 것이다.

여기에 민간경제신문사가 제시하는 예측자료도 기업들에 큰 도움이 되고 있으니 참고하면 된다. 예를 들어 매일경제신문사에서 발간하는 '0000년 대예측'이나, 한국경제신문사에서 발간하는 '0000년 경제 전망'등은 경제인이요 기업경영인들 사이에 많은 도움을 주는 예측자료들이 포함되고 있으니 참고하시기 바란다.

이 밖에도 정부 예산안 또는 확정예산 등도 기업의 사업계획 수립에 참고가 되는 정보를 제공하고 있다. 향후 3여 년 간의 금리, 유가, 환율 등의 대외 환경 예측은 물론 정부의 주요 지출이나 핵심사업, 국민 경제성장률, 소비자 물가 지수 및 인상률 등 국가와 국민경제지표 등에 관한 예측치들이 포함되어 있기 때문이다.

끝으로 기업의 특성에 따라 해당 관련사업 내의 시장수요나 공급의 변화, 경쟁사 동향_신규확장투자 또는 사업철수, 사업 및 기업매각 등_또 신제품 또는 대체제의 출현 등의 정보들에 관심을 가져야 하므로 관련산업에 영향력을 가진 국내외 전문 Megazine에 늘 접근해 있는 것이 중요하다.

5) 중기 경영환경 종합

이상과 같이 기업은 자사의 중·단기 사업계획을 수립하기에 앞서 기업 CEO의 중기 경영방침을 통해 전 조직원이 자사의 중기 사업전략전개 방향과의 시너지를 추구하기 위한 화두를 던지게 되는데 이때 최우선적으로 향후 약 3년간의 경영환경을 예측하여 정리함으로써 기업 CEO의 명확한 방침을 결정하게 되는 것이다.

이를 위해 이제는 기업의 중기 경영환경을 분석하고 종합하게 되는데 지금까지 언급한 자사, 고객, 경쟁사 및 외부 시장환경(FAW)의 환경들을 분석하여 〈표 6-2〉와 같이 CEO 중기 경영방침과 중기 경영목표를 점검하게 된다.

〈표 6-2〉 중기 경영환경종합

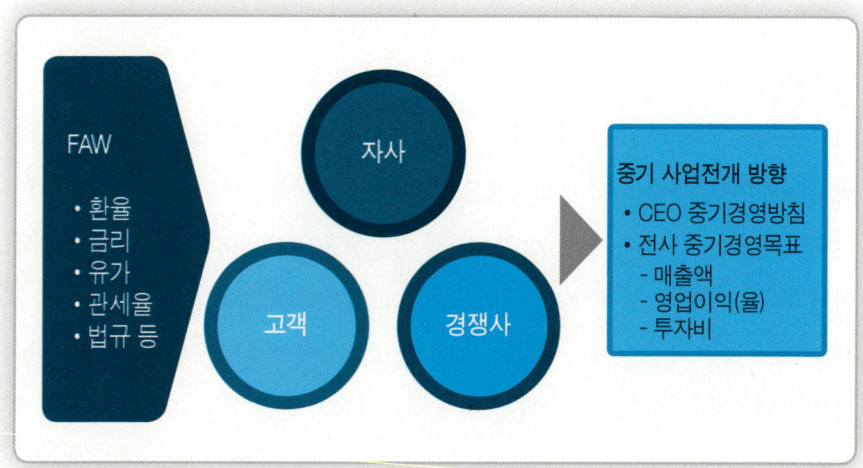

이때 CEO 중기 경영방침이라 함은 향후 약 3년 동안의 CEO의 기업경영을 위한 경영방침을 말하는데 이것을 통해 기업의 CEO가 자사의 경영을 함에 있어 큰 방향성이 무엇인지를 이해관계자 모두가 인식하도록 하는데 매우 중요한 역할을 하는 지침이 된다.

예를 들어 CEO가 공격적 경영을 선언한다면 이는 보다 공격적인 사업계획이 현업으로부터 나타나길 바라는 것이고 또 사업계획에 이것이 반영되어야 할 것이나 만약 보수적 경영, 또는 이익중심의 경영이 중기 경영방침이라면 매출의 증대보다는 이익중심의 사업전개를 중시하는 것이므로 사업계획 자체가 이 방향성에 따라 계획되게 될 가능성이 높다는 것이다.

이처럼 CEO의 중기 경영방침은 한 기업의 중·단기간의 경영을 어떠한 방향으로 가져갈 것인가를 제시하는 매우 중요한 사안이므로 환경 분석과 아울러 중기 경영방침의 수립에 조금도 소홀히 하지 말아야 할 것이다. 특히 이 일을 기업의 사업계획 총괄 부서에서 수행하게 되는데 이때 사업계획 추진부서의 책임자는 사전에 각 사업부의 경영진들과 충분한 사전 교감을 통해 CEO와 현업의 계획이 상호간 큰 괴리가 없도록 유념해서 준비해야 할 것이다. 이것이 바로 탑 다운과 바텀 업(Top-Down & Bottom-Up)의 연계를 통한 경영방침과 사업계획 수립이라는 것이며, 기업경영은 이렇게 상위와 하위 계층의 원활한 커뮤니케이션을 통한 목표설정과 구성원의 인지 그리고 의도적 실행력 제고가 합치될 때 비로소 그 성과를 극대화할 수 있게 된다.

2. 중기 경영방침 및 목표 수립

1) 중기 경영방침 수립

(1) 중기 경영방침 수립의 기본 개념

이제 기업은 자사의 중장기 사업목표와 전략에 따라 중기 사업계획을 수립하게 되고 이에 앞서 미래의 환경 분석을 통해 CEO 중기 경영방침을 수립하게 된다. 이때 기업은 자사의 중기 경영환경에 부합하는 자사의 사업전개 기본방침이 무엇인지를 대내외에 표방하게 되는데 이를 위해 가급적 간결, 명료하게 전 구성원에 제시하되 모든 구성원이 일체감을 가지고 하나가 되어 추진해 갈 수 있는 합리적이고 타당한 방침을 만들어야 할 것이다. 따라서 이 방침은 사전에 현업의 실정과 사업별 책임자들의 상황판단이나 의지 등도 함께 고려하여 최종 정리함으로써 더 많은 공감대를 형성하고, 의욕적으로 이 방침에 따라 혼연일체가 되어 추진될 수 있도록 여건을 최대한 조성해야 할 것이다.

(2) 중기 경영방침 수립 시 핵심 사안

중기 경영방침 수립 시에 반드시 다음과 같은 고려해야 할 사항들이 있다.

첫째는 사업의 전개에 관한 기업의 의지와 방향성이라고 할 수 있다. 일반적으로 사업전개에 관한 기업의 의지와 방향성은 공격경영의 선언이거나 아니면 보수 또는 중도적 경영의 선언과 같이 사업전개의 큰 흐름이나 방향을 제시함으로써 모든 조직원들에게 구체적 전략이나 실행계획을 수립하는데 기본 방침이 되는 매우 중요한 사안이다.

두 번째는 핵심전략이다. 방향성보다는 좀 더 구체적으로 어떤 사업에 중심을 두고 어떻게 이루어나가자는 전략의 차원이 경영방침에 포함되는 것이 좋다. 물론 더 구체적인 사항은 사업계획 수립지침이나 사업계획에 포함되어 실행전략으로 나타나겠지만 이 정도의 내용은 경영방침에 포함되어야 모든 조직원이 어디에 주안점을 두어 사업계획을 만들고 추진해 나가야 하겠구나 하고 생각할 수 있게 될 것이기 때문이다.

다음으로는 조직을 어떻게 끌고 가겠는가 하는 의지와 방향성이다. 즉 조직구조의 변화나 조직문화의 혁신적 변신, 그래서 모든 조직원이 어떻게 사업에 임하여 주었으면 좋을까 하는 정신적 측면의 방침을 제시하는 것이다.

사업에 대한 기본 방침도 중요하지만 조직구성원들의 정신력과 실천력을 제고하는 측면의 방침 역시 매우 중요한 것이기 때문이다.

그 외에도 CEO는 자신의 기업의 중기 경영계획의 수립에 앞서 조직구성원의 구심점을 이루고 실천력을 제고시키는데 있어 필수적이라 생각하는 사항을 경영방침으로 제시함으로써 그 성과를 극대화해야 한다.

2) 중기 경영전략의 수립

(1) 중기 경영전략 수립의 기본 배경

중기 경영환경을 분석하고 자사의 전략을 점검한 결과 CEO는 향후 3개년 정도의 중기경영방침을 수립하고 모든 구성원들이 이를 공유하도록 한 다음 이제부터는 구체적인 실행전략과 계획을 수립하게 된다.

이때 기업은 효율과 효과를 동시에 고려한 가장 합리적이고 타당성 있는 실천 전략을 수립하게 되는데 이를 중기 경영전략의 수립과정이라고 할 수 있다. 이때는 전사의 전략과 각 사업별 사업전략을 수립하되 전사차원에서 그리고 사업차원에서 각 전략이 가지고 있는 의미와 예상 성과치 등을 고려하여 잠정적으로 전략을 확정하게 된다. 다만 구체 사업계획 수립 과정에서 수정해야 할 타당한 사유가 있으면 언제든 더 효과적이고 효율적인 전략으로의 대체는 불가피하다.

(2) 중기 경영전략의 수립

중기 경영전략의 수립은 전사차원의 전략과 사업별 차원의 전략을 거의 동시에 논의하고 확정하게 된다. 전사차원에서 먼저 수립하고 나중에 각 사업별로 전략을 확정한다거나 아니면 그 반대의 프로세스를 따라 전략을 수립하기보다는 전사와 각 사업이 현재와 미래의 경영환경과 자사의 경영목표 등을 심도 있게 검토하여 목표 달성을 위한 전략을 함께 논의하고 결정하게 되기에 이를 조인트 플래닝(Joint Planning; 동시 연계사업계획 수립)이라고도 하는 것이다. 이 방법은 기업이 사업계획을 수립하면서 상위 조직이나 하위 조직 어느 누가 먼저 하는 것이 아니라 같은 시간대에 서로 정보를 공유하면서 사업계획을 단계별로 만들어가는 과정을 말한다. 한편 중기 사업계획의 수립 시는 익년 사업 연도는 월별 계획을, 이후 2년은 연간 계획을 세우게 되는데 이렇게 되면 매년 수립하는 계획상 2개년은 항상 중복되어 체크 된다. 이것을 롤링 프래닝(Rolling Planning; 중첩방식의 사업계획 수립)이라고 한다.

아래의 두 표 〈표 6-3〉 Jointing Planning과 〈표 6-4〉 Rolling Planning을 참조하기 바란다.

〈표 6-3〉 Joint Planning

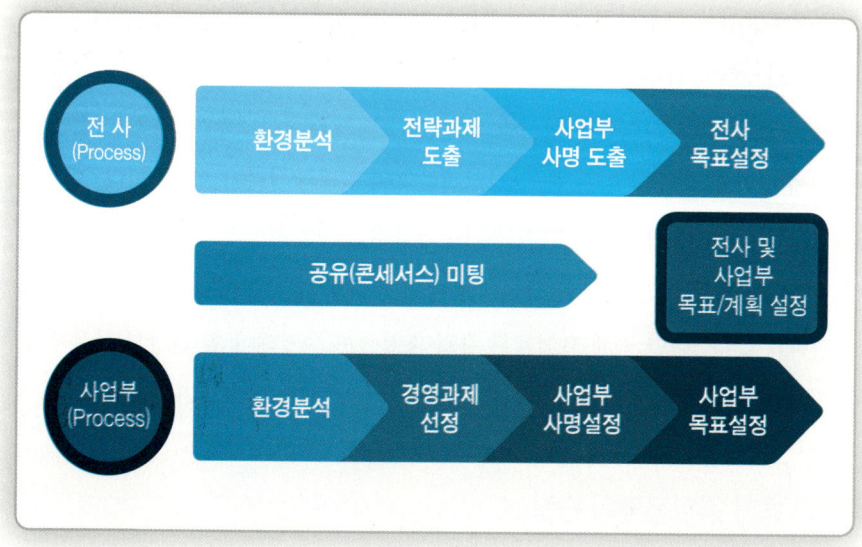

〈표 6-4〉 Rolling Planning

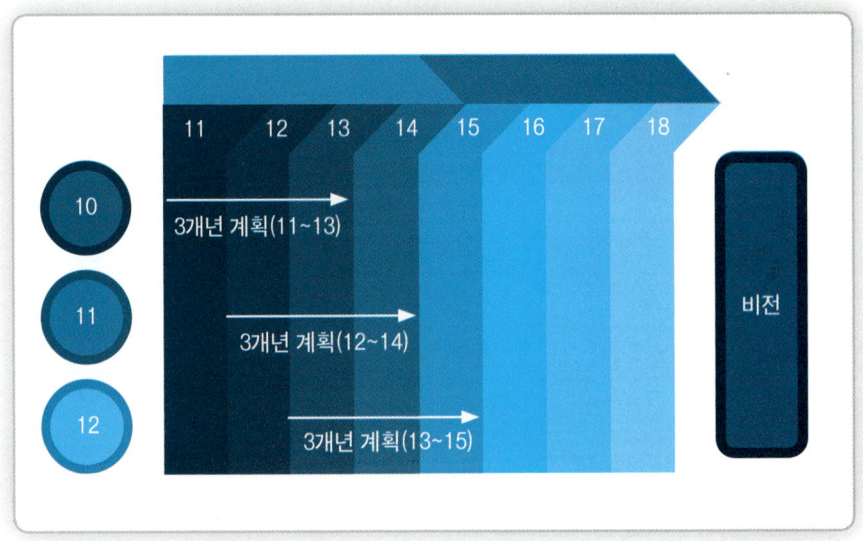

3) 중기 사업목표 설정

중기 사업목표 역시 전사차원의 목표가 있고 이를 각 사업별로 수행해야 할 목표로 크게 나눌 수 있다. 전사나 각 사업부가 사업목표를 수립할 때 목표치로 두어야 할 사안은 조금씩 다를 수 있으나 일반적으로 전사와 각 사업별 목표는 크게 다르지 않다. 예를 들어 매출액, 영업이익액, 당기순이익액의 절대금액이나 매출액 영업이익율, 또는 당기순이익율과 같이 달성율을 목표치로 설정하는 예도 있다. 이렇게 매출액과 이익률의 목표치 외에도 투자비 목표라든가 연구개발 투자의 목표치 등은 기업의 목표치 설정에 매우 중요한 요소들이라 할 수 있다.

 그러나 목표치가 이처럼 매출액이나 이익액 또는 이익률, 투자비 등에만 국한되지는 않고 기업 내 각 부문의 차원에서는 각 부문의 특성에 맞는 목표치가 설정될 수 있는데 예를 들면 〈표 6-5〉와 같은 예들이 목표치의 지표로 활용되기도 한다.

〈표 6-5〉 사업목표 항목의 설정

항 목	Factors(변수)	중기 사업목표 설정 사례	비 고
사업목표 설정	전사 및 사업부	매출액, 이익액(율), 투자비, 연구개발비 등	
	원료 부문	조달원료 가격, 조달규모, 원료품질, 소요시간	
	생산부문	생산량, 생산원가, 생산단가, 수율, 로스율, 가동율	
	영업부문	판매량, 판매단가, 고객만족도 등	
	물류부문	물류량, 물류비용, 물류단가, 소요시간 등	
	A/S부문	A/S발생 건수, A/S처리시간, A/S만족도 등	
	경영지원	재무역량, 인사역량, 기획역량, 관리역량 등	
	연구개발부문	연구개발 투자비, 신제품 개발 건수, 연구인력 투자	

3. 사업계획 수립 지침 작성

1) 중기 경영환경

(1) 사업계획 수립지침의 작성

지난 장에서는 중기 경영환경을 분석하고 기업의 장기목표에 걸맞은 중기 CEO경영방침과 이에 합당한 중기전략과 목표를 설정하는 단계를 배웠다.

이제는 이 모든 것을 모든 조직원이 공유하고 각자 맡은 위치와 부서에서 자신들이 해야 할 일과 목표를 효과적으로 사업계획안에 반영시킬 수 있도록 해야 할 단계에 이르렀다. 이것은 다름 아닌 사업계획 수립지침이라는 것이고 이것이 얼마나 현업에 있는 사람들과 동일한 사상과 방법을 가지고 사업계획을 마무리할 수 있을 것인가를 결정하는 중요한 사안이 될 것이다.

(2) 사업계획 수립지침의 내용

사업계획 수립지침에는 반드시 포함되어야 할 사항들이 있는데 지침 작성과 함께 현업과의 공감대 형성을 통해 성공적인 사업계획의 완성을 보려면 적어도 다음의 항목들에 대해선 정리가 필요하다고 본다.

　① 자사 비전과 장기전략 및 목표
　② 중기 경영환경 분석의 요약
　③ CEO 중기 경영방침
　④ 전사 및 각 사업별 사업목표
　⑤ 전사 및 각 사업별 핵심전략 과제
　⑥ 신규, 확장, 연구개발 투자와 철수 사업에 관한 기본 방침
　⑦ 업적평가에 관한 사항(평가체계, 평가지표와 수준, 공통비 배부기준 등)
　⑧ 사업계획 수립 일정
　⑨ 관련 양식 등

(3) 중기 경영환경

중기 경영환경 제시에 포함되는 사항은 다음과 같다.

① 고객 분석
- 고객 트랜드 분석, 고객의 니즈(Needs) 분석

② 경쟁사 분석
- 경쟁사의 강점, 약점 분석 및 향후 전략에 관한 정보
- 경쟁사 혁신기술 또는 제품
- 경쟁사의 신규확장투자 또는 사업확장 등의 정보

③ 시장 분석
- 환율, 금리, 유가, 관세율, 국제 원자재 가격, 법령 및 법규 등 기업 내외의 직접적인 영향을 미치는 요소들에 대한 현재와 미래의 정보와 정부의 규제나 정책 등

2) CEO 중기 경영방침

일반적으로 기업의 비전이나 장기전략은 커다란 내외부의 환경변화가 있지 않고서는 이를 바꾸거나 크게 수정하지는 않는다. 다만 항상 이를 근거로 중·단기의 사업계획 수립 시 당시의 환경분석을 토대로 나름의 전략을 수립하면서 실행력과 성과극대화를 추구해 나가고 있는 것이다.

이때 CEO는 비전과 장기전략의 추진에 앞서 단기간의 구체 전략과 실행에 관한 방향성을 당시의 환경분석을 통해 찾아내고 구성원 모두가 공유하고 실천할 수 있도록 해야 할 막중한 책무를 가지고 있다. 따라서 기업의 CEO는 나름의 방향성을 구성원 모두가 공유할 수 있도록 중기 실행의 핵심이슈를 제시하게 되는데 이것이 바로 CEO 중기 경영방침이다.

예를 들어 CEO는 중기 경영방침을 다음과 같이 제시할 수 있다.

사례 1. 공격적 경영의 사례
① 성장중심의 기업
② 화합중심의 기업
③ 사회기여의 기업

아마도 이 기업은 중기과제를 성장에 최우선의 목표를 두고 있는 기업인 모양이다. 그러면서도 내부적으로는 조직과 인력이 하나 될 필요를 절실히 느끼고 있는 기업으로 보여 진다.
그렇다면 다음의 사례는 어떤 상황 하에서 제시된 CEO의 경영방침일까?
사례 2. 보수적 경영의 사례
① 현금창출 극대화
② 혁신활동 역량 집중
③ 평가와 보상 강화

위 사례 1과는 매우 상이한 여건의 CEO 경영방침이라는 것을 느낄 수 있다. 이 기업은 중기과제를 현금창출에 최우선의 목표를 두고 있는 기업인데 이는 성장성보다는 수익성에 초점을 맞추고 있는 것임을 확연히 파악할 수 있다. 통상 이러한 경우는 성장을 유보하거나 아니면 성장보다는 현재의 생존에 더 큰 비중을 둘 필요가 있는 기업인 경우에 많이 제시하는 경영방침이라 할 수 있다.
마찬가지로 두 번째의 경영과제도 첫 번째의 방침에 대한 실행력을 더욱 제고시키기 위한 하나의 방편으로 혁신활동을 들고 있다고 볼 수 있다. 아울러 마지막 방침도 역시 이러한 성과에 대해 분명한 성과와 평가를 하겠다는 CEO의 의지로 보이기 때문에 이 기업은 성장보다는 생존이 더욱 중요한 시점이 아닌가 보이는 것이다.

3) 전사 및 사업별 사업목표

중기 경영방침과 함께 기업의 CEO는 중기의 경영목표를 제시해야 한다. 즉, 전사 차원에서의 중기 경영목표를 제시함으로써 기업의 성장과 수익에 대한 명확한 목표를 제시하게 되고 이를 위해 필요한 핵심 투자와 전략을 동시에 제시함으로써 각 사업 및 제 기능이 어떻게, 어느 정도까지 자신들의 목표를 가져야 할지를 결정하도록 가이드라인을 제시해야만 한다.

이렇게 전사 및 사업별 목표를 제시할 때도 CEO는 전사 차원의 사업목표를 제시하고, 각 사업본부장들의 각 사업부목표와의 컨센서스를 통해 공감대와 합의를 이룬 바탕 하의 목표를 제시하는 것이 바람직하다. 이때도 〈표 6-6〉의 목표의 전략의 가이드라인을 참조하기 바란다.

〈표 6-6〉 목표와 전략의 가이드라인

항 목	핵심목표	핵심 전략(사례)	비 고
사업목표와 핵심전략 사례	매출액	1. 신규 사업 시장 확대로 매출 증대 2. 주력사업 사업 확장(확장투자) 3. 주력사업 시장 주도력 증대(M/S목표)	
	영업이익	1. 기존(주력)사업 수익력 극대화 2. 비주력(비수익)사업의 정리, 철수	
	투자비	1. 신규, 확장, 경상투자로 사업력 강화 2. R&D 투자로 미래사업 진출 준비	
	R&D능력 제고	1. R&D투자 강화(총 매출액의 5% 이상) 2. 사업화 전개 강화(신사업 추진 연계) 3. R&D인력과 조직력 제고	
	조직능력 제고	1. 조직문화 혁신/신조직 문화 창조 2. 인력 강화/인재채용과 육성 강화 3. 재무구조 혁신	

이상과 같이 전사와 각 사업부는 <표 6-6>의 목표와 전략 가이드라인을 기준으로 각 Level별_ 전사, 각 사업부, 부서 등_ 사업목표와 핵심전략 실행계획을 수립하게 된다.

이때도 역시 앞서 언급한 Rolling Plan방식에 따라 각 사업부의 사엄목표와 핵심전략이 만들어지는 과정에 함께 참여한 전사전략부서에서 이를 고려한 전사 사업목표와 핵심전략을 수립하고 이를 각 사업부와 Feed Back하여 상호교감 후 최종 정리하는 과정을 갖도록 하는 것이 중요하다.

4) 전사 및 사업별 사업전개전략의 수립

(1) 사업계획 수립 절차

먼저 사업계획 수립의 일반 절차 <표 6-7>에서 살펴보고, 이어서 사업계획 수립의 실무를 살펴보기로 하자.

<표 6-7> 사업계획 수립 절차도

사업계획수립 Process

환경분석	영업계획	생산계획	투자계획	자금계획	사업계획
1)시장 2)경쟁사 3)고객의 중기 환경분석	1)시장수요 2)M/S 3)판매단가 4)매출액 산정 5)판관비 계상	1)생산수불B/C 2)생산원가계상 • 원재료 비 • 노무비 • 경비 3)단위원가로 판가와 검증	1)투자여력산출 2)투자내역검토 • 신규, 확장 • 차입금 상환 • R&D 투자 3)차입금과 이자 상환	1)소여자금의산출 2)자금조달 및 상환 • 자금조달 • 차입금 상환 3)차입금과 이자상환	1)추정손익 2)추정재무 3)현금흐름표 4)목표손익 5)업적평가기준

(2) 사업전개전략의 수립

전사 차원의 사업목표와 핵심전략이 확정됨과 함께 각 사업별 목표와 전략도 동시에 사업별로 작성되게 되는데 전사 사업기획팀은 사업계획의 수립 직전 각 사업부 기획팀과 협의하여 사업별 사업전개전략을 수립, 사업계획수립지침에 이를 제시하게 되며, 각 사업부 기획팀에서는 이 지침을 근간으로 사업부 내의 사업계획을 수립한다. 이때는 반드시 CEO의 경영방침에 의거한 전사 사업목표와 전개전략에 따라 사업부 사업목표와 사업전개전략이 상호 맥을 같이하고 있는지, 사업전개전략이 전사의 사업우선순위와 일맥하는지 등을 전사와 사업부가 상호 확인하면서 사업부 전개전략을 진행해 나간다.

언제나 전사적 차원의 목표가 우선되도록 해야 기업이 가지고 있는 제 자원을 최대한 효율화하여 경영해 나갈 수 있다는 점을 명심해야 할 것이다.

〈표 6-8〉을 한 번 보자. 전사의 목표는 다음과 같은 각 사업의 전략이 내포되어 있음을 알 수 있다. 즉 A사업부는 이 기업의 주력사업이자 Cash Cow 사업이다. 그러나 이미 성장기를 지난 사업이라 큰 투자는 고려하고 있지 않다. 따라서 규모에 맞는 경상투자 정도의 투자를 통해 유지해 나가고자 하는 전략이 숨겨져 있다. 이에 반해 B사업부는 매출규모 대비 큰 이익을 보이고 있다. 이 사업은 당연히 성장기에 있으며 스타 사업군에 속하는 사업이라 할 수 있다. 기업에서는 당연히 이 사업을 확장 투자하여 더 성장시키고 싶어할 것이고, 따라서 공격적 투자 계획을 수립하고자 하는 것이다.

이에 비해 C사업은 기존 매출액보다 더 낮은 매출액을 계획하고 있다. 이 사업은 영업이익조차 내지 못하는 경쟁력 부재의 사업이다. 그러나 철수하기까지는 고려하지 않았다. 최소한 공헌이익을 낼 수 있을 때까지만이라도 사업을 유지하면서 진행시킬 예정이다. 갑작스런 사업 중단은 전사 매출을 급작스럽게 떨어뜨릴 수 있고 일부의 고정비라도 커버해주는 역할을 감당하고 있기에 이런 의사결정을 내부적으로 한 것이다. 이에 따라 투자비는 최소화하여 공장 가동에 꼭 필요한 투자비 외에는 불필요한 투자비 지출을 막게 된 것이다. 이상과 같이 전사의 목표와 전략에 따라 사업별 매출목표와 투자비가 배분되는 것이니만큼 이 전략의 배경에 따라 각 사업부는 나름의 사업계획을 좀 더 구체화하여 만들어가야 할 것이다.

〈표 6-8〉 전사 및 사업별 목표(단위: 억 원)

전사	매출액(전기)	영업이익	이익율	투자비
전사	1,000(800)	95	10%	100
A 사업부	500(400)	25	5%	25
B 사업부	250(100)	75	30%	70
C 사업부	250(100)	-5	-2%	5

5) 업적평가와 연계

사업계획은 기업 내 전 조직원이 향후 적어도 3년간은 어떤 계획으로 어떤 목표를 달성하겠다는 계획이고 의지이며 희망이다. 그러나 실행해 나가다 보면 때론 쉽게 포기하고 아니면 다른 이유를 들어 쉽게 방향을 바꾸어 나가기도 한다. 당초 철저히 현상을 점검하고 계획을 세웠더라도 자사가 당초 마음먹은 대로 고객이나 시장, 경쟁자가 그대로 움직여 주지 않기 때문이다. 그럼에도 기업 내 모든 조직원은 그때 그 상황 하에서 당초 목표와 전략을 기준으로 하여 최선의 전략 수정을 해 가며 목표달성에 최선의 노력을 다하는 것이 마땅한 일이다. 다만 이러한 바람도 자본주의 체제 하의 기업 내 어떤 제도적 장치에 의해 더욱 효과를 볼 수 있다면 우리는 그 장치를 마다할 이유가 없지 않겠는가.

그것이 바로 업적평가제도라 할 수 있다. 이 제도는 마치 당근과 채찍같은 제도로써 사업목표달성과 함께 우리가 누릴 수 있는 호혜(Favor)라고나 할까? 아무튼 이러한 제도는 모든 조직원들로 하여금 가일층 사업목표를 달성하고자 하는 의욕을 주기도 하고, 때로는 이것이 채찍이 되기도 하여 최대의 성과 창출에 덤의 역할을 하게 되기도 하는 것이다.

더구나 이 업적평가의 가중치 등은 향후 3년간 어떤 부문에 집중하여 평가하겠다라는 경영층의 복안이 포함되어 있는 것이기에 경영층의 전략적 암시가 모든 구성원들의 기업활동에 직접적 영향을 미친다 하여도 과언이 아니다. 예를 들어 향후 3년간은 공격적 경영을 할 것이니 투자의 확대, 사업규모의 확대에 주력하는 해로 삼자고 했다 하자. 이럴 경우 이익에 대한 평가 가중치를 크게 키우는 최고경영자는 없을 것이며 따라서 매출액과 투자비에 대한 평가 가중치가 전년에 비해서 상대적으로 높게 될 것이다.

반대로 경기 상황이 급작스런 하강 국면에 돌입하여 최고경영자가 비상경영 또는 보수경영을 선언한 상황이었다고 가정해보자. 이럴 경우 매출액과 투자비보다는 이익 중심의 경영이 될 것이고, 평가가중치는 당연히 이익 부문에 상대적으로 높은 가중치를 두게 되면 모든 구성원의 구체 전략은 이익에 집중되게 된다는 의미이다.

따라서 기업은 사업계획 수립 시 반드시 업적평가를 어떻게 하겠다는 기본 방침을 제시해야 하는 것이 바람직하다. 이때는 일반적으로 업적평가 기준과 함께 관리회계규정, 원가계산기준, 간접비 배부기준 등 관련 규정이나 기준, 원칙 등 사내 관련 규정의 조정 사항을 함께 제시하는 것이 바람직하다.

6) 사업계획 수립 일정과 요령

(1) 사업계획수립 일정

사업계획수립 지침에 일정계획을 수립하는 데에는 우선 두 가지의 목적이 있다. 그 첫째는 사업계획 수립에 참여한 기업이나 조직 내 전 구성원이 약속한 일정에 맞추어 차질 없이 소기의 목적을 달성하고자 하는 일정 정보 공유의 차원이고, 또 하나는 이 일정에 맞추지 못할 경우 기업의 중요한 일정에 차질이 발생할 경우 그 책임 소재를 명확히 하겠다는 강제력의 발동 차원이라고 보아야 할 것이다. 물론 첫째의 목적이 우선되어야 하겠으나 후자의 이유도 중요한 만큼 반드시 사업계획 수립 지침에는 일정이 포함되는 것이 좋다고 보인다.

(2) 사업계획수립일정에 포함되어야 할 핵심 이슈

사업계획수립 일정에 반드시 제시되어야 할 핵심 이슈는 다음과 같다.
  ① 사업계획지침 설명회
  ② 각 사업별 사업계획수립 일정(1,2,3차)
  ③ 사업별 및 전사 사업계획(안) 보고회 개최 일정(1,2,3차)
  ④ CEO 최종 보고일자
  ⑤ 이사회 보고 및 최종 확정일자

(3) 사업계획수립 일정 진행에 유의해야 할 사항

사업계획수립 일정을 전부서와 조직원에 지침과 함께 전달한 후 사업계획수립은 전사적 차원에서 진행될 것이다. 이때는 앞서 언급한 일정에 따라 진행될 것이나 다음과 같은 사항들에 대하여 반드시 유의하여 진행하는 것이 그 효과를 높이는 데 유효할 것이다.
  ① 모든 관리자와 경영자가 진행 경과와 일정을 체크할 수 있도록 한다.
  ② 일정에 차질을 빚을 경우 즉시 조치하여 여타 관련 조직에 연이은 일정 지연이 초래되지 않도록 전사 또는 사업부 관리부서가 관리 운영한다.
  ③ 전사 총괄부서와 사업별 사업계획 관리부서는 매 단계 진행될 때마다 상호 점검하고 일정에 차질이 없도록 현업을 지원 한다.
  ④ 사업계획수립 시 결과물로 의존하기보다는 과정을 통하여 현업의 성과 극대화 계획이 보다 구체적으로 사업계획에 반영될 수 있도록 지도해 준다.

이 모든 주관은 전사 차원에서는 전사 사업계획 전담부서_전사 사업주관부서라 칭함_가 주관 및 코디네이팅을 하고, 각 사업부 차원에서는 사업부 사업계획 전담부서_사업부 사업주관부서라 칭함_가 주관 및 코디네이팅 역할을 담당하도록 한다. 또한 전사 및 각 사업부 사업주관부서가 동 기간 중 상호협의 또는 협력하여 일정 내에 사업계획이 완료될 수 있도록 노력해야 한다.

(4) 사업계획수립 업무 Flow

전사 및 각 사업부의 실무자를 통해 이루어지는 사업계획수립 업무 Flow는 〈표 6-9〉와 같으며 이를 참고로 하여 각 관련 부서가 유기적 협력과 협의가 있어야 한다.

〈표 6-9〉 사업계획 업무 Flow

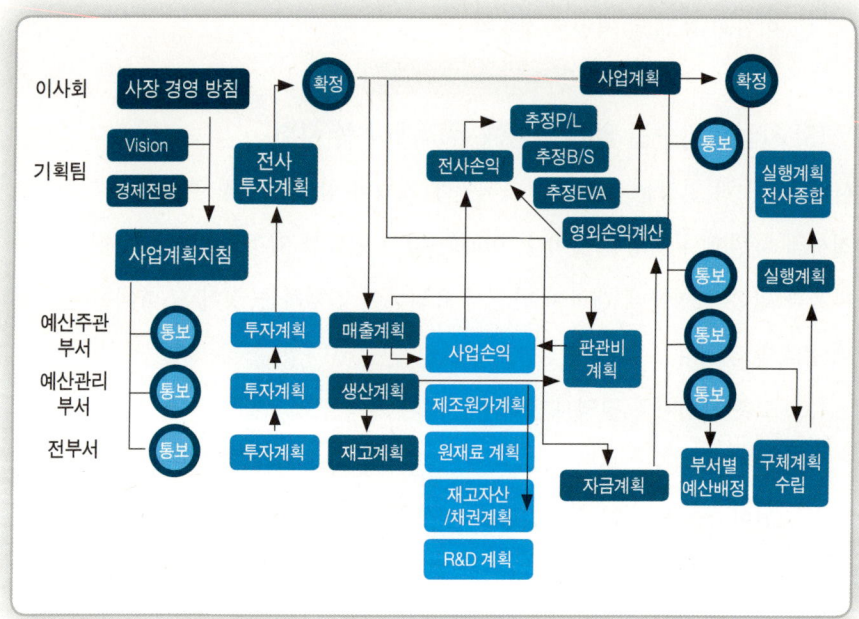

4. 중·단기 사업계획의 수립

1) 중기 경영환경의 설정

(1) 중기 경영환경의 설정

중기 사업계획을 수립하게 되는 경우는 가장 먼저 향후 3년간의 경영환경을 기업 전사적 차원에서 하나의 지표로 일원화할 필요가 있다. 한 기업에서 각 부문이나 부서가 서로 다른 지표를 사용하여 사업계획을 수립한다고 가정해 보자. 사업계획의 결괏값은 어떤 가정에 의해 산출되었는가에 따라 달라질 터인데 이런 사업계획으로 전사 계획을 확정한다는 것은 앞뒤가 맞지 않는 사업계획이 되지 않겠는가? 따라서 전사 차원에서 기업의 주요 지표에 대한 기준을 명확히 통일하여 사업계획을 수립하는 것은 매우 중요한 일이다. 따라서 중기 경영환경 지표를 사용할 경우 다음과 같은 요령과 순서에 의거 확정하고 사용하도록 한다.

① 기업마다 어떤 환경지표가 중요한가를 결정하고
② 해당 지표에 대한 보다 객관적인 지표를 사업계획의 수치로 공포 하되
③ 가급적 그룹 또는 회사가 속해 있거나 깊은 관련이 있는 연구기관 또는 지속 해서 사용해 오고 있는 조사 및 연구단체의 지표를 전사 또는 사업부 공통으로 사용한다.

(2) 중기 경영환경의 주요 지표

중기 경영환경의 핵심지표로는 다음과 같은 사항들이 공표될 수 있다.

① 대외환경 지표
  - 환율(USD, YEN, EU화 등)
  - 금리(한화, 외화 금리/ 장기, 단기 금리)
  - 유가
  - 관세율(수입관세, 수출관세)

- 국제 원자재 가격(Cu, Al, Zn, Au, Ag, Pt, Pd, Fe 등)

② 대내 환경지표

- 소비자 물가 인상율
- 전력요금 인상율
- 인건비 인상율 등

2) 영업계획 수립

(1) 영업계획 수립의 핵심

기업은 중기 사업계획을 수립함에 있어 가장 먼저 시장을 예측하고 시장 내에서 자사의 영업능력을 시장점유율 등의 목표지표를 통해 설정하고, 판매목표 수량을 결정한 후에 적정 단가를 예상하여 사업계획에 반영함으로써 매출량과 매출액을 결정하게 된다. 이를 좀 더 구체적인 프로세스로 세분화하여 설명하면 다음과 같다.

① 시장의 수요와 공급현황
② 사업관련 시장세분화(Market Segmentation)
③ 목표시장의 확정(Target Market)
④ 목표시장의 시장점유율(Market Share)
⑤ Marketing Channel(유통채널) 선정
⑥ 목표판매단가의 결정(Target Price)
⑦ 매출액 계획 확정(Sales Amount)
⑧ 판매대비 비용의 산정

(2) 영업계획수립 기본 절차

영업계획을 수립하는 절차로는 먼저 자사의 제품, 상품 또는 서비스의 대상이 되는 시장을 보아야 할 것이다. 가능한 한 정확한 정보(Source)들을 통해 관련사업 영역의 시장 수요와 공급현황을 세분화하여 파악하고 자료를 정리한다. 그리고 각 시장의 크기를 파악하고 이를 보다 세분화하여 목표시장(Target Market)의 범주를 명확히 해야 할 것이다. 그리고 목표시장에서의 시장점유 목표(Market Share)를 설정하면 자사가 판매할 수 있는 판매의 수량이 어느 정도가 되는지 산출하게 될 것이다. 이렇게 산출된 목표 판매 수량에 목표 판매 단가를 곱하면 목표매출액이 산출되게 된다.

(사례)

① 시장의 크기: 2,000,000 대/년(국내 승용차 시장 가정)

② 자사가 공략하고자 하는 목표 시장(Target Market): 1,400,000대(생산판매 가능부문)

③ 목표시장점유율(Market Share): 30%

④ 목표판매량: 1,400,000 × 30% = 420,000 대

⑤ 목표판매단가: 20,000,000원

⑥ 목표매출액: 8조 4,000억 원

그러나 모든 기업이 이러한 방식을 택하여 목표판매량을 정하는 것이 타당한 것은 아니다.

예를 들어 호텔이나 병원에서의 매출목표액을 수립할 경우에도 국내나 해외 시장 수요에 시장점유율 목표를 곱하여 매출계획을 산정할 수는 없지 않겠는가? 이러한 경우는 일반적으로 연간 모든 병실이나 객실이 공실 없이 풀가동(운용)했을 경우의 예상매출액을 산정하였다가 여기에 시기별 추정 공실률을 감안하여 예상매출액을 산정하는 방식을 택하게 될 것이다.

또한 건설기업의 경우 건설 중인 자산에 대하여는 완성도(공정진척율)에 따라 대금청구를 하게 되므로 기말 또는 연중의 공정진척율에 의한 예상매출액을 추정하는 것이 바람직할 것이다.

이제 3년간의 매출목표액을 산정하는 방법과 절차를 다음과 같이 사례(1)과 사례(2)를 통해 점검해 보도록 하자.

(사례 1)

구 분	A+0년	A+1년	A+2년	A+3년
판매 목표량	100,000	132,000	168,000	208,000
(시장규모)	1,000,000	1,200,000	1,400,000	1,600,000
(MS목표)	10%	11%	12%	13%
목표 판가	50,000	50,000	50,000	50,000
목표매출액	50억 원	66억 원	84억 원	104억 원
(성장율)		32%	27%	24%

(사례 2)

구 분	A+0년	A+1년	A+2년	A+3년
가동Room	100	100	100	100
공실율	50%	30%	20%	10%
평균단가(A)	100,000	110,000	110,000	110,000
평균단가(B)		60,000	60,000	60,000
매출액(1일)	5,000,000	6,700,000	7,300,000	7,900,000
연간매출액	18.25억	24.45억	26.65억	28.84억

• 참고 : 공실율 감소분은 평균단가(B) 적용

3) 생산계획 수립

(1) 생산계획 수립 개요

생산계획 수립부서는 생산계획 수립 시 얼마를 생산할 것인가? 그리고 얼마의 비용을 들여 생산할 것인가? 에 초점을 맞추어 생산계획을 수립하게 된다.

즉 현재의 생산능력(Capacity)을 기준으로 연간 생산 가능한 물량만큼 최대의 능력을 통해(최대의 가동율과 수율을 고려하여) 최적의 생산량을 산출하겠다는 목표를 세우게 되며, 이러한 생산량은 얼마의 비용을 들여 만들 것인가에 대한 전제도 함께하게 된다. 결국, 최적의 생산코스트를 전제로 최대의 생산량 계획이 만들어져야 하는 것이다.

(2) 영업계획과의 연계

하지만 이에 앞서 우선 자사의 영업여건을 먼저 고려하는 것은 매우 중요하다. 생산부문은 자사의 모든 생산 가능한 설비에 대한 생산량을 최대화하고 최고의 수율과 최소의 로스율(LOSS)을 통해 최소의 비용으로 생산 가동하고 싶겠지만(이 경우 단위당 고정비도 최소화 됨) 영업부문의 영업계획이 얼마인가를 먼저 살펴보지 않을 수 없게 된다.

왜냐하면 시장(고객)의 예측으로부터 산출한 영업계획(예를 들어 판매수량)이 현재의 생산능력에 훨씬 못 미치는 수준이라면 생산부문의 의욕이 아무리 앞설지라도 영업목표에 적절한 수준의 생산량을 계획하지 않을 수 없게 되고, 반대로 현재의 설비로는 생산할 수 없는 수준의 영업계획을 세웠다면 이에 맞출만한 생산계획은 반드시 추가투자가 전제되어야 하기 때문이다. 물론 새로운 제품의 판매가 가정될 경우는 신설투자가 전제되게 될 것이다.

따라서 생산부문에서는 영업계획을 전제로 하여 생산계획을 세우되 만약 생산계획 수립 자체가 불합리한 부분이 있을 경우에는 영업과 적절히 조절해 나가면서 사업계획을 수립하는 지혜가 필요하게 된다.

(3) 생산계획 수립 시 생산목표 수량의 산출

이제 생산계획을 수립하는 절차와 요령에 대해 알아보기로 한다.
생산계획은 기본적으로 생산량을 수립하는 절차가 될 것인데 이를 위해서는 영업계획에서의 판매 예정량이 절대적 기준이 되게 될 것이다.
생산부문에서는 이 영업계획 수량을 근거로 하여 생산부분이 최소 또는 최적으로 보유해야 할 적정 재고수량을 감안하면서 매 기별(월별, 분기별, 반기별, 연간) 생산계획량을 산출하게 된다.

〈표 6-10〉에서와 같이 생산량은 판매량에 재고수량을 더한 값이 되며 이를 좀 더 정확히 풀이 한다면 생산량은 판매량에 기말재고수량을 더하고 여기에 기초재고수량이 있다면 이를 차감한 숫자가 바로 생산부문에서 산출해야 할 생산계획량이 되는 것이다. 즉 '생산예정량=판매예정량+기말재고예정량-기초재고수량' 이 되겠다.

그러나 목표치가 이처럼 매출액이나 이익액 또는 이익률, 투자비 등에만 국한되지는 않고 기업 내 각 부문의 차원에서는 각 부문의 특성에 맞는 목표치가 설정될 수 있는데 예를 들면 다음과 같은 예들이 목표치의 지표로 활용되기도 한다.

〈표 6-10〉 생산량의 산출

구 분	A+0년	A+1년	A+2년	A+3년	비 고
판매목표량	100,000	132,000	168,000	208,000	• 기말재고= 판매량/회전율 • 기초재고= 전기말 재고 • 당기생산량= 당기판매+ 기말재고-기초 재고
회전율	12	13	14	15	
기말재고량	8,333	10,153	12,000	13,866	
기초재고량	5,000	8,333	10,153	12,000	
당기생산량	103,000	133,820	169,847	209,866	
(전기대비)		30%	27%	24%	

(4) 생산계획수립 시 생산코스트 산출

생산계획수립 중 목표생산량의 수립 이후 가장 중요한 것은 해당 물량 산출시의 제조원가가 된다. 이는 생산량에 대한 원가산출에 앞서 얼마의 수익이 예상되는 지에 대한 가장 중요한 전제가 되기 때문이다.

제조원가의 주요 항목으로는 원재료비와 노무비 그리고 경비로 크게 구분할 수 있으며, 경비는 복리후생비, 접대비, 여비교통비, 도서인쇄비, 차량유지비 등 사람과 관련한 인적 비용이 있고 또 한편으로는 전력비, 용수비, 수선유지비 등과 같이 조업과 관련한 조업관련 비용이 있는데 통상 이들은 적정 조업 한도 내의 비용이라면 일반적으로 고정비성 성격으로 분류하되 앞서 언급한 원재료비, 보조재료비 등은 변동비성 비용으로 서로 대별하여 관리한다.

① 원재료비
  - 원재료비 원단위(원단위란 한 단위 제품을 생산하는데 투입되는 단위원가)의 산출
  - 당기 생산량
  - 원재료비 = 당기 생산량 × 원단위

② 노무비
  - 조업에 투하되는 직접인원의 수 + 간접인원의 수
  - 직접노무비와 간접인건비
  - 직급별 인원수 × 직급별 평균 인건비/연
   (다만, 기업에서는 자사의 직급별 인원과 직전 연도의 인건비를 알고 있으므로 기본 인건비 데이터를 사용하여 정확하게 산정할 수 있다)

③ 경비
  - 복리후생비, 접대비, 여비교통비, 통신비, 교육훈련비, 소모품비 등 제 경비 항목에 대한 목표 예산 수립

(5) 원재료비의 산출

앞에서 설명한 바와 같이 원재료비는 얼마의 생산을 하느냐 그리고 얼마의 단위원가가 투입이 되느냐에 달려 있다. 따라서 이미 계획된 생산량에 대한 원재료비의 산출은 먼저 1단위의 생산을 위해 투입해야 할 원재료의 원단위를 산출하여야 한다.

즉 1단위의 생산을 위해 투입해야 할 원재료비는 10단위 제품을 생산하려면 10단위의 원단위를 투입해야 하므로 이를 변동비성 비용이라고 설명한 적이 있다. 따

라서 매년 몇 단위의 제품을 생산하더라도 원단위의 산출만 가능하다면 향후 생산목표량을 변화시킬 때 얼마든지 원재료비를 계상할 수 있다는 얘기다.

따라서 여러 요소들이 합하여 하나의 원단위를 이룰 것인데 이 요소들을 합하여 원단위 계산을 함으로 원재료비 산출의 기준을 세울 수 있게 되는 것이다. 원재료비의 원단위는 〈표 6-11〉을 통해 볼 때 A, B, C의 각각의 요소들로 구성되고 각 요소들의 단가와 소요수량은 그림과 같게 된다. 따라서 원재료의 원단위는 725원이 될 것이고, 당기생산량 목표가 1,000이라면 원재료비는 725,000원이 계산되게 될 것이다.

〈표 6-11〉 원재료비의 산출

구 분	단 가	수 량	금 액	비 고
원재료비			725,000	
A	50	5	250	• 원재료비
B	5	45	225	= 원단위 ×
C	25	10	250	생산량
원단위			725	
생산량			1,000	

(6) 노무비의 산출

이제 노무비 산출에 대하여 알아보자. 노무비는 각 직급별 평균 인건비에 인원수를 곱하여 계산하는 것이 올바른 계산법이다. 즉 인건비=인당 연간노무비 × 평균 인원수가 되는 것이다. 다만, 계속기업인 경우에는 당기 인력에 대한 연간 지급액이 이미 있기 때문에 해당 인원에 대한 차기 연도 근속 시 연봉을 기본급에다가 호봉상승분 또는 연봉 목표 인상율을 적용하여 연간 노무비 예산액을 산출하게 된다. 다만 퇴직금 산정은 연간 노무비에 퇴직금이 들어 있는가에 따라 다르긴 하나 퇴직금이 포함되어 있으면 별도 계상의 필요가 없지만 그렇지 않으면 매년 퇴직 연금 계상액만큼 가산하면 될 것이다. 이제 〈표 6-12〉를 참조하여 노무비의 산출을 파악해 보기로 한다.

직급은 통상 임원, 팀장급, 관리자급, 사무기술직급, 직. 반장급, 현장직급 등으로 나누나 여기서는 A,B,C로 나누었고, 각 직급별 노무비와 인원수에 따라 산술적으로 노무비를 계산하였다. 전사 노무비와 인원수가 산출되면 (전사노무비 / 인원수) 는 이 회사의 전사평균 1인당 인건비가 될 것이므로 이 또한 전년 대비 어떻게 변화되고 있는지를 비교하면 좋겠다.

〈표 6-12〉 노무비의 산출

구 분		A 직급	B 직급	C 직급	전사 계
노무비		300	2,400	7,200	9,900
임금	평균 연봉	50	40	30	38
	인원수	5	50	200	255
임금 계		250	2,000	6,000	8,250
상여금(10%가정)		25	200	600	825
퇴직금(10%가정)		25	200	600	825

(7) 경비의 산출

이제 경비 산출에 대하여 알아보자. 경비는 복리후생비, 접대비, 여비교통비 등 30여 개의 계정을 통해 그 비용의 목적별, 용도별로 구분하여 집계되고 관리되도록 되어있다. 또한 각 계정별 사용특성에 따라 복리후생비, 여비교통비 등은 인적 경비로 중분류하고, 감가상각비, 세금과 공과, 자금수수료 등은 비인적 경비로, 보조재료비, 전력비, 연료비 등은 조업관련경비로 분류하여 각 특성별 사업예산편성과 관리를 차별화하는 것이 합리적이다.

특히 CVP분석 시에는 비용으로 구분하기도 하고, 때로는 이중 원·부재료비만 구별하여 변동비성 비용으로 계상하기도 한다. 따라서 예산 역시 각 계정에 따라 계획되고 집행되고 관리되어야 비로소 예산관리라는 목적이 효과적으로 달성될 수 있게 되는 것이다. 〈표 6-13〉을 참조하시기 바란다.

〈표 6-13〉 경비의 산출

구 분	산출기준	가 감	예산액	비 고
경비			7,200	
복리후생비	인원 ×인당 복리비 예산	1. 부서인원에 의거 조정필요(10-20명/20%감, 20-50/30%감, 50-100명/40%감, 100명이상/50%감) 2. 다만, 계정과 부서 특성상 별도 비용 추가 예산 책정시 조정 필요		
접대비	인원 ×인당 접대비			
여비교통비	인원 ×인당 여비교통비			
도서인쇄비	인원 ×인당 도서인쇄비			
통신비	인원 ×인당 통신비			
사무용품비	인원 ×인당 사무용품비			
교육훈련비	인원 ×인당 교육훈련비			
회의비	인원 ×인당 회의비			
관리비	인원 ×인당 관리비			
차량유지비	인원 ×인당 차량유지비			
(인적경비 소계)				
감가상각비	고정자산에 대한 상각액 계상	기존+추가투자에 대한 상각액계상		
세금과공과	전년실적치+가감예상액			
지급수수료	전년실적치+가감예상액			
보험료	차기년도 추정액			
지급임차료	차기년도 추정액			
수선비	전년실적치+가감예상액			
경상연구개발비	차기년도 예상액			
(비인적경비 소계)				
보조재료비	생산량대비 보조비 예산액			
전력비	전력 원단위 ×소요전력량			
연료비	연료원단위 ×소요추정량			
소모품비	생산량 대비 소모품예정액			
지급수수료	전년실적치+가감예상액			
외주가공비	생산량 대비 외주예상액			
운반비	운반예정대비예상액	*원부자재조달운임율		
(조업관련 경비)				

참고) 인적경비 , 비인적경비 , 조업관련 경비로 크게 대별할 수 있음
    그러나 C.V.P 분석을 위해서는 원재료비를 변동비로 , 성격에 따라서는 조업관련 경비만 변동비로 포함하고 나머지는 고정비로 계상

4) 투자계획 수립

(1) 투자계획 수립 개요

기업의 투자계획은 먼저 장기 전략에 의한 단계별 핵심사업 투자, 즉 미래를 위한 신규투자 및 현재 사업에 대한 확장 투자와 사업의 유지와 존속 차원의 경상투자 그리고 내부 R&D 역량을 바탕으로 미래 사업추진을 위한 R&D 투자 등 크게 네 유형의 투자로 나누고 다시 이것을 각 사업목적별 투자로 나눌 수 있다. 따라서 단기 사업계획 수립 시 포함해야 할 네 유형의 투자 사업은 서로 다른 시기에 사업성 검토를 거쳐 사업연도 기간 중 가능한 투자여력의 범위 안에서 우선순위에 의거, 결정되게 된다.

따라서 신규투자나 확장투자는 사전에 잠정 투자사업계획에 의거하여 사업타당성 검토가 완료되어 사업계획 시점에 가부를 결정하는 의사결정의 단계를 거치게 되고, 매년 일정 규모의 경상적인 투자는 사업계획 수립 시 일괄하여 한도 금액 기준으로 결정하며, R&D 투자 역시 전체 R&D 투자 금액의 한도를 결정하고 한도 내에서 개별 아이템을 세분화하여 결정하는 것이 통상적인 투자계획 수립 방법이다. 〈표 6-14〉처럼 작성하면 된다.

〈표 6-14〉 투자비 계획

구 분		신규투자	확장투자	경상투자	R&D투자	계
투자비 계		550	300	170	150	1,170
A 사업	A-1		150	50		200
	A-2	250		30	50	330
B 사업	B-1		150	50		200
	B-2	150		20	50	220
	B-3	150		20	50	220

다만, 지금까지는 투자목적별, 투자유형별 분류에 의한 투자계획을 설명했으나 이 투자 내역은 중기 사업계획 중 연간 구분 확정할 필요가 있다. 물론 아래 참조표의 연도별 투자계획도 전사 및 각 사업별로 구분하여 정리한다.

〈표 6-15〉 연도별 투자계획

구 분		A+0년	A+1년	A+2년	A+3년	계
투자비 계		150	480	210	330	1,170
A 사업	A-1	150	30		20	200
	A-2		250	40	40	330
B 사업	B-1		100	50	50	200
	B-2		100	20	100	220
	B-3			100	120	220

이제는 언급한 중기의 투자계획을 년도별, 계정별로 구분하여 재정리한다. 〈표 6-16〉의 계정별 투자계획은 결국 감가상각비 계상의 근거가 되므로 계정과목별 내용년수를 감안하여 상각비도 동시에 계상하여 사업계획에 반영토록 한다.

〈표 6-16〉 계정별 투자계획

구 분		A+0	A+1	A+2	A+3	비 고
비유동자산		150	480	210	330	• 전사 및 각 사업별 비유동자산 계획 작성 • 감가상각비의 산출 근거가 됨
유형고정	토지	50	50	50	30	
	건물	30	40	50	40	
	구축물	30	40	10	40	
	기계장치		290	60	200	
	차량운반구	40	50	30	10	
	집기비품		10	10	10	

(2) 영업 및 생산계획과의 연계

특히 신규 및 확장 투자는 영업 및 생산 계획과 깊은 연관 관계를 갖고 있기 때문에 영업과 생산의 판매 및 생산물량을 고려하여 현재의 생산능력의 가부를 점검한 결과 신규 및 확장 투자를 확정하게 된다.

또한 신규 및 확장 투자의 경우 투자 설비의 효율성을 고려하여 생산 및 판매물량의 조절까지도 함께 고려하고 검토한 결과에 따라 투자 내용을 확정해야 한다.

(3) 신규 투자계획 수립 시 검토사항

특히 신규 투자계획 수립 시는 다음과 같은 사항을 반드시 사전에 점검하고 난 후 확정한다.

① 투자기술(자체기술, 도입기술, 합작기술)

이 세 가지 투자기술 확보의 안 중에서 자체기술의 활용은 사실상 가장 바람직 다음으로는 외부에서 기술을 도입하는 안이다. 앞서 언급한 자체 기술의 개발에 비해 시간도 절약되고 조기투자가 가능하며 이미 기술이 검증되었기에 자체기술의 개발보다는 월등하게 유리한 입장이다. 다만 이 경우는 기술도입에 따른 비용의 과다가 약점이 될 수 있다. 따라서 해외기술의 도입의 경우 어떻게 협상해야 최소의 비용으로 기술도입을 할 수 있느냐가 관건이라 하겠다. 앞서 언급한 자체 기술개발과 외부기술도입의 경우는 각각 장점과 단점을 가지고 있어 막상 의사결정한 경우 쉽지 않은 부분이 있다. 결국 이 두 가지의 장단점을 고려한 제 삼의 방안을 고려할 수 있는데 이것은 바로 합작기술도입의 방안이다.

즉 자사는 설비와 자본을 해외기업이나 기술을 지원하는 기업은 기술을 제공하는 방식의 협력사업화의 방안인데 이 방안은 앞서의 두 가지 방안에 비해 단점을 보완할 수 있는 대안이 될 수도 있기 때문이다. 물론 이 경우는 상호 기업이 서로 윈윈의 관계에서 쌍방이 이로운 점이 있는 경우 가능할 것이며, 기술의 안정 확보, 기술도입 비용의 최소화 또는 비용 제로화가 가능할 뿐 아니라 때에 따라서는 해외시장의 마케팅 네트워크의 활용을 통한 시장 확대의 유익을 기대할 수 있는 방법이기도 하다.

다만 이 경우도 상대 측에서 합작기업에 대해 어느 정도 기술 제공을 하려 하는가 하는 문제가 남아 있긴 하다. 이런 경우 상대 기업과 우호적인 관계 속에서 자연스럽게 기술을 가져올 수 있도록 하는 일은 매우 중요하다고 하겠다.

② 투자규모(투자 Capacity)

투자규모는 생산규모와 연계하여 검토하도록 한다. 먼저는 투자규모가 최소한의 효율을 기대할 수 있는 가동율의 수준인가가 관건이 된다. 말하자면 초년도의 가동율이 10-15% 수준의 생산량을 예정한다면 투자의 효율은 극히 저조할 것이고 그렇게 되면 투자의 시기를 재고해야 한다는 것이다. 따라서 초기연도에서 적어도 3년 내 최대 가동율을 가정한 생산량이 되는지 확인해 두어야 할 것이다. 만약 초기연도 투자가 확정되었다면 영업부문의 판매계획물량을 조정하여 생산량을 늘리는 계획으로 수정해야 할 것이다.

③ 투자금액

사실 투자금액은 적을수록 양호하다. 단, 목표하는 바의 기술 수준과 생산 수준을 맞출 수 있는 투자여야 한다는데 전제가 있을 수 있다. 따라서 최대 가동율, 생산수율, 로스(LOSS)율, 설비운용효율 등을 고려하여 상대적으로 적은 투자비라면 당연히 선택할 만한 투자방법이다.

④ 투자처

투자처의 문제는 사실 신규투자의 경우 매우 중요하다. 먼저는 물류에 관한 검토다. 일단은 원자재, 또는 상품의 도입 즉 인 바운드(In-Bound)물류에 대한 검토이고, 다음으로는 자사의 상품 또는 제품의 판매루트 즉 아웃바운드(Out-Bound)의 물류를 검토해서 최적의 투자장소를 선택해야 한다.

다음으로는 해당 지역의 인프라를 고려해야 한다. 말하자면 인력의 조달은 적절한지, 전력이나 공업용수 공급은 문제가 없는지 그리고 기후 환경 등의 문제가 제품에 영향을 줄 가능성은 없는지 그리고 도로 사정은 어떠한지 등에 관하여 다각도의 검토가 이루어진 후에 적절한 투자장소를 결정하는 것이 좋다.

⑤ 법률적 사항(법적 규제 또는 지원, 지역주민의 반응 등)

특히 해당 지역이 자사가 투자하고자 하는 사업에 대한 어떠한 규제가 있는 것은 아닌지, 인허가 등에 문제는 없는지. 반면에 오히려 중앙정부나 지자체로부터 지원의 가능성은 없는지. 자사의 투자에 다른 지역주민들의 예상반응은 어떤지 등에 대한 내용도 사전에 충분한 검토가 필요하다.

⑥ 투자안의 경제성(수익성) 검토

투자안의 경제성 검토에는 크게 두 가지가 있다.

그 첫 번째는 전통적 방법의 경제성 검토이고 다른 하나는 현금흐름을 통한 사업가치 산출방식(이를 DCF; Discount Cash Flow)이 있다.

전통적 방법으로는 먼저 순현재가치(NPV: Net Present Value)가 얼마인가를 산정하는 방법인데 결과적으로는 이 값이 0보다 크면 투자할 가치가 있다고 보는 것이다. 왜냐하면 순현재가치란 미래 현금유입의 합계에서 미래 현금유출의 합계를 각각 현가화해서 공제한 값이기 때문에 이 값이 0보다 크면 결과적으로 사업의 결괏값이 부(+)의 값을 갖게 되기 때문이다.

다만 NPV가 0보다 크면 투자할 가치가 있다고 하는 것은 단지 산술적 결과치에 의해 판단할 수 있는 기준에 불과하다고 할 수 있다. 200억 원을 투자하여 단돈 10원이 남는다면 하겠는가? 결국 여러 사업 가운데 더 큰 NPV를 예상할 수 있는 사업을 우선 투자한다는데 주안점을 두고 판단해야 할 것이다.

$$NPV = \frac{\Sigma CI}{(1+i)^n} - \frac{\Sigma CO}{(1+i)^n}$$

다음으로는 내부수익률의 지표이다. 내부 수익율이란 IRR(Internal Rate of Return)을 말하는데 이는 NPV = $\Sigma CI/(1+i)^n$ - $\Sigma CO/(1+i)^n$ = 0 이 되는 i _이자율, 요구수익률 등 할인율을 의미_를 찾는 것이다.

이 i 는 결국 현금유입의 합과 현금유출의 합이 일치하는 이자율을 말하는데 이는 과거시행착오법에 의해 찾았으나 요즘엔 엑셀파일의 f(x)함수를 통해 쉽게 찾을 수 있다.

$$NPV = \frac{\Sigma CI}{(1+i)^n} - \frac{\Sigma CO}{(1+i)^n} = 0 \text{ 일때 i를 찾는 것}$$

마지막으로 투하자본회수기간(PBP; Pay Back Period)이 얼마인가를 계산하여 사업타당성 여부를 선정하는 방식으로 일반적으로 제품의 라이프사이클(PLC; Product Life Cycle 제품수명주기) 내에 투하자본을 회수할 수 있다면 사업성이 있다고 판단한다.

이상이 전통적 방법의 사업타당성 평가지표들이고 마지막으로 영업현금흐름을 통해 사업가치를 평가하는 방법이 있는데 이를 DCF(Discount Cash Flow; 현금흐름할인)법에 의한 사업가치_Valuation_ 평가방법이라고 한다. 이 방법은 영업현금흐름을 일정한 할인율로 나누어 현가의 합을 계산하는데 이 합이 곧 사업가치(Valuation)이다. 다만 이 경우 할인율이 무엇인가가 차이가 있는데 이때의 할인율은 해당 기업의 자기자본 비율과 타인자본 비율을 가중평균한 값, 즉 해당 기업의 가중평균자본비용율-이를 WACC라 함- 이 바로 할인율이 될 것이다.

이제 우리는 앞서 설명한 신규투자사업의 경제성 검토를 아래 〈표 6-17〉에 의거하여 정리할 수 있을 것이다. 구체적 사례에 관해서는 추후 더 설명할 기회가 있기에 이 장에서는 간단히 요약하여 표로 정리해 두었으니 참조하기 바란다.

〈표 6-17〉 사업타당성평가(경제성평가)방법

구 분		A+0년	비 고
DCF법		$\Sigma FCF / (1+WACC)^n$	• WACC=Weighted Average Capital Cost: 가중평균 자본비용을 의미
전통적 방법		$NPV = \Sigma CI/(1+i)^n - \Sigma CO/(1+i)^n$	
		$\Sigma CI/(1+i)^n = \Sigma CO/(1+i)^n \rightarrow i$ 값	
		투하자본 회수기간	

⑦ 투자안의 민감도 분석

그러나 이러한 투자안과 이 투자안의 평가는 모든 것이 아직 실현이 안된 가정치요 특히 본 사업을 좌지우지할 만한 요건들을 가정하여 산출한 값이고 평가치이다. 따라서 이 가정치가 미래에 변화된다면 이 변화의 요소들이 기존 사업에 미칠 영향은 얼마인가를 미리 시나리오별 정리하여 두었다가 실제화될 때 이를 잘 활용하는 방법을 찾아내야 할 것이다. 이것이 바로 민감도 분석 또는 시나리오 분석(Sensitivity Analysis 또는 Scenario Analysis)이라고 한다. 우리는 비록 사업계획 수립 시 가장 합리적이고 논리적인 가정을 하여 타당성 평가를 하긴 하였으나 미래의 다양한 환경의 변화 역시 예상되는 만큼 미래의 환경이 변한다고 가정할 시의 사업가치가 어떻게 되는가를 계상하고 이에 대한 사전 준비가 필요한 것이다. 우리는 이것을 시나리오의 경영이라고 말한다.

(4) 투자(안) 종합

언급한 바와 같이 투자(안)을 검토한 후 투자여력 내의 투자(안)을 잠정 확정하면 정리하여 심의 단계를 거치고 이후 몇 차례의 심의 과정을 거쳐 확정하도록 한다.

(5) 신규 투자(안) 수립

투자(안) 수립 절차는 다음과 같다.

① 영업계획

② 생산계획

③ 투자계획

④ 자금계획

⑤ 손익계획

⑥ 재무계획

⑦ 수익성(경제성)분석

⑧ 민감도 분석(시나리오 분석)

(6) 수익성(경제성) 검토

수익성 분석을 위해서는 다음의 이론적 배경을 먼저 이해하여야 한다.

① 현재가치와 미래가치의 인식

현재의(현재가치) 100,000원과 3년 후 보장된 현금(미래가치) 100,000원이 있다. 여러분은 지금 하나를 선택하라 한다면 무엇을 선택하겠는가? 아마도 대부분의 사람들은 현재의 100,000을 선호할 것이다. 왜 그러한 선택을 하겠는가? 그것은 당연히 현재의 화폐가치가 미래의 화폐가치보다 높기 때문이다. 이것을 현금선호사상이라 한다.

그러면 현재의 화폐가치가 미래의 화폐가치보다 높은 이유는 무엇일까?

이유는 여러 가지가 있겠다. 현재 구매의 필요성을 가질 때 구매 가능하기 때문이고, 현재의 투자를 통해 더 높은 가치를 만들 수 있는 기회를 가질 수 있으며, 은행에 저축해 놓더라도 이자만큼 소득이 생기므로 당연히 현금을 선호하게 된다. 다시 미래의 가치 측면에서 본다면 미래의 현금은 인플레이션 영향으로 그 가치가 현재에 비해 낮아지게 될 것으로 추정되고, 미래의 화폐는 전쟁의 위험 등으로 그 가치는 현재의 화폐가치보다 낮게 인식되기 때문이다.

이상과 같은 예는 단 몇 가지의 예를 든 것뿐이고 이와 같은 사례는 얼마든지 많이 찾을 수 있다. 이상의 것들을 산술적으로 정리하여 현재의 가치와 미래의 가치를 비교해 놓은 것이 다음의 산식이다.

즉 현재의 가치(PV; Present Value)는 향후 n년 후 얼마의 미래가치(FV; Future Value)를 형성할 수 있을까? 라는 물음에 다음과 같은 산식으로 설명할 수 있다.

$FV = PV \times (1+IR)^n$ (이때 IR는 Interest Rate 즉 이자율을 말함)

그러면 반대로 미래의 가치(FV)는 어떻게 현재의 가치로 환산될 수 있을까?
$PV = FV / (1+IR)^n$ 으로 산정할 수 있다.
예를 들어보자.
현재의 화폐 100,000원은 3년 후 얼마의 미래가치가 되겠는가?
(이때 이자율은 10%로 가정)
$FV = 100,000 \times (1+0.1)^3 = 133,100$원 이 될 것이고, 반대로 3년 후 100,000원은 현재의 가치로 환산하면?
$PV = 100,000 / (1+0.1)^3 = 75,131$원이 된다.
현재를 마다하고 미래의 동일한 금액을 선택하려는 사람이 있겠는가?

② 미래 현금흐름이 지속될 때 현재의 가치 산정
이제는 미래의 현금흐름이 다음과 같은 사업이 있다고 가정하고 현재의 가치를 산정해 보기로 하자.

(예시) 향후 3년간 매년 100억씩 현금흐름이 발생하는 사업이 있다고 가정하자.

1년차	2년차	3년차
100억 원	100억 원	100억 원

(현재가치의 합) 매년 발생되는 현금흐름을 일정 할인율로 할인한 값을 합하면

1년차   2년차   3년차

100억 원   100억 원   100억 원

$100/(1+0.1)^1 + 100/(1+0.1)^2 + 100/(1+0.1)^3 = 248$억 원이 된다.

③ 상기 ②사례의 현금유입이 있는 사업에 200억 원의 투자를 한다고 가정하면 본 사업투자의 사업성은?

- NPV(Net Present Value ; 순 현재가치)의 산정

  $\Sigma CI/(1+i)^n - \Sigma CO/(1+i)^n$ = 248억 원 - 200억 원 = 48억 원

- IRR(Internal Rate of Return; 내부수익율)의 산정

  $\Sigma CI/(1+i)^n = \Sigma CO/(1+i)^n$ 인 i 는?

  IRR(내부수익율) = 23.4%

- PBP(Pay Back Period; 투하자본회수기간)의 산정

  투자시   1년차   2년차   3년차

  200억 원   100억 원   100억 원   100억 원

  -200억 원   -100억 원   0억 원 (PBP)

  ➡ 투자 후 만 2년이면 투하자본 회수 완료

5) 자금계획 수립

기업의 자금계획은 영업활동을 통해 나타난 결괏값, 즉 순영업현금흐름의 결과에 의거하여 수립하게 된다. 즉 기업은 영업활동의 결과 얻어진 수익에서 법인세를 차감한 세후순영업이익의 비현금유출비용을 순영업현금유입액으로 산정하고 투자비와 운전자금증분을 영업현금유출액으로 산정하여 각기 차감한 값으로 순영업현금흐름액을 산출한다. 여기서 운전자금증분이라 함은 사업활동을 위하여 당기에 추가적으로 변화되는 재고, 채권, 채무의 증분을 의미한다.

따라서 동 기간 중 영업현금흐름이 플러스(+)를 나타내고 있으면 동 기간에는 영업활동을 통하여 부의 현상이 나타나고 있으므로 자금의 상환이 계획되거나 기말현금이 늘게 되는 현상이 나타나거나 재무활동에의 자금운용이 가능하게 된다. 그러나 영업현금흐름이 마이너스(-)가 되면 자금을 조달하거나 아니면 기초현금에서 해당 금액만큼 사용해야 하기에 기말현금이 줄어드는 결과를 보이게 될 것이다.

〈표 6-18〉 영업현금흐름 Frame

구 분	A+0년	비 고
1. 영업이익	영업활동을 통하여 얻어진 수익	
2. 법인세 등	(영업수익-금융비용) ×법인세율	
3. NOPLAT(1-2)	세후순영업이익(영업이익-법인세 등)	
4. 비현금유출비용(4)	감가상각비 등 현금 수반 않는 비용	
5. 영업현금유입 계(3+4)	NOPLAT + 비현금유출비용	
6. 투자비	계획기간내 투자되는 투자비	
7. 재고자산증분	당기재고자산-전기재고자산	
8. 매출채권증분	당기매출채권-전기매출채권	
9. 매입채무증분	당기매입채무-전기매입채무	
10. 운전자금증분(7+8-9)	재고자산+매출채권-매입채무)의 증분	
11. 영업현금유출 계(6+10)	투자비+운전자금 증분	
12. 영업현금흐름(FCF;5-11)	영업현금유입-영업현금유출	

〈표 6-18〉 영업현금흐름 Frame과 같이 영업현금흐름을 산정한 결과 값에 따라 재무현금흐름은 결정되게 되는데 재무현금흐름은 관리회계 차원의 순수한 영업활동과 관계없는 재무적 활동상의 현금흐름이라고 보면 이해하기 쉬울 것이고, 아울러 재무현금흐름의 활동 Frame은 그 다음의 〈표 6-19〉 재무현금흐름 Frame을 보면 쉽게 이해가 될 것이다.

기본적으로 재무회계에서는 이러한 분류를 영업에 의한 현금흐름과 투자에 의한 현금흐름 그리고 재무에 의한 현금흐름, 이렇게 세 가지로 현금흐름을 분류하여 관리하지만 관리회계, 특히 현금흐름 경영에서는 투자 역시 사업관련 투자의 경우 영업활동의 일환이므로 투자를 영업에 의한 현금흐름으로 분류하여 영업현금흐름의 범주에 포함시켜 관리하게 된다.

따라서 이러한 개념의 차이만 이해하면 결국 기업이 현금흐름관리의 경영을 한다는 것은 영업활동의 결과 얻어지는 영업현금유입액과 투자와 운전자본의 증분에 의한 영업현금유출의 개념을 이해하기 용이하게 될 것이다. 아울러 이 결과 얻어지는 영업현금흐름의 결과는 곧 재무활동과 직결되는데 재무활동의 기본 Frame은 다음의 표와 같으니 참조하기 바란다.

〈표 6-19〉 재무현금흐름 Frame

구 분	설 명	비 고
영업현금흐름	영업활동의 결과 현금흐름〈표 6-18〉 참조	+ 3. 차입금 증감액 - 4. 지급이자 추정액 - 5. 배당금 추정액 + 8. 현금 증감액 ---------------------- 재무현금흐름의 계
1. 기초차입금		
2. 기말차입금		
3. 차입금 증감(2-1)	3. 차입금 증감(2-1)은 차입금상환 여부	
4. 이자 지급	차입금에 대한 지급이자 계상	
5. 배당금지급	사업계획 배당금 추정액	
6. 기초현금		
7. 기말현금		
8. 현금증감(7-6)	8. 현금증감(7-6)	
재무현금흐름 계	-(영업현금흐름)과 일치해 해야 함	

6) 사업계획 종합

(1) 사업계획 수립 종합

기업의 사업계획은 이상과 같이 영업계획 ➡ 생산계획 ➡ 투자계획 ➡ 자금계획 ➡ 손익 및 재무계획의 종합으로 연계되어 수립된다. 다만 각 단계의 사업계획의 진행이 반드시 전 단계가 종료되어야만 다음단계로 넘어가면서 사업계획을 수립하는 것은 아니다. 왜냐하면 기존 사업에 대한 사업계획은 동시에 진행되게 되지만 추가 확장 사업이라든지, 신규 사업에 관한 사항 등은 각 부문에서의 의사결정이 이루어지는 대로 추가 조정하는 형태의 연속적인 사업계획 수립 작업이 이루어지게 되기 때문이다.

특히 투자계획은 연초부터 장기 또는 중기 플랜에 의한 사업성 검토가 관련 부서를 통해 계획, 입안, 심의, 확정의 단계를 거쳐가면서 사업계획 종합 시즌에 맞추어 포함되게 되며 이때는 전사 또는 사업부 차원의 투자여력에 따라 조정된다고 보면 된다.

따라서 같은 기간 영업활동을 통하여 얻어지는 수익, 즉 영업현금유입액이 차기 투자여력의 기준점이 될 것인데(물론 잉여현금도 고려 대상이 되지만) 이 기준점으로부터 회사의 부채비율, 비유동 장기적합율(고정장기 적합율)을 고려하여야 한다.

즉 회사의 유동성과 안정성을 고려하여 적정한 투자여력을 산출한 다음 전사 및 각 사업부 투자한도를 결정하게 되기 때문에 각 사업부에서 투자계획에 대한 타당성 검증 등을 통하여 투자하기로 입안되었더라도 결국 전사차원에서 그리고 다시 할당된 사업부 차원에서 재원이 모자라거나 남는 경우 투자의 조정 절차가 더 있게 된다는 말이다.

이상과 같이 수립된 사업계획의 모습은 결국 〈표 6-20〉손익계산서, 〈표 6-21〉재무상태표 그리고 〈표 6-22〉현금흐름계획표에서 종합적으로 이해할 수 있다.

(2) 손익계산서의 검토

〈표 6-20〉 손익계산서

구 분	A+0	A+1	A+2	A+3	비 고
1. 매출액					• 매출액 대비 매출이익율을 점검
2. 매출원가					
3. 매출이익(1-2)					
4. 판매비와 일반관리비					• 매출액 대비 판관비율을 점검
5. 영업이익(3-4)					
6. 영업외수익					• 이자보상비율을 점검 (차입금 적정성 검토)
7. 영업외비용					
8. 세전이익(5+6-7)					
9. 법인세 등					• 당사의 법인세율을 고려
10. 당기순이익(8-9)					
11. 배당금					• 이월이익잉여금 처분에 의거 산출
12. 유보금					

(3) 재무상태표의 검토

〈표 6-21〉 재무상태표

구 분	A+0	A+1	A+2	A+3	비 고
Ⅰ. 유동자산(1+2+3)					
1. 현금 등					• 현금비율점검(10-15%)
2. 매출채권					• 채권회전율 점검
3. 재고자산					• 재고회전율 점검
Ⅱ. 비유동자산					• 투자비·감가비 점검
Ⅲ. 자산총계(Ⅰ+Ⅱ)					• 총자산의 증감 점검
Ⅳ. 유동부채					
1. 단기차입금					• 유보현금대비
2. 매입채무					• 채무회전율 점검
Ⅴ. 비유동부채					• 비유동자산 장기적합율
Ⅵ. 부채총계(Ⅲ+Ⅳ)					• 부채비율 점검

Ⅶ. 자본금				• 증자여부 확인
Ⅷ. 자본잉여금				
Ⅸ. 자본조정				
Ⅹ. 기타포괄손익누계				
Ⅺ. 이익잉여금				• 배당 후 유보액 확인
Ⅻ. 자본총계				• 자기자본비율 점검
XIII. 부채와 자본총계				• 자삼총계와 점검

〈표 6-20〉의 손익계산서와 다음의 〈표 6-21〉의 재무상태표를 통해 사업계획상 자금의 조달과 운용, 그리고 그 운용의 결과를 주요 점검 점을 통해 점검한 결과 〈표 6-19〉 재무현금흐름에 의한 자금수지를 최종 점검하게 된다.

(4) 현금흐름표의 검토

〈표 6-22〉 현금흐름표

구 분	금 액	비 고
1. 영업이익		
2. 법인세 등		
3. NOPLAT(1-2)		
4. 비현금유출비용(4)		
5. 영업현금유입 계(3+4)		• 영업현금흐름과 재무현금흐름은 항상 Balance를 이루어야 함 • 차입금 조달과 상환 표는 별도 관리요.
6. 투자비		
7. 재고자산증분		
8. 매출채권증분		
9. 매입채무증분		
10. 운전자금증분(7+8-9)		
11. 영업현금유출 계(6+10)		
12. 영업현금흐름(FCF;5-11)		

7) 사업계획 조정

(1) 손익과 재무의 수정

이상과 같이 1차 사업계획이 완료되면 각 목표와 달성계획이 당초 사업계획 수립 지침의 목표와 전략이 일치하는가 확인할 필요가 있게 된다. 일반적으로 각 사업부의 사업계획을 일차 종합해 보면 전사에서 당초 계획한 목표 수치와는 확연한 차이를 드러내게 낸다.

그 이유는 모든 사업부가 연말 평가를 고려한 보수적 견지의 사업계획을 수립하기 때문에 결국 처음에 목표했던 바와는 전혀 다른 사업계획 자료가 나오게 되는 것이다. 따라서 1차 사업계획의 결과에 대한 사업계획의 조정은 매우 중요하다고 할 수 있겠다.

이제 사업계획의 조정 시에 반드시 알아두어야 할 두 가지 방법(툴; Tool)을 소개하고자 하는데 그 첫째는 CVP(Cost Volumn Profit)분석을 통해 BEP의 수준과 목표이익의 산출이 그 하나이고, 둘째로는 EVA(Economic Value Added) tool인데 이 두 번째 툴로는 각 부문에서의 영업의 증대와 생산부문의 효율화와 원가절감 (때로는 매출과 원가의 연계효율화도 고려), 최적의 투자결정, 재무구조의 효율화와 금융코스트의 절감 등 각 부문에서의 사업계획 조정이 가능한 방법을 찾아내는 방법이 되겠다.

(2) CVP 분석을 통한 사업계획의 조정

먼저 CVP분석에 대한 설명이 있어야 할 것이다. CVP분석이란 Cost, Volumn, Profit의 개념으로 매출과 원가와 이윤의 상관관계를 통해 손익분기점 매출을 찾아내고 나아가서는 목표손익을 설정하고 여기에 맞는 목표매출액을 산출해보는 사업계획의 조정 방안이 되겠다.

물론 사업계획 시에만 사용한다는 것은 아니고 언제든 기업이 목표이익을 고려한다면 얼마의 매출을 일으켜야 할 것인가를 고민해 보고 최대의 매출을 일으킴에도 목표이익에 이르지 못할 경우 비용의 절감을 통한 방법도 차선책으로 계획해 볼 때 흔히 사용하는 방법이다.

이 경우는 손익관리를 위한 관리회계 차원의 손익조정인데 재무회계상의 손익에서 공헌이익상의 손익으로 조정하는 절차가 필요한 이유는 바로 이점 때문이라 생각하면 되겠다.

예를 들어 보자. 최초 사업계획상의 손익이 다음 〈표 6-23〉과 같이 도출되었다고 가정한다. 매출액 1,000억 원에 영업이익이 -100억 원이 나온 배경을 보니 고정비와 변동비가 다음과 같이 구분되어 나왔음을 파악하게 된다. 결국 시장을 지극히 보수적 관점에서 보고 매출은 줄이는 영업목표가 나왔으며 생산부문에서는 오히려 변동비율을 높이고 고정비도 충분히 확보하겠다는 의도의 비용계획이 나왔던 것이다. 그러다 보니 영업이익은 전기 110억 원에서 오히려 -100억 원 적자의 계획을 내게 된 것이다.

〈표 6-23〉 손익계산서(당초계획서)

구 분	A+0	A+1	증감액	증감율(%)	비 고
1. 매출액	1,100	1,000	-100	-9.1%	1. A+0 는 당기실적이고 A+1 은 차기계획임
2. 매출원가	750	800	50	6.7%	
1) 변동비	500	500			2. 시장의 변동 상황을 고려하여 보수적 관점에서 매출 추정
2) 고정비	250	300			
3. 매출이익	350	200	-150	4.3%	3. 원가(고정비와 변동비)를 상향조정함 • 변동비율 상향조정 • 고정비 증가
4. 판관비	240	300	60	25%	
1) 변동비	90	100			
2) 고정비	150	200			
5. 영업이익	110	-100	-210	191%	4. 영업이익이 저조한 계획으로 나타남
(영업이익율)	(-11%)	(-10%)	(-21%)		

이제 본 자료를 BEP매출액을 산출해보고 해당 목표액을 달성할 수 있는 방안은 없는지 확인한 다음 매출(영업)계획으로 부족한 부분을 비용계획에서 조정하는 방법을 알아보기로 하자.

그러기 위해서는 앞에서 얘기했듯이 재무제표상의 손익계산서를 관리회계상의 공헌이익계산서로 조정한 이후에 다음과 같은 순서에 따라서 조정해 보기로 한다.

〈표 6-24〉 공헌이익계산서(1)

구분	A+0	A+1	증감액	증감율(%)	비 고
1. 매출액	1,100	1,000	-100	-9.1%	1. A+0 는 당기실적이고 A+1 은 차기계획 임
2. 변동비	590	600	10		
1) 원가	500	500		4.5%	2. 시장의 변동 상황을 고려하여 보수적 관점에서 매출추정
2) 판관비	90	100		1.8%	
3. 공헌이익	510	400	-110		3. 원가(고정비와 변동비)를 상향조정 함 - 변동비율 상향조정 - 고정비 증가
4. 고정비	400	500	100		
1) 원가	250	300			
2) 판관비	150	200			
5. 영업이익	110	-100	-210	191%	4. 영업이익이 저조한 계획으로 나타남
(영업이익율)	(-11%)	(-10%)	(-21%)		

앞서 재무회계상의 손익계산서로는 개선대안을 찾기가 쉽지 않다. 따라서 이를 관리회계상의 공헌이익계산서로 변화시키면 다음과 같은 조정가능 대안을 찾을 수 있게 된다.

첫째, B.E.P상의 매출액

둘째, 목표이익을 위한 매출액 조정

셋째, 목표이익을 위한 매출액 달성방안 부족시

  가) 변동비 조정(안)

  나) 고정비 조정(안)

(3) CVP분석을 통한 이익과 목표매출액 산출

〈표 6-25〉 공헌이익계산서(2)

구 분	A+0	A+1	증감액	증감율(%)	비 고
1. 매출액	1,100	1,000	X	X	1. BEP매출액 산정 0.4X - 500 = 0 X = 500/0.4 =1,200억 원 BEP매출액 = 고정비/ 공헌이익율
2. 매출원가	590	600	0.6X	0.6X	
1) 원가	500	500			
2) 판관비	90	100			
3. 공헌이익	510	400	0.4X	0.4X	
4. 고정비	400	500	500	500	2. 목표영업이익 200억 원 경우 0.4X - 500 = 0 X = (500+200)/ 0.4 = 1,750억 원
1) 원가	250	300			
2) 판관비	150	200			
5. 영업이익	110	-100	0	200	
(영업이익율)	(-11%)	(-10%)	(-21%)		

이 표에서와 같이 손익분기점(B.E.P = Break Even Point)을 산출하려면 고정비를 공헌이익율로 나눈 값이 되겠다. 아울러 목표이익을 200억으로 했을 경우 목표매출액은 1,750억 원이 된다.

(4) 목표매출액의 확정

목표매출액이 산술적으로 산출되었다 하더라도 실현 가능성, 즉 구체적 영업전략과 예상 실행 성과가 일치할 수 있는가는 매우 중요한 사안이다.

산술적 목표매출액이란 단지 희망사항이지 결과적으로 그 목표매출액의 결과를 도출할 수 있을지는 미정이란 얘기다.

이제 산술적 목표매출액을 옆에 두고 현실적으로 가능성 있는 모든 방안을 총동원하여 과연 얼마 정도까지 실현 가능성이 있는지 확인해 보기로 한다. 이때는 일반적으로 다음과 같은 프로세스를 거쳐 목표매출액을 조정하여 확정한다.

즉 전체시장의 검토와 함께 시장 특성별 분류(시장 수급발란스: Supply & Demand Balance) 등을 통해 시장세분화(Market Segmentation)를 하고, 이 가운데 목표시장(Target Market)을 확정한 후 목표하는 시장점유율(Market Share)을 설정하여 판매수량을 계상한다.

〈표 6-26〉 목표매출액의 산출

구 분	A+0	A+1	A+1조정	비 고
수요	10,000	9,000	9,000	시장경기 악화로 수요 감소 예상
공급	9,000	9,000	9,000	
시장수급 Balance	1,000	0	0	
시장점유목표	11%	10%	10%	기존 직영점 위주에서 대리점 확대, 기타 판로 확대 통해 M/S 확대 추구
판매목표수량	1,100	900	900	
판매목표단가	10	10	10	제품품질과 적시 인도 시스템 구축으로 단가 인상
매출액	1,100	900	900	시장상황에도 불구하고 26%의 매출 증대 계획

결국 시장점유(M/S) 목표를 세분시장별 마케팅 채널의 다양화로 상향 조정하고 여기에 제품 품질과 재고 최소화에 적시 인도 조건으로 단가를 인상함으로써 매출액을 당초 900억원에서 1,386억 원으로 상향 조정이 가능했다. 따라서 당초 BEP수준은 넘겼으나 목표영업이익 수준인 매출액 1,750억 원과는 많은 괴리를 보이고 있음을 알 수 있다.

다음으로는 조정된 매출목표액 1,386억 원을 고정시킨 후 비용절감을 위한 사업계획 조정작업을 하도록 하자.

비용절감은 크게 변동비성 비용이 우선이고 다음으로는 고정비성 금액의 조정이 순서라고 할 수 있다. 따라서 변동비성 비용을 최소화할 수 있는 방안을 우선 검토해서 공헌이익율을 최대화 시켜야 할 것이고, 다음으로는 고정비를 절감하는 방안을 마련함으로써 당초 목표했던 수준까지의 도달을 위해 각 부문에 있는 조직원들이 대안을 구상해야 할 것이다. 이제 다음과 같은 변동비와 고정비의 절감 아이디어들을 참조하여 다시 한번 목표이익을 상향조정 시킨다.

〈표 6-27〉 변동비/고정비의 절감 가능성

구 분		대안	구체 아이디어	비 고
제조 변동비	원재료비	·원재료 구매단가의 절감	1. 국내/해외 조달 2. 직접구매/Agent 구매 3. 장기/단기 구매 4. 한화/외화 구매	
		·생산성 증대로 원단위 절감	1. 수율 증대 2. LOSS율 감소	
	보조재료비	·상 동	·상 동	
판매 변동비	판매수수료	·판매채널의 다변화	·수수료율 절감	
	운반보관료	·In&Out Bound	1. 상품매입 물류비 절감 2. 판매물류비 절감 3. 제3자 물류 검토	
고정비	노무비/ 제 경비 (제조)	·생력화 검토	1. 인당 생산성 증대활동 2. 설비효율화 투자	
	인건비/ 관리비	·OVA 경영	·직무분석과 간접부문 효율화	

(5) EVA Tool을 활용한 사업계획 개선 아이디어 도출

우리는 사업계획이 1차 수립된 내용을 가지고 당초 목표했던 이익과 매출액을 도출하고자 CVP분석을 사용하여 보았다. 그리고 이 CVP분석 기법을 활용해서 목표매출액을 산정했으나 영업부문의 개선 노력에도 불구하고 더 이상 초과할 수 없는 매출액 목표에 도달하게 되면 나머지 부족된 목표치는 변동비와 고정비의 혁신노력으로부터 찾는 방법을 사용한 바 있다. 이렇게 해서라도 목표에 도달하면 문제는 없겠으나 조직 내 각 기능의 현업에서 보다 현실적이고 구체적인 아이디어를 더 도출할 수만 있다면 이는 차기 연도의 목표는 물론 향후 사업 환경의 변화에도 능동적이고 유연하게 대응할 수 있는 체질의 기업과 조직이 될 것이기에 이제부터 EVA라는 경영개선의 Tool을 사용하여 좀 더 명확하고 혁신적인 사업계획 개선 대안을 찾아볼 수 있다. 우리는 EVA의 Tool을 다음과 같이 이해하고 아래의 표와 같은 Tree를 활용한 전략을 도출, 운용할 필요가 있다.

EVA = NOPLAT - WACC × IC

= {(NOPLAT / IC) - (WACC × IC) / IC } × IC

= (ROIC - WACC) × IC

= EVA 율 × IC

이 EVA Tool을 통하여 EVA Tree를 만들고 〈표 6-28〉과 같이 영업, 생산, 투자, 재무의 각 부문에서 가능한 경영혁신 아이디어를 찾아 사업계획에 반영하는 노력을 기울여 보아야 할 것이다. 즉 영업부문에서는 시장의 확장과 품질 및 서비스 개선 등을 통한 매출의 증대, 생산계획에서는 생산성 증가와 원가의 절감을 통한 생산혁신 전략, 투자계획에서는 기업의 성장과 사업규모의 최적화를 추구하는 ROIC의 극대화 등의 투자전략, 재무계획에서는 최적의 자금운용과 조달전략을 통하여 최고의 성과를 도출할 준비를 하게 된다.

〈표 6-28〉 EVA Tool을 활용한 경영혁신 계획 수립

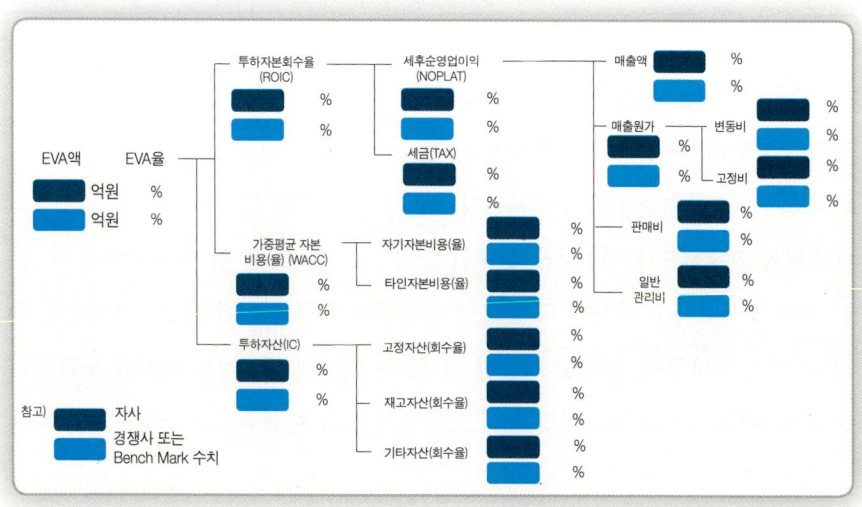

8) 사업계획의 확정

(1) 사업계획의 확정
이렇게 하여 사업계획은 경영진으로부터 확정되고 이를 이사회에 보고 후 여기서 최종 확정되게 된다.

(2) 추정 재무상태표의 점검
이제 조정을 거친 추정 재무상태표를 통해 최종적으로 다시 한번 수치를 확인한 후에 재무상태표를 확정하게 된다. 다음의 〈표 6-29〉에 따라 점검, 확정하는 절차를 거쳐 연습해 보기로 하자.

〈표 6-29〉 추정 재무상태표 점검

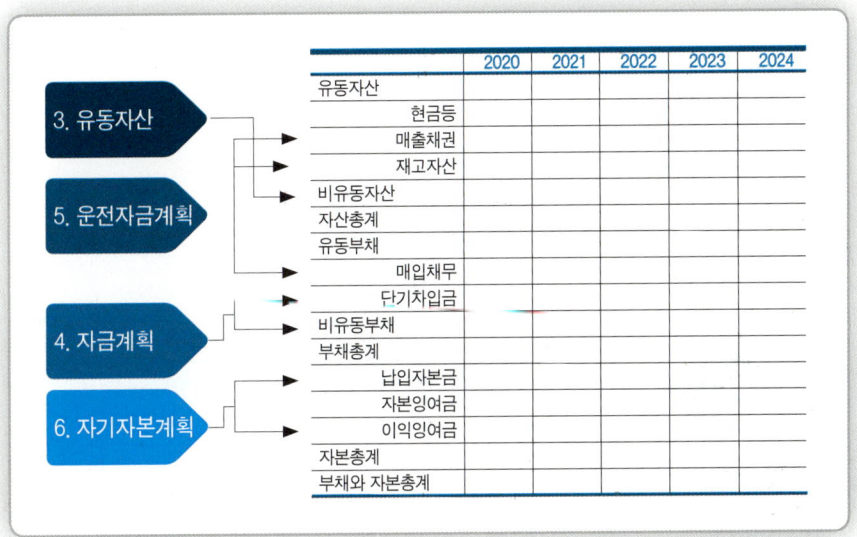

(3) 추정 손익계산서 점검

<표 6-30> 추정 손익계산서 점검

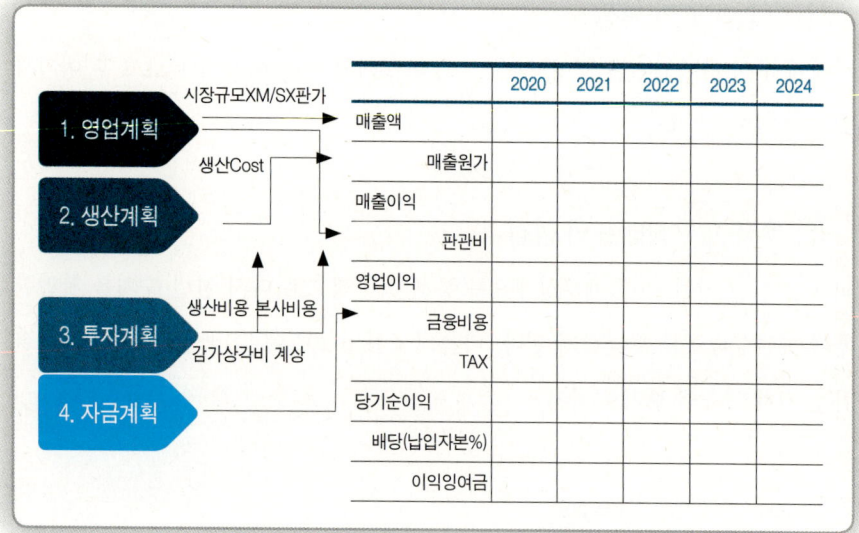

(4) 추정영업현금흐름의 점검

<표 6-31> 추정 영업현금흐름의 점검

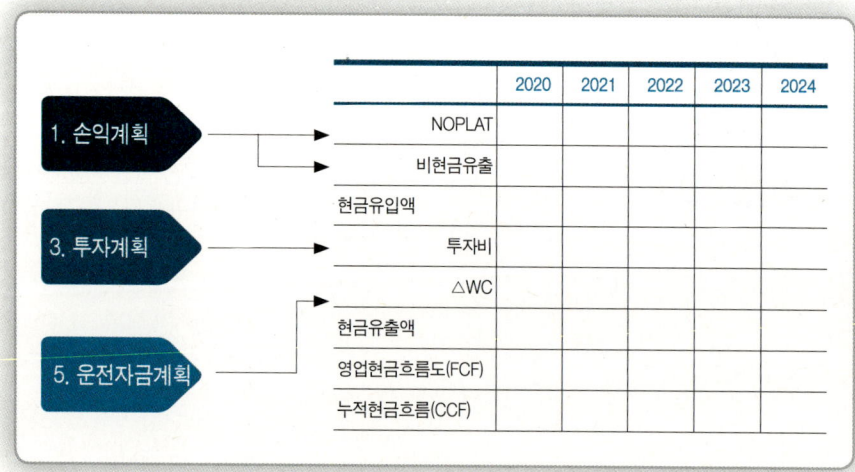

(5) 사업계획의 확정

이렇게 하여 사업계획은 경영진으로부터 확정되고 이를 이사회에 보고 후 여기서 최종 확정되게 되며, 확정된 사업계획은 다음 장에서 설명하게 될 예산편성의 과정으로 넘어가게 된다.

5. 예산관리

1) 예산의 개념

(1) 사업계획의 개념

앞서 기업의 중, 단기 사업계획 수립에 관한 이론과 사업계획을 수립하는 절차 그리고 간략한 사례들을 살펴보았다. 사업계획의 수립 첫 단계에 기업의 장기 관점의 전략을 살펴보고 중·단기의 경영환경 분석을 통하여 단기 사업계획을 수립하는 과정을 살펴보면서 알 수 있듯이 단기 사업계획은 갑자기 어디서 별다른 것이 나타난 것이 아니라 이미 비전과 장기 전략을 가진 기업이 커가는 노정에서 가까운 장래 다가올 앞날에 대한 보다 구체적이고 실천 가능한 방법들을 찾아 계획화 시키는 것이 사업계획의 기본개념이라 이해할 수 있었다. 이렇게 사업계획은 일반적으로 향후 3년을 기준으로 하여 중기 및 단기 사업계획을 수립하고 운용하는데 이를 그냥 단기 사업계획이라 한다.

다시 말해서 단기 사업계획은 비전이나 장기 전략을 달성하기 위하여 현재와 미래의 경영환경을 배경으로 중기 및 단기와 같이 일정기간 중의 전략과 구체 실천 계획을 수립하고 실행해 나가면서 그 성과를 극대화시켜 나가는 과정이라고 할 수 있다. 그리고 통상의 기간은 3년 기준의 사업계획을 단기 또는 중·단기 사업계획이라고 한다.

(2) 예산관리 단위

또한 단기의 사업계획은 이를 더 구체화하여 실행해 나가게 된다. 예를 들어 단기 사업계획은 향후 3개년의 사업계획을 의미하지만 가장 가까이 다가올 기간에 대해서는 보다 구체적으로 즉 월별 계획을 수립하여 그 실행계획과 실천력을 제고 시키려 하게 된다. 사업계획의 1년 차는 차기 연도의 월간 베이스의 사업전략의 실행계획으로 이해할 수 있다는 얘기다.

지금까지는 이러한 개념에서 사업계획을 수립하는 절차와 방법을 연구했으나 결국 이의 실행력 제고를 위해서는 또 하나의 기업경영의 절차와 방법이 있다고 앞서 설명한 바 있다. 기업경영을 사이클적 관점에서 볼 때 실행력 제고를 위한 다섯 단계의 절차 중 넷째가 그것이다.

바로 예산관리라는 기업경영의 한 방법을 말한다. 예산관리란 사업계획에 제시되어 있는 연간 사업목표와 실행계획을 기업 내 사업 목적상 필요에 의해 분류한 관리 단위별로 구분하여 구체 예산을 편성하고, 통제하고 필요시 수정, 추가, 삭제하는 과정을 통해 예산이 집행되도록 하며 결과로 나타난 수치나 실적에 대해 경영분석을 하는 과정을 말한다.

〈표 6-32〉 예산관리단위의 코드화

대분류	중분류	비고
1. 사업단위별	1) 사업(부/부문)별 2) 제품군별 3) 개별 제품별	관리 단위별 예산 편성 ▶ 통제 ▶ 집행 ▶ 분석이 통일 된 코드로 관리되도록 해야 함
2. 사업장별	1) 관리지역별 2) 사업장별 3) 부서별	
3. 계정과목별	1) 계정과목별 2) 계정항목별 3) 관리 소항목별	
4. 사업기간별	1) 일자별 2) 월별 3) 분기별 4) 연간	

이것이 계획하고(PLAN), 실행하고(DO), 결과를 피드백(CHECK)한다 하여 관리(Management)라는 의미를 부여한 것이다. 즉 예산관리라 함은 이러한 기업경영의 사이클이 포함되어 있기 때문이다. 특히 성공적인 예산관리를 위해서는 기업경영의 차원에서 소기의 목적을 최대한 달성하기 위한 관리 단위의 구분이 중요한데 일반적으로 〈표 6-32〉의 관리 단위를 기준으로 구분하여 관리한다고 보면 되겠다.

2) 예산관리의 조직과 절차(프로세스)

(1) 예산관리조직

우리는 앞서 예산관리를 어떤 단위로 관리해야 합리적이고 효과적인 관리가 가능하며 경영의 성과도 극대화시킬 수 있겠는가에 대해 <표 6-32> 예산관리단위에서 알아보았다. 이렇게 어떤 관리 단위로 어떻게 관리하는 것이 예산관리의 최대 목적을 달성할 수 있는 방법이 되겠는가를 논의할 경우에는 무엇보다도 먼저 예산관리조직을 거론하지 않을 수 없다 예산관리의 조직은 일반적으로 크게 세 단계로 나눌 수 있다.

그 첫째는 전사예산총괄부서이다. 전사의 예산을 총괄하여 관리하는 부서라고 이해하면 된다. 다음으로는 각 사업장이나 사업본부의 예산을 총괄하는 사업부 또는 사업장 예산주관부서라 할 수 있다. 그리고 각 사업장이나 사업본부에 많은 부서 들이 있으나 그들이 가지고 있는 고유의 기능들에 따라 사업장 또는 전사를 관리하는 부서들이 계정과목 또는 계정항목별로 분담되어 나누어져 있는데 이러한 부서들을 예산관리부서라고 한다.

즉 급료, 임금, 상여금, 퇴직금, 복리후생비 중 인사사항에 해당되는 계정항목의 관리 등은 실제로 인사부서가 담당하게 된다. 따라서 이러한 사항의 전문부서인 인사부서에서 사업별, 사업장별, 전사의 비용예산을 현업과 함께 편성하여 확정시키고, 통제하고, 사후 관리하는 부서로서의 역할을 감당하게 되는 것이다. 이러한 부서를 계정과목별, 또는 계정항목별 예산관리부서라 하는 것이다.

<표 6-33> 예산관리조직을 참조하시기 바란다.

<표 6-33> 예산관리조직

대분류	중분류	관리부서
1. 인사 관련비용 (인건비)	1) 급료 2) 임금 3) 상여금 4) 퇴직금	인사부서
2. 복리후생 관련비용	인사관련비용 - 경조사비, 조직활성화비 등	인사부서
	20총무관련비용 - 피복비, 식대 등	총무부서
3. 총무관련비용	1) 여비교통비 2) 임차료 3) 지급수수료	총무부서
4. 조업관련비용	1) 전력비 2) 수선유지비 4) 용수료	공무부서
5. 사내 한도	1) 접대비 2) 회의비 3) 조직활성화비	기획부서
6. 연구개발 관련비용	1) 시험연구비 2) 개발비 3) 시제품비	연구개발부서
7. 생산관련비용	1) 원재료비 2) 보조재료비 3) 외주비	생산관리부서

(2) 예산관리 절차

전사 사업계획에 의거 각 사업별 사업계획도 확정되고 나면 이젠 각 부서별 자체 예산을 한도 내에서 계정별로, 사업별로, 제품별로 수립하게 된다.

이렇게 각 부서의 비용부서별 예산이 수립되면 이를 계정별 예산관리 부서, 즉 각 계정의 기능주관부서에서 이를 총괄하여 집합하고 조정하여 사업계획 한도 내의 예산을 편성하게 되고 이를 각 사업장 및 사업부 예산주관부서에 전달하면 예산주관부서에서는 관리단위별로(사업장 주관부서는 사업장 전체를, 사업부 주관부서는 사업부 전체의 예산을) 예산을 종합하고 사업계획 한도 내에서 확정하게 된다. 물론 같은 절차에 의해 전사 총괄 예산관리부서도 이렇게 전사의 예산을 정리하고 확정하게 되며 이를 경영회의에서 통과시킨 후 차기 연도 집행부서에서 자동으로 집행할 수 있도록 전시 전산 시스템에 입력하게 된다.

이렇게 한 해의 마감 직전까지는 제반예산자료의 입력이 완료되어야 차기 연도부터 집행되는 비용이 자동으로 처리되게 되는 것이다. 이어서 차기 연도 비용이 집행될 때 집행된 비용이 전산에 입력되면 자동 통제되어 한도 내에서 자동 결제가 이루어지게 되고, 한도를 초과하거나 또 다른 집행 불가의 사유가 있게 되면 추가 또는 수정의 과정을 통해서 집행이 되도록 하는 절차를 밟게 되는 것이다.

이렇게 집행된 비용은 앞서 언급한 관리단위에 의거 집계되고 분석되어 과연 관리기간 내 예산대비 얼마의 성과가 있었는지, 전년 대비로는 얼마의 차이를 보이고 있는지, 차기에 피드백해야 할 것은 무엇인지 등을 체크하여 피드백하는 과정이 지속되게 되는 것이다. 이것이 바로 예산관리 프로세스라고 할 수 있다.

3) 예산의 편성

예산의 유형은 이미 설명한 현금흐름의 도표를 연상하면 쉽게 이해할 수 있다. 즉 자본의 구조를 형성하는 자금의 조달과 상환계획, 즉 자금계획이 있고 자금의 운용계획에는 투자계획, 생산계획, 영업계획이 있으므로 예산관리에서도 이와 같은 구조를 이해하면 쉽다는 얘기다. 다만 사업계획이나 예산은 자금의 계획으로부터 운용까지 실제 사업진행의 절차와는 정반대의 절차를 거쳐야 완성되기 때문에 그 순서는 <표 6-34> 예산의 종류와 같이 1)영업(매출 및 판매비)예산, 2)생산(제조비)예산, 3)투자(설비 및 투융자)예산, 4)자금(조달 및 상환)예산의 순서로 작성하고 종합 정리한다고 생각하면 분명하게 이해할 수 있다.

이제 각 단계별로 예산을 수립하는 방법을 설명해 보도록 하겠다.

(1) 판매예산

① 판매예산의 구분

각 단계별 예산의 편성에 앞서 예산의 종류부터 살펴보도록 하겠다. 다음의 표는 영업, 생산, 투자, 재무 예산의 연계와 함께 구분된 각 예산의 종류이다.

〈표 6-34〉 예산의 종류

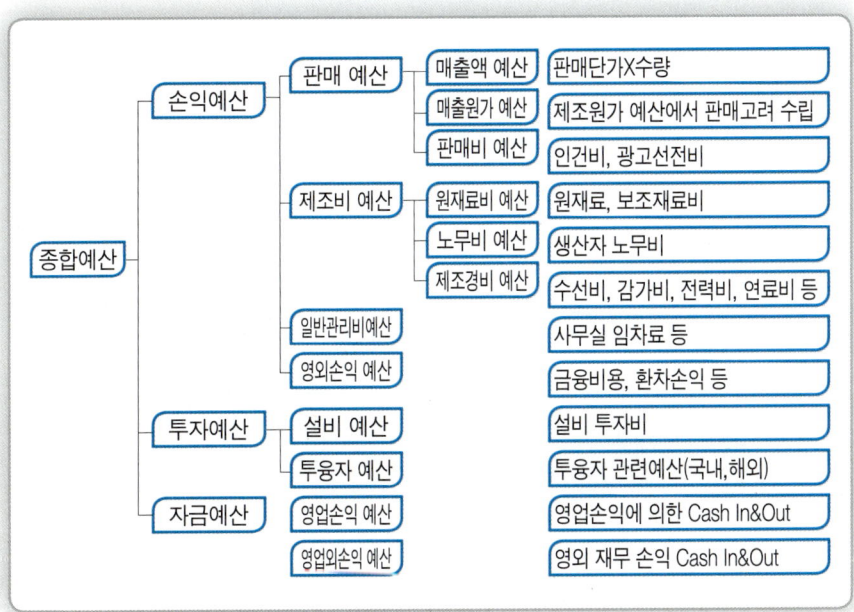

② 판매예산의 편성

영업예산 즉 판매예산은 매출에 관한 목표예산과 이와 관련한 비용예산으로 크게 구분하여 설명하도록 하겠다.

판매예산은 판매량 예산과 판매단가 예산에 의해 결정되므로 이 두 가지 요소에 대한 예산을 수립하게 되며, 이 예산은 사업본부별, 부서별 그리고 기간별(월별, 분기별, 연간) 목표 판매 예산을 확정하게 된다.

> 판매예산 = 판매량 X 판매단가

특히 영업부서별 판매예산을 수립하게 될 때 각 영업부서의 해당 사업에 해당되는 제품 또는 상품, 또는 서비스에 대하여 시장의 수요 예측과 시장점유 목표가 구체적으로 확정되고 기간별로 실행되는 계획이 나타나야 한다.

> 판매량 = 시장수요 X 시장점유

이상의 기본 요건을 통해 각 영업부서별 영업(판매)예산을 〈표 6-35〉와 같이 정리해 보기로 하자.

〈표 6-35〉 판매예산의 수립

구 분		시장수요 (A)	시장점유율 (B)	판매단가 (C)	매출예산 (D=A×B×C)
1. 사업단위별	K 제품 Q 제품 T 제품				
2. 사업장별	K 제품 Q 제품 T 제품				
3. 지역별 (국내,해외)	K 제품 Q 제품 T 제품				
4. 사업 기간별	K 제품 Q 제품 T 제품				

이상과 같이 판매 예산을 구분, 편성하고 난 후에는 반드시 전기 대비, 목표 대비, 그리고 가능하다면 경쟁사 대비 예산이 적정한 것인지 재삼 확인해보는 것도 매우 중요한 하나의 기능이라 할 수 있겠다.

(2) 생산예산

이미 언급한 바와 같이 생산 예산에는 생산량 예산과 제조비 예산이 있다. 그리고 각 예산은 〈표 6-36〉생산예산의 수립과 같은 구조로 편성한다. 즉 생산량 예산은 판매량 예산을 기준으로 하여 재고회전율을 감안한 적정 재고를 산출하여 생산량을 확정한 후 결정하며 제조비 예산은 원재료비 예산, 노무비 예산, 제 경비들의 예산을 사업계획의 큰 틀에서 부서별로 조정하여 결정, 편성하게 된다.

참고로 A+0년은 예산수립 당해 연도 추정이며, A+1,2,3년은 향후 3년의 추정계획을 말한다.

단, A+1은 월별 예산을 수립하고 A+2,3년도는 연간 예산으로 편성한다.

〈표 6-36〉 생산예산의 수립

		A+0	A+1	A+2	A+3	비 고
1. 생산량 계획산출	기초재고 당기생산 당기판매 기말재고					• 당기생산 = 당기판매+기말재고-기초재고
2. 제조비 예산	원재료비 예산 (원재료비 원단위) (생산량)					• 원재료비 = 원단위 ×생산량
3. 제조비 예산	노무비 예산 (지급별 년봉) (직급별인원)					• Σ(직급별 년봉 × 인원수)
	제 경비 예산 (감가상각비) (기술용역비) (전 력 비) (연 료 비) (소모품비) (기타 제경비 등)					• 각 개정과목별로 예산계획 수립

생산예산의 요소들로 원재료비, 노무비, 경비의 각 요소들에 대한 예산수립을 어떻게 하는지에 대해 알아보자.

① 원재료비 예산

원재료비는 한 단위 생산이 증가함에 따라 한 단위만큼의 비용이 증가하는 변동비성 비용이기에 이익산출을 위해서는 제품생산 한 단위에 필요한 원단위를 산출하고 이를 총생산량으로 곱하여 원재료비를 산출하게 된다.

〈표 6-37〉 원재료비예산의 수립

구분	재료구분	소요량	단가	금액	비고
1. 원재료 원단위 산출	재료 A 재료 B 재료 C 재료 D				• 원단위 = Σ(소요량×단가)
	원단위 계(금액)				
2. 생산량					• 생산량 계획 적용
3. 원재료비					• 원재료비 = 원단위×생산량

② 노무비 예산

제조원가 중 노무비 예산은 앞서 설명한 바와 같이 각 직급별 급료, 임금, 상여금, 퇴직급여충당금 전입액 등의 노무비를 계상하고 사업장별, 사업별, 부서별 노무비 예산을 확정하는 과정을 말한다.

<표 6-39> 노무비 예산의 수립

구 분		연 봉	인원수	노무비	비 고
1. 급료	관리직 사무기술직 직반장급 현장직				
2. 임금	관리직 사무기술직 직반장급 현장직				
3. 상여금	관리직 사무기술직 직반장급 현장직				
4. 퇴직 전입액	관리직 사무기술직 직반장급 현장직				
5. 노무비계	관리직 사무기술직 직반장급 현장직 전사계 (사업별, 제품별)				

상기 표를 보면 각 계절별, 그리고 직급별 연봉과 인원수에 의해 노무비를 계상했지만 이 금액 역시 각 사업별, 사업장별, 제품별 예산으로 분류하여 추가 작성하도록 한다.

③ 경비 예산

경비는 <표 6-39> 경비예산의 수립과 같은 각 계정으로 구분되고 예산화 되어야 한다. 특히 계정과목별 및 계정항목별 예산수립 시 각 계정과목 및 항목별 예산설정 기준이 있으므로 참조하여 수립하도록 한다.

<표 6-39> 경비 예산의 수립

구분		A+0	A+1	A+2	A+3	비고
복리후생비	식대, 피복비, 4대보험 등					
여비교통비	시내교통비, 국내외 출장비					
접대비	국내, 해외 접대비					
도서인쇄비	도서비, 홍보인쇄비					
통신비	전화료, 통신유지비 등					
보험료	건물, 운송 보험 등					
교육훈련비	교육비, 훈련비					
차량유지비	차량유지비, 유류대					
수도광열비	수도료, 전기료					
관리비	건물관리비 외					
회의비	회의비					
소모품비	소모품					
지급수수료	지급임차료 등					
감가상각비	자산별 감가상각비					
전력비	전력요금					
연료비	연료대, 유류대					
수선유지비	수선비, 보수비					
시험연구비	경상시험연구비, 연구개발비					
외주가공비	외주 용역비, 외주가공비					
기부금	기부금					
세금과 공과	조세공과금					
제조경비 예산 계						

④ 제조경비의 종합

이제 원재료비, 노무비, 경비 예산이 확정되면 각 예산을 종합하여 〈표 6-40〉과 같이 총 제조원가를 계상하게 되고, 각 제조원가는 기간별로 나뉘어 기간별 예산이 확정되게 된다. 특히 제조경비는 각 부서의 예산이 수립되면 생산 직접부문 예산과 간접부문의 예산으로 나누어지게 되는데 간접부문의 예산을 직접부문에 배부하게 되면 각 제품별 원가가 산정되어 자연스레 사업별, 제품별 제조원가 예산이 산정되고 아울러 판매예산이 확정됨과 함께 각 사업부별 및 각 사업장별 손익예산도 계상되게 된다.

즉 각 제조부서별 직접원가는 직접비로 계상되고, 간접부문에서 발생되는 원가는 간접비 배부기준에 의해 각 직접부서에 배부하게 된다. 이 때의 배부기준은 각 비용의 특성에 따라 다르다. 예를 들어 인적경비는 인원수 비례로, 조업 관련비용은 조업관련 사용량 또는 건수비율로(보조재료비는 원재료비 투입율로, 전력비는 전력 사용량 비율로, 용수비는 용수사용량 비율 등으로), 연구개발비는 연구개발 건수 또는 직접연구비율로 배부한다는 말이다.

〈표 6-40〉 제조예산 총괄

(사업장, 사업부 단위, 그리고 제품단위별 산정) (단위 :)

구 분	2020	2021	2022	비 고
원재료비				
부재료비				
노무비				
경비				
감가상각비				
기술용역비				
전력비				
연료비				
기타				
제조원가 계				

(3) 투자예산

투자예산은 앞서 설명한 바와 같이 신규투자, 확장투자, 경상투자, R&D투자로 크게 네 분류로 나누어 편성한다고 했다. 새로운 사업을 위해 투자하는 경우는 물론 신규사업에 속하게 되고 기존 진행 중인 사업에 대한 규모의 확대인 경우 추가투자가 될 것이며 기존 사업 중 규모의 확대보다는 기존 사업의 유지 보수 차원의 투자는 경상투자로 구분하고 마지막으로 현재 사업 없으나 미래를 위해 연구개발비 투자인 경우 R&D투자로 분류하여 예산편성 하게 된다.

〈표 6-41〉 투자예산의 편성

구 분		2020	2021	2022	비고
신규 확장 투자	K				
	P				
	L				
	계				
경상 투자	A				
	B				
	C				
	계				
R&D 투자	O				
	T				
	Z				
	계				
계					

(4) 자금예산

① 자금수지예산

자금예산은 이미 현금흐름 경영에서 언급한 바와 같이 영업현금흐름유입액에서 영업현금흐름유출액을 차감하여 잉여영업현금흐름(또는 순영업현금흐름; FCF)을 산정하고 이 영업현금흐름의 결과 나타난 결과치, 즉 이 FCF가 부(+)의 양태를 나타낼 경우 재무현금흐름이 마이너스(-)의 모양을 보이게 될 것이다. 재무현금흐름이 마이너스로 나타날 경우 자금의 상환 또는 현금유보의 현상이 나타나게 될 것이다. 반면에 FCF가 반대의 현상, 즉 마이너스로 나타날 경우는 잉여현금흐름 부족의 양태를 나타내므로 이때는 재무현금흐름이 부(+)의 양태, 즉 자금의 조달이 필요하게 될 것이다. 〈표 6-42〉의 자금수지예산을 보면 더욱 자세히 이해할 수 있다.

〈표 6-42〉 자금수지예산

구 분		2020	2021	2022	비 고
수입	영업이익 - TAX				
	순영업이익				
	감가상각비				
	기타				
	계				
지출	투자비				
	운전자본 +채권 -채무 +재고				
	기타				
	계				
과부족액					

② 자금예산

위의 자금수지 예산을 통하여 매 기간 별로 얼마의 자금이 영업현금흐름으로부터 잉여(+) 또는 부족(-) 되는지 알 수 있게 된다. 따라서 자금수지 예산의 결과 과부족에 대한 발란스 활동을 재무활동이라 했고, 이 활동이 곧 자금의 조달 및 상황 활동이 된다.

이제 자금조달 및 상환 계획은 <표 6-43>자금(조달 및 상환) 예산를 통하여 정리하게 되고, 이에 따라 차입금 잔액과 함께 지급이자 예산이 산출되게 될 것이다.

<표 6-43> 자금(조달 및 상환) 예산

(단위 :)

구 분		2020	2021	2022	비 고
외자	(장기)기초 차입 상환 잔액				
	(단기)기초 차입 상환 잔액				
내자	(장기)기초 차입 상환 잔액				
	(단기)기초 차입 상환 잔액				

③ 차입금 잔액 및 지급이자 예산

아울러 자금의 조달 및 상환을 통해 해당 기간 중의 차입금 잔액이 산출되고 여기에 적용할 차입금 이자율이 결정되면 차입금에 대한 지급이자 금액이 결정될 수 있겠다. 이 때 차입금이자액은 차입금 평균이자율과 평균차입금 잔액에 의해 결정되기에 이 점에 유의하여 산정될 수 있도록 유념하기 바란다.

> 차입금 이자 = 평균차입금 잔액 × 평균차입금 이자율
> = (기초차입금+기말차입금)/2 + 평균차입금이자율

〈표 6-44〉 차입금 지급이자 예산

(단위 :)

구 분		2020	2021	2022	비 고
장기 (외자)	기초 기말 평잔				
	평균금리				
	이자				
단기 (외자)	기초 기말 평잔				
	평균금리				
	이자				
계	기초 기말 평잔				
	평균금리				
	이자				

이렇게 영업예산 생산, 투자예산을 통해 손익예산과 대차예산이 완료되고 나면 아래의 표와 같은 프로세스에 의거 예산의 집행과 관리 절차로 자연스럽게 이동하게 된다.

〈표 6-45〉 사업계획 및 예산관리 종합 업무 플로우(Flow)

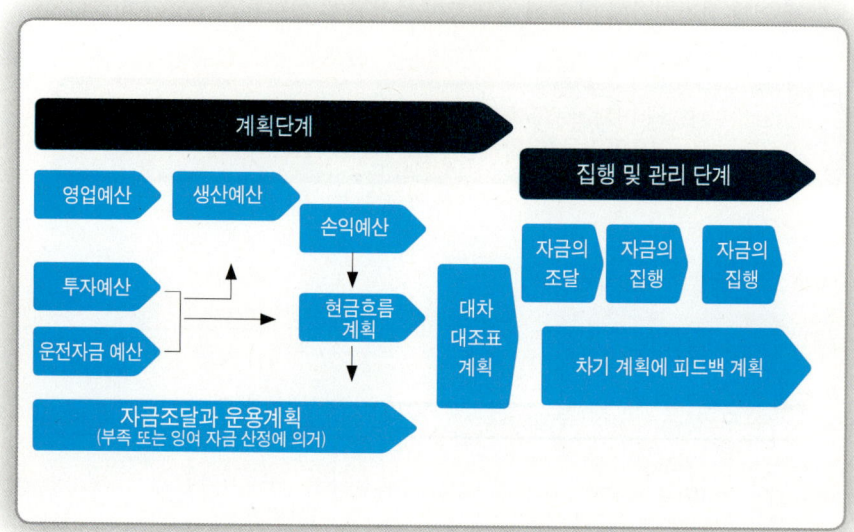

4) 예산의 통제 및 집행관리

지금까지 예산의 편성을 통하여 우리는 예산의 관리조직은 어떠해야 하며, 어떤 분류를 통해 예산을 관리해야 하는지, 분류별 예산편성은 어떻게 하는지 등에 관하여 알아보았다.

연말 이전에 사업계획을 확정하고 확정된 사업계획을 조직별, 사업장별, 사업별, 계정과목별, 기간별 등 관리단위로 세분화하여 편성부터 통제 집행에 이르기까지 하나의 줄로 계획하고, 집행하고, 체크하는 관리의 틀을 만들고자 한 것이다. 이제는 편성된 예산에 기업의 전산 시스템상 부서별, 계정별로 입력이 되어 있으므로 차기연도 매 집행 시 마다 해당 비용의 사업목적과 한도 내에서 자동 처리(여기서 자동처리라 함은 자동통제, 집행을 의미함) 되게 되어 있는 것이다.

다만 당초 계획했던 사업목적상의 예산과 차이가 있어 비용지출이 제한되거나 또는 기간별(월 또는 분기) 예산한도를 초과하여 비용집행 통제 시 전산에 의해 거절되는 사례들이 있는데 이는 전산상의 자동통제시스템 때문에 기인한다고 볼 수 있다. 또 그렇게 해야만 기업 내 수많은 의사결정과 비용의 지출이 효율적이고도 효과적으로 집행되고, 보다 큰 성과를 기대할 수 있게 되기 때문이다.

일반적으로는 사내 전산시스템이 ERP 시스템화되어 영업, 생산, 투자, 자금의 모든 경영활동이 전산 자동화 통제되고, 집행되고 집계되면 경영분석의 기본자료까지 조회 또는 출력이 가능하도록 되어 있긴 하나 이렇게 온라인 시스템으로 구축되어 있는 기업의 경우 어느 하나의 시스템의 장애로 전체 시스템이 중지되는 사례들이 많기에 운용상 각 기능별로 배치시스템을 통해 운용하도록 설계해 놓은 기업들도 상당수가 있다.

5) 예산 대 실적 차이 분석

기업은 쉬지 않고 계획하고 시행하고 또 Feed Back을 반복한다. 마찬가지로 전년말 사업계획을 근거로 각 부서별, 사업장별, 사업본부별 수익과 비용 부서들이 그들의 경영의 모든 활동이 자금의 운용과 조달에 연계되어 한도 내 또는 당초 한도를 초과하여 추가예산의 배정에 따라 집행되기도 한다. 이제 우리는 매월 또는 매분기 결산이 나타나게 되면 무엇을 잘하고 잘못하였는지, 향후 어떻게 대응해 나가야 할지 등에 관하여 재점검해 보아야 할 것이다.

이것이 경영분석의 과정이고 이 과정에 있어서는 전기대비, 경쟁사 대비 그리고 바로 예산대비 분석인 것이다. 따라서 당초 예산을 수립했을 때 그 근거와 이유가 명쾌해야만 실적과 차이가 났을 때 확실하고 분명하게 그 원인을 짚을 수 있고, 대응방안도 쉽게 찾아낼 수 있다.

업적평가와 보상

제 7 장

제7장
업적평가와 보상

1. 업적평가의 개괄

1) 업적평가의 목적(배경)

(1) 기업경영 환경의 변화와 전략 전환 필요

세상은 상상 이상으로 빠르고 복잡하게 변화되고 있다. 21세기를 맞아 IT 시대가 열렸다고 생각한 지 불과 20년도 되지 않아 AI(Artificial Intelligent, 인공지능) 시대가 성큼 다가왔다. 2G의 폴더형 핸드폰 시대에서 5G의 스마트폰 시대로까지 급속하게 변하는가 싶더니 이제는 폴더블폰 시대로 변했다.

컴퓨터의 시대 역시 불과 얼마 되지 않았다고 생각되는데 이제는 음성으로 문자를 전달할 수 있는 시대가 온 것이다. 이러한 기술의 진보가 앞으로는 과연 무엇을 어떻게 더 변화시킬까 기대되는 순간까지 도래하게 된 것이다.

과거 기업이나 경영인, 종업원들은 지금처럼 그토록 경쟁적이고, 빠르고, 복잡하게 움직이진 않았다. 과거 100년의 역사가 지금은 1-2년의 속도와 유사하다면 과장일까?

세계 경제변화는 그렇다 하더라도 국내의 경제환경은 얼마나 변화되었을까? 1950년대 전란을 통해 폐허가 된 국가, 그로부터 약 10여 년간을 혼란 속에서 방향을 찾지 못하다가 1960년대를 맞은 대한민국은 1960년 1인당 국민소득 82불의 국가 경제 수준에서 발걸음을 떼기 시작했다.

이후 30여 년간 국가는 고도성장을 지속했고 경공업에서 중화학공업의 국가로, 여기서 건설, 조선, 자동차 산업으로 그리고 전기와 전자로의 산업전환이 이루어지면서 어느새 중진국의 위치에서 벗어났고, 이후 반도체, IT를 넘어 AI 시대로 이어지며 OECD 국가로의 진입 시점에 오게 된 것이다.

이 무렵 국내 기업들에는 커다란 경영환경의 변화가 불어닥치기 시작했다. 그동안 여러 부문에서의 경제 지원을 아끼지 않았던 미국 등 선진국의 교역조건 호혜, 금융지원(국내 투자, 차관, 장기저리금융지원 등), 관세혜택(GSP일반특혜관세 등) 등의 우호적인 경제협력의 시대는 1980년대를 기점으로 서서히 사라져 갔다. 세계 여타 국가들과 대등한 경제 교역국가로서 역할을 감당하길 원하는 선진 강대국들의 무역개방 압력이 거세어지고 세계무대에서 선진 열강들의 역할을 감당하도록 압력받는 시대로 들어오게 된 것이다.

강력한 무역개방 압력과 경제지원이 필요한 국가에의 지원참여 해외 대기업들이 물밀듯 국내 진입을 시도함으로써 작은 규모의 기업들이 상대하기엔 버거운 사업 규모가 국내 시장의 폭을 넓혀가고 있었고, 그간 제품만 만들면 팔리던 시대에서 보다 다양한 니즈를 갈구하는 고객들이 출현하는 시대로 변화되었던 것이다.

따라서 1960년대 이후 30년간 고도성장, 매출증대, 사업다각화를 추구했던 국내 기업들이 이러한 환경변화 속에서 무작정의 고도성장만을 고집할 수 없었기에 이젠 확고한 수익확보를 기반으로한 안정적 성장전략으로 그 방향을 바꾸기 시작했고, 이에 따라 기업들은 자신의 핵심 주력사업에의 집중과 정예화로 전략을 전환하기 시작한 것이다.

결국, 기존 사업에 있어 수익사업과 전략사업에 경영의 힘을 집중시켜 더 큰 수익을 창출하도록 노력함과 동시에 그렇지 못한 사업은 엄정한 평가를 거쳐 과감히 정리하고 철수함으로써 경영의 집중화를 전개해 나가는 전략으로 변환되어 나가고 있는 것이다. 즉 기업들은 이제는 자기분야의 최고가 되지 않으면 살아남을 수 없음을 깨닫고 핵심사업 분야의 수익창출 극대화에 집중함과 동시에 자신이 가지고 있는 자원을 집중화하여 최대 효율과 효과를 추구함으로써 미래 신성장 사업에의 진입을 통한 재성장을 추구하는 전략을 실행해나가고 있는 것이다. 특히 최근에는 더욱 불확실한 미래 경영환경에의 전략적 대응을 모색하고 이러한 환경에 대응하는 유연한 기업경영전략이 요구되고 있다고 생각된다.

(2) 장기적 관점 하에서의 지속경영

기업이 비전과 장기전략을 수립하고 이를 매년 단계적으로 실행해 나가고자 중·단기 사업계획을 수립하고 끊임없이 계획과 실행을 반복해 나가는 것은 바로 기업 미래의 원대한 목표와 연관하여 추진해 나가는 것 아니겠는가?

이때 기업은 자신이 가지고 있는 경영자원과 핵심역량을 십분 활용하여 단기적으로는 지속적인 수익의 창출을 시도해야 하고, 이렇게 창출된 수익은 미래를 위해 재투자 함으로써 기업이 장기적으로 원하는 미래의 목표를 향하여 지속적인 성장을 하도록 최선의 노력을 다하게 된다

앞서도 잠시 언급했지만 기업은 현존하는 사업 중 주력사업이자 수익사업 중심의 경영을 통해 수익 개선 활동에 집중하고 여기서 현금창출을 극대화할 뿐 아니라

여기서 창출된 현금을 기업의 미래 성장을 위해 최적의 재원배분 전략을 고려한 재투자를 지속화함으로써 성장 관점의 지속경영을 끊임없이 추진해 나간다고 할 수 있겠다.

이때 현재에 행해지는 모든 사업의 추진은 반드시 기업의 정체성_우리 기업은 왜 존재해야 하나는 관점_과 기업 미래의 비전_약 10년 후 기업의장래상_그리고 장기목표와 핵심전략에 근거하여 실행되어야 한다는 것이 바로 장기적 관점의 기업경영이다. 물론 장기관점에서의 비전과 전략 그리고 장기전략과 목표는 모두 수립 당시 예상되었던 장기 환경분석을 통해 만들어진 것이므로 중기나 단기의 사업계획 수립이나 실행 역시 중·단기의 경영환경 변화를 다시 한번 체크하면서 보다 유연하게 전략을 변환하며 추진해 나가야 하는 점을 간과해서는 안된다. 일반적으로 이것을 환경대응 경영이라 하고, 이를 전략경영_Strategy Management_이라고 하기도 한다.

결론적으로 현재의 나의 모든 경영활동은 현재의 환경과 일치하는 전략에 입각한 것이기도 하지만 반드시 미래의 비전과 목표와도 연계된 실행이어야 한다는 점이 가장 중요하다. 그래서 이를 장기적 관점 하의 기업경영이라고 설명하고 있는 것이다.

(3) 기업경영관리 강화 필요

기업은 이처럼 변화무쌍한 환경 하에서 오늘의 생존을 위해 전력투구해야 하고, 여기서 창출된 수익(현금)을 미래의 비전 완성을 위해 지속적으로 투자하여 기업을 날마다 성장시켜 나가야 하는 운명에 놓이게 된다. 따라서 기업은 보다 체계적이고 합리적이며 모든 구성원들이 만족할 만한 시스템을 준비해야 하고 운용해야 한다. 즉 기업의 경영관리 능력은 가일층 높여져야 한다는 얘기다.

기업경영관리의 절차와 방법을 간략히 설명한다면 기업은 기획단계 → 계획단계 → 집행단계 → Feed Back 단계를 통해 기업경영을 실행해 나간다고 정리할 수 있다. 이를 기능으로 재분류하면 기업경영은 결국 계획기능과 조정기능 그리고 관리기능으로 구분할 수 있고, 각 기능의 관리는 보다 과학적이고 합리적으로 체계화해야 할 필요가 있다.

계획기능 부문에 있어 기업의 경영관리 능력을 제고시키려면 목표와 방침을 명확하게 해야 하고, 또한 이의 달성을 위한 모든 경영행위들이 능률적이고 경제적으로 진행될 수 있도록 해야 하며, 중장기의 경영계획과 중·단기의 이익계획이 중첩되면서 유기적으로 연계되도록 체계화해야 할 것이다.

또한 조정 기능에 있어서는 전사의 유익을 전제로 기업의 각 기능 또는 부문 예산이 상호 조정되어 전사적 관점에서 유익을 추구하도록 경영이 이루어져야 하며, 계층 간에도 이익과 실행 목표가 실행 가능하도록 협의 조정되어야 할 뿐 아니라 이 모든 것들이 변하는 환경에 탄력적으로 대응될 수 있게 만들어야 한다는 것이다.

마지막으로 관리기능에서 해야 할 핵심역할이 있다면 예산관리의 관리기능을 강화시켜 예산에 의거한 기업경영 제 활동에 대한 감독과 지도를 강화하고, 예실 차이분석을 통한 지속적인 개선이 이루어지도록 해야 할 뿐 아니라 성과 평가를 통해 동기부여를 지속적으로해야 할 것이다. 물론 이는 차후 피드백이라는 시스템을 통해 차기 실현가능한 전략의 지속적인 실행이 뒤따를 수 있도록 해야 함은 물론이다.

(4) 업적평가의 배경(종합)

이때 기업의 이러한 장단기의 목표 설정과 실행 과정은 기업 내 경영의 주체자인 즉 모든 경영자와 종업원들의 몫으로 남아있는 것이다. 환경 변화에 능동적으로 대처하면서 자신의 장기목표 달성의 효율과 효과를 추구하는 지속경영의 툴도 결국은 종업원의 몫이다. 기업의 존폐도, 기업의 생존도, 기업의 성장도 사실은 기업의 경영자와 종업원의 손에 달려있다고 해도 과언이 아닌 것이다.

이들은 늘 기업경영의 목표를 설정하고 이를 달성하기 위하여 노력하고 있는데 무조건적이고 막무가내식의 목표지향적 추진은 결코 기업이 성장하는데 도움을 주지 못한다. 그래서 계획단계부터 구체적으로 세워진 전략과 목표를 분명히 해서 실행하고, 이를 결과와 비교해 더 나은 경영활동과 성과를 추구해 나가는 것이다. 기업은 이러한 경영활동과 성과의 주체자인 경영자와 종업원들에 대해 좀 더 배려하고 좀 더 체계적인 평가와 보상이 필요하다는 점은 아무리 강조해도 과함이 없다.

이제 우리나라는 OECD 국가에서 다시 G20를 주관하는 국가로 해마다 위상을 달리하며 성장하고 있으며, 세계의 열강들과 어깨를 나란히 하면서 협조하며 경쟁하는 관계로 성장을 지속해 나갈 터인데 우리 기업들도 세계 초우량 기업으로 성장해 나가기 위해서는 모든 경영활동이 경영자와 구성원들 간의 시너지로 나타나야 할 것이다.

그러기 위해서는 이들에게 보다 명확한 전략과 목표를 제시하도록 해야 할 것이고, 미래의 변하는 상황 하에서 어떻게 대처했는가를 평가해주어야 할 것이고, 결과로 나타난 성과에 대하여 보다 객관적이고 합리적인 평가를 함으로써 조직 내 임파워먼트(Empowerment)가 지속적으로 우러나도록 해야 할 뿐만 아니라 이를 바탕으로 조직 전체의 성과를 극대화해 나갈 필요가 절실하다 하겠다.

따라서 기업은 이제 경영자와 종업원이 기업의 장기목표와 단기의 성과 달성을 위하여 준비하고 실행하는 과정에 함께하여 과정부터 성과까지 평가하고 보상하는 시스템을 갖추어야 하고, 시스템 운용에 있어서도 충분히 만족할 수 있는 수준에 이르도록 해야 할 것이다.

2) 업적평가의 방법

(1) 평가단위 대상 조직의 분류

기업은 장단기적으로 지속적인 계획수립과 목표달성을 이루어 나가게 되는데 기업이 이러한 과정 속에서 더욱 큰 성과를 기대하기 위해서는 업적평가라는 툴을 사용하게 된다는 전제를 이미 설명한 바 있다. 그렇다면 이제는 평가단위를 어떻게 하는 것이 합리적이겠는가 하는 문제가 남게 된다. 기업은 이 평가 단위를 단위

조직과 개인의 양 측면에서 평가하기를 원하게 되는데 그 중 단위조직이라 함은 사업본부, 사업부문, 사업장 그리고 팀 단위의 조직 평가를 의미하는 것이다. 이 평가 조직은 곧 해당 조직들이 평가와 보상을 통해 그 성과를 극대화할 것이라는 기대를 가질 수 있게 되는 것이다.

(2) 업적평가의 방법

이상과 같이 업적평가 대상 조직과 대상에 관하여 간략히 설명했지만 각 대상과 조직에 대한 평가 방법 또한 다소간 상이하다. 업적평가의 방법에는 평가의 대상, 평가 방법, 평가 주기 등을 각 회사의 처한 상황과 자신의 목표에 따라 합리적인 평가 방법을 만들어간다고 보면 된다. 남이 어울리는 옷을 입었다고 해서 내게도 어울릴 것이라는 생각은 금물이다. 어디까지나 자사의 현상과 목표 그리고 형편을 감안한 평가 방법이 중요하다는 얘기다. 평가 방법과 평가 주기도 마찬가지이다. 자사의 사업구조와 특성 그리고 조직문화 등을 감안하여 자신의 옷을 입히는 것이 중요하다. 결과적으로는 미래에 더 높은 성과가 나타날 수 있는 제도가 중요한 것이다.

평가는 개인과 조직의 평가로 대별한다. 조직의 평가는 사업본부별, 부문별, 부서별 그리고 사업장별 평가로 구분하고, 그 평가 대상 부문을 명확히 함과 동시에 평가 방법으로는 당초의 평가기준을 근거로 평가할 것이다.

평가의 기간으로는 대개 3분기 말을 전후하여 연말 추정 수치에 의거 평가할 것이며, 평가자는 상사와 당사자가 각각 6:4의 가중치로 평가하도록 하고 있다.

다만 연말 최종 결과치가 나오기 전에 당해 연도의 추정치로 평가하고 내년 사업 목표를 동시에 제시하기 때문에 평가 이후 차기 연도 초에는 반드시 전년도 추정 실적이라고 제시하고, 평가받았던 바를 재검증하는 절차가 있어야 함을 기억하고 반드시 이를 제도화시켜야 한다.

개인의 평가는 당초 계획했던 개인의 목표 대비 실적으로 평가하고, 이 역시 자기 평가 60% 에 상위자 평가 40% 가중치를 더하여 종합 점수를 측정하되 개인의 해당조직 평가치를 가중하여 종합평가 받는다고 이해하면 된다.

이는 상위자 평가중심의 제도를 지양하는 것뿐만이 아니라 본인의 평가를 본인이 함으로써 발생할 수 있는 오류를 최소화하고자 하는 합목적적 개념에서 이루어진 평가시스템이라고 이해하면 될 것이다. 다만 기업의 상황에 따라 평가 구성비는 조정할 수 있다.

3) 업적평가의 절차(프로세스)

(1) 업적평가의 기본절차

업적평가는 한 마디로 계획과 실천의 공과를 평가하는 것이다. 잘한 것은 칭찬하고 격려할 뿐 아니라 그렇지 못한 부분에 대해서는 분명하게 잘잘못을 가려 평가하는 것을 의미한다. 물론 자본주의 사회에서는 평가의 대부분이 금전적 보상과 연계되는 것이 통례이나 승진이나 해외 연수 등의 특혜 등 금전적 보상 외의 다양한 평가와 보상도 고려해볼 만 하다.

업적평가의 핵심요소는 무엇일까? 업적평가의 시작은 사업계획이다. 사업계획의 단계로부터 얼마나 철저히 내외적 환경을 분석했고 이에 대한 전략과 실천계획을 수립했는가 그리고 평가 항목은 무엇이고 그 평가 척도는 무엇이며, 어느 수준에서 시작해서 사업계획 기간 중에는 어느 수준에까지 도달할 것인가 하는 것이 내재되어 있는가를 체크해야 한다.

따라서 업적평가의 절차는 전년도 사업계획의 시간으로 거슬러 올라간다. 그리고 사업계획의 확정 순간 업적평가 지표와 수준이 합의된다. 그리고 차기 연도에는 매 기간별로 실행과 결과 분석을 반복하게 되는데 일반적으로 분기별 평가, 반기별 평가 그리고 연간 평가의 단계를 거쳐 평가하고 피드백 하게 되는 것이다. 다만 평가가 보상과 연계되는 시점은 상반기 또는 연 1회의 보상이 일반적 관례라 할 것이다. 평가와 함께 차기 연도 사업계획 수립 시 평가 결과가 반드시 피드백되는 것도 잊어서는 안 되겠다.

(2) 업적평가의 기본안 합의 단계

업적평가의 프로세스를 고려하여 살펴보자. 전년도 사업계획 수립 시 모든 사업계획은 직전 연도 말에 당시 예상되는 차기 연도 사업환경과 목표달성 가능수준을 감안하여 사업계획을 수립하여 손익과 재무의 계획으로 종합된다. 물론 각 사업부에서도 마찬가지 독립 사업부의 손익과 재무가 계획된다. 이때 각 기능부문이나 부서에서는 자신의 독립된 기능에서의 목표, 예를 들어 영업부서에서는 영업목표, 생산에서는 생산목표 등이 수립되게 될 것이다.

이때 이 사업목표를 달성한다는 의미는 핵심지표의 목표치가 달성되었거나 어느 일정 수준에 도달했음을 의미하므로 '나는 이 핵심지표를 중심으로 그리고 그 수준으로 평가 받겠다'는 계획도 동시에 입안하게 된다. 이것이 바로 KPI(Key Performance Index; 평가지표)다. 바로 사업계획 수립단계에서 사업목표 설정과 함께 동시에 KPI와 목표수준을 설정하게 되며, 이것은 사업계획의 확정과 함께 조직 내에서 공유된다. 이것이 최종적으로는 CEO와 합의를 이루게 되는 것이다. 즉 부서 내 고유목표가 부서장과 부문장 또는 본부장과 합일점을 이루고, 본부나 부문의 목표는 본부장 또는 부문장과 CEO와의 합일점을 찾아 결국 전사의 사업목표와 KPI 및 KPI 목표수준이 상하 간 합의로 확정되는 것이다.

기업마다 칭하는 이름은 다르겠으나 이를 일반적으로 전략(목표)합의서 또는 사업목표 합의서라는 형태로 상호 사인 후 차기 실행을 위해 남겨놓게 된다.

(3) 전략합의서의 확정과 공유 단계

사업계획에 따른 KPI와 KPI의 목표 수준이 회사 내의 경영층과 관리자 그리고 실무층과의 합일점에 이르게 되면 이 목표치에 대해 상호 합의서를 만들어두게 된다._이를 전략합의서라 한다고 했다_ 즉 기업마다 그 형식은 다르겠으나 궁극적으로는 사업계획에 대한 기업이나 사업부문의 사업추진 전략과 KPI 및 KPI의 목표수준에 대한 확정단계를 거치게 된다는 것이다.

상호 합일점에 이른 목표치와 구체 실행전략에 대한 합의서는 당사자와 상위자가 서로 각 목표항목과 목표수준을 확인한 후 합의사인을 함으로써 확정되게 된다. 물론 CEO 경영방침이나 전략 상황에 따라 장기목표나 단기목표에의 가중치를 조정할 수 있으며, 각 항목별 가중치 역시 전체평가에 합리적인 가중치로 조정할 수 있다. 다만 연간 목표가 확정되고 난 후 조정은 불가하도록 해야 한다. 본인이 평가받기에 자신이 유리한 방향으로 임의 조정할 수도 있기 때문이다. 이렇게 결정되는 목표 및 전략 합의는 통상 매년 말 또는 연초에 확정시키는 것이 일반적인데 그래야 차기 연도 목표를 위한 실행에 무리가 생기지 않기 때문이다.

(4) 전략합의서에 의한 평가

이제 기업 내 모든 부서는 당초 수립된 사업계획을 기준으로 자신이 설정한 목표의 달성을 위해 최선을 다하게 된다. 늘 변하는 환경에도 유연히 대처하면서 때론 유리한 환경 속에서 더 좋은 성과가 날 수도 있고, 때로는 최선을 다하고 있음에도 부족한 성과가 나타날 수도 있다. 기업 경영자는 주요한 분기점마다 자신들의 경영상황이 어디쯤 가고 있는가를 점검해보고 평가하여 다시 다음 계획에 반영하여 탄력적인 대응경영을 해야 한다.

이것이 바로 환경대응경영, 즉 전략경영이라는 것이다. 아울러 이러한 프로세스가 잘 진행되도록 하려면 반드시 중간 평가, 기말 평가라는 절차가 필요하다.

따라서 기업은 최소 반기 1회 그리고 연 1회의 과정 점검을 위한 업적평가를 실시하는 것이다. 평가의 기준은 역시 사업계획과 함께 수립했던 목표 및 전략합의서가 기준이 된다. 당초 목표는 얼마이고, 지금까지 얼마의 수준에 올라 왔는지, 평가 수준은 어느 정도 되는지를 점검하는 과정이라 할 수 있다.

반기는 연도의 평가보다는 가볍게 하겠지만 중요한 시점에서의 평가이니만큼 하반기의 전략을 위해 많은 정보를 통한 판단의 기회가 되기도 한다. 즉 내부의 역량이 목표치에 어느 정도 근접해 가는지 그리고 외부의 환경 변화는 얼마나 차이를 가져오는지 등에 관하여 면밀히 분석해서 판단해야만 자신의 조직이나 기업 전체가 연말 자신의 목표 달성에 문제가 생기지 않을 것이기 때문이다.

(5) 평가와 보상의 연계

일반적으로 당기 경영성과의 평가는 연말의 모든 경영행위가 종료되고 확정된 상황에서 평가하는 것이 아니라 연말 추정치에 의해 평가하는 것이 일반적이므로 기말 결산의 종료 이후 평가는 합리적으로 이루어졌는지 그리고 공정했는지 등의 여부를 재차 확인하는 과정이 추후 있어야 할 것이다. 아울러 이 평가의 결과는 차기 계획에 반영되도록 기업 내 시스템화해야 할 뿐 아니라 보상과도 반드시 연계되도록 해야 한다. 왜냐하면 평가만으로 그치게 될 경우 평가 자체에의 의미가 퇴색될 뿐 아니라 향후 사업계획이나 목표의 수립에 조직원의 의지 반영이 약화될 수 있기 때문이다. 이는 미래 실행의지에 힘을 더하여 줄 중요한 하나의 방편이 바로 평가와 보상이라는 툴이기 때문이다.

평가에 대한 보상은 일반적으로 조직평가와 보상 그리고 개인 평가와 보상으로 크게 대별하는데 추후 평가와 보상에 관한 항목에서 자세히 언급하기로 하겠다.

4) 업적평가제의 도입

(1) 사업부제의 도입

기업은 지속가능한 경영을 추구하면서 날마다 성장하기를 원한다. 그리고 이를 위해 나름의 경영자원을 최적화시키고 환경에 대응하면서 최대의 성과를 내려 하고 있다. 하지만 대부분의 기업에 있어 두려워할 점은 지속가능한 경영이 얼마나 가능할 것인가 하는 점이다. 결국 기업의 수명이 문제인 것이다.

기업의 수명은 나라에 따라 또 그 국가의 기업유형과 개별 기업의 상황에 따라 다르다. 통계나 자료에 의하면 일본 기업의 경우 기업 수명은 30년으로 꽤 긴 편이고 또 지금도 많은 기업이 탄생하고 또 사라지기도 한다. 일본의 니케이 경제연구소(日經)는 '기업의 수명은 30년이다' 라는 보고서를 통하여 일본 기업의 평균 수명이 30년에 그친다고 했다. 1980년을 기점으로 과거 일본의 100년간의 경제 역사 가운데 기업의 생존이 평균 얼마나 되는가를 연구해 본 결과 기업의 평균 수명이 30년밖에 되지 않더라는 것이었다. 하지만 살아있는 기업은 아직도 호흡이 있고 성장하기 위해서 몸부림친다. 다만 어떻게 하고 있느냐, 어떻게 할 것이냐 그것만이 관건이 될 것이다. 그 중에서 특히 조직을 어떻게 가져갈 것인가는 매우 중요하다. 어떤 조직 단위별로 계획을 세우고 추진하고 평가할 것이냐 하는 것은 결국 기업 전체가 얼마나 조직적으로 살아 움직이고 있는가 하는 것과 같은 이치이기 때문이다. 그래서 기업은 기업의 성장전략과 함께 조직을 재배열(Re-Organization)하여 계획하고, 추진하고, 평가하는 과정을 반복하게 되는 것이다. 좀 더 자세히 살펴보기로 하자. 기업은 전사 관리체계에서 사업별 또는 부문별로 명확한 책임과 권한을 부여하여 좀 더 주도적으로 사업을 진행할 수 있는 토양을 만들어주고 시간의 경과에 따라 책임경영체제가 완벽히 구축되어 보다 높은 성과를 이끌어내 주기를 기대한다. 과거에는 주력사업중심의 전사 관리체계의 경영체제였다면 이제는 주력사업의 성장과 함께 많은 파생사업을 전개하는 단계에서 독자적 사업특성을 고려한 경쟁우위의 단위사업체제로 전환이 되었고, 아울러 이러한 사업부 체제의 구축과 실행이 결과적으로는 다수의 주력사업으로 성장하는 밑거름이 될 것이기 때문이다. 이것이 결국 기업을 확장시키고 성장시키게 되는 것이다. 지금의 엘지전자나 삼성전자의 성장 과정도 역시 이와 같은 단계를 밟아왔다고 보면 틀림이 없다.

〈표 7-1〉 기업성장과 전략적 조직 운용

	사업부제 정착	전사관리체제	사업부제 구축
사업특성	• 주력사업 중심의 사업 전개	• 주력사업 성장 • 파생사업 전개	• 다수의 주력사업으로 성장
환경	• 현정부보호의 Biz • 집중화 요구	• 성장개방과 더불어 경쟁 가속화 • 개별사업 전문경영 요구	• 철저한 경쟁중심의 시대 • 개별사업 독자육성과 전사적 전략 전개

(2) 사업부제의 운용

사업부제의 기본 개념은 사업별 전문 경영체제를 구축하고 여기에 책임과 권한을 부여할 뿐 아니라 사업부장에게 사업부 의사결정의 전권을 부여함으로써 철저한 책임경영체제를 구축하도록 하는데 그 일차적 목적이 있다. 이에 각 사업부는 대외 급변하는 경영환경에 수시 유연히 대처하면서 사업부 전략을 수립하고 경영목표 달성에 매진할 수 있게 된다. 이러한 사업부제의 운용이 효율화를 갖고 효과성을 갖도록 하기 위하여 전사적 관점에서는 사업부제의 계획과 성과에 대한 모니터링 제도를 갖게 된다. 즉 사업부에 전권을 준만큼 내부 통제 시스템의 하나인 업적평가 제도상의 관련 시스템을 사전에 만들어 운용해 나가는 것이 이 사업부제의 효과를 극대화시키는 방법 중 하나이기 때문이다.

사업부제의 성과 극대화를 위하여 CARE 시스템을 도입한 기업은 책임_Responsibility_과 권한_Authority_ 부여를 위한 제도, 이를 위해 개인과 조직의 능력 제고_Capability_를 위한 제도 그리고 평가와 보상_Evaluation_ 등을 구축하고 이를 효과적으로 운용하는 노력을 함께 해야 할 것이다. 이것이 결국은 기업의 비전 달성의 주요한 요소가 되기 때문이다.

〈표 7-2〉 사업부제의 기본 개념과 운용

기본 개념	관련 시스템 구축/운용	비전의 달성
대내 • 사업별 전문 경영체제 구축(특화 전략) • 사업부장에 재량 전권 부여 • 철저한 책임 경영 • 경영지원 부문으로까지 확대 **대외** • 전략경영	**C.A.R.E** Capability (능력) Authority (권한) Responsibility (책임) Evaluation (평가)	매출 : 이익 : 투자비 : 부가가치 : 인원 : EVA

(3) 사업부 업적평가의 필요성

사업부 업적평가를 해야 하는 이유는 사업별 책임경영 체제를 기반으로 기업의 외부 경영환경 변화에 능동적이고 유연하게 대응하여 최대의 성과를 창출하도록 하기 위함이며, 내부적으로는 사업별 책임경영체제를 구축하고 경영관리를 효율화 시키는데 있다. 내부통제시스템(Internal Control)의 일환인 사업부 업적평가 제도는 내부관리기능 강화는 물론 장기적으로는 기업의 비전이나 장기목표를 달성하는데 큰 도움이 된다. 다만 내부통제라는 의미를 통제에 두기보다는 내적효율화에 두는 것이 더 바람직하다.

〈표 7-3〉 사업부 업적평가의 필요성

경영환경의 변화	대응방향	업적평가의 유효성
• 사업부별 책임 경영체제로 전환 • VISION의 수립 • 국내외 경쟁상황의 심화	• 사업부별 책임경영 체제 구축 • 경영관리의 효율성 제고 • 내부관리기능의 강화 (사업부제 정착, 관리회계 시스템 구축)	• VISION에 기초한 실질적 목표지향 관리체계로 전환 • 기능별 활동의 강화 • 사업부별 / 기능별 경영관리의식 제고

5) 업적평가제의 운용

(1) 업적평가제의 운용

앞서 사업부제에 대한 업적평가제의 필요성에 대해 설명한 바 있다. 기업은 이처럼 사업부제를 도입하고 이의 효과 극대화를 위한 CARE 시스템을 도입하는 등 기업조직 전반의 경쟁력을 높이고자 한다. 이제 기업은 사업부 차원에서 보다 세분화하여 각 사업, 각 기능, 각 부서 자체가 이러한 책임과 권한 하의 사업목표 수립과 달성을 위해 경쟁력을 갖추고 최대의 성과를 낼 수 있는 체제를 만들어야 한다. 따라서 하나의 사업단위의 평가에서 이제는 전사적 관리단위 조직의 업적평가제를 운용할 필요를 느끼게 되고 아울러 관련 제도를 만들어 운용하고자 하는 것이다.

(2) 업적평가제의 운용 체제

여기에는 우선 운용 대상, 조직단위의 결정과 업적평가 조직단위의 설정이 전제가 되는데 운용대상 조직단위는 사업목적별 단위, 즉 사업본부, 사업부문, 사업부서 그리고 사업파트(어떤 기업은 Part 기능을 강화하고 여기에 많은 권한과 책임을 부여하고 있다) 들을 말하며 업적평가 조직은 일반적으로 사업계획 기능 주관부서인 전사 경영기획부서가 담당하나 때로는 업적평가 전담부서 또는 감사부서가 이 역할을 맡기도 한다. 어떤 경우는 평가 시마다 각 기능 주관조직 내 핵심인력을 차출하여 서로 무관한 조직을 담당하여 상호 교환 평가하는 방식도 시행해 볼 필요가 있다. 각 기능 주관부서의 핵심 인력이 상대 부서의 핵심업무를 이해하는 좋은 기회가 될 수도 있다.

2. 업적평가 제도의 운영

1) 업적평가 체제 구축

업적평가는 보다 다양한 평가의 요소들을 포함하여 체계화 한다. 이를테면 이미 언급한 바 있는 연간 사업목표 달성방안_목표 및 전략합의서에 명시되어 있음_은 물론이고, 여기에 수시 환경에 따라 변화되고 수치로 명확히 나타낼 수 없는 사안에 대한 상위자의 평가, 즉 사장평가 그리고 사내 외 고객만족도 등의 평가들이 핵심 수단이 된다. 한편 평가대상의 조직 단위는 이미 언급한 바와 같이 사업부 평가, 부문별 평가, 부서별 평가 등으로 피평가 조직단위로 구분하여 평가하는 체계를 갖는다.

다만 이것이 조직 평가였을 경우 조직의 장에 대한 평가와 함께 조직단위 내의 조직원들이 받아야 할 평가로 이루어지지만 단순 개인 평가일 경우는 자신의 개인목표에 대한 평가와 함께 일부 자기가 속한 조직 단위의 평가를 동시에 받게 되는 것이다.

〈표 7-4〉 업적평가 체계와 체제 구축

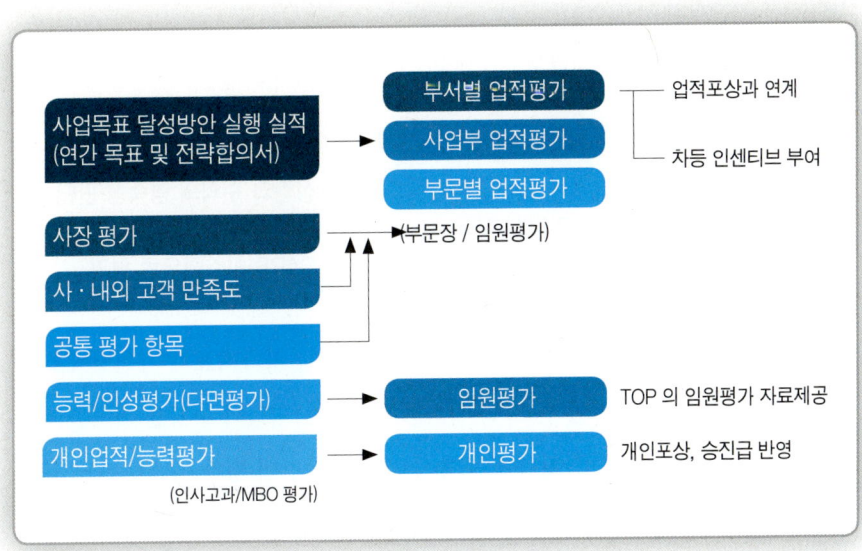

2) 업적평가 항목의 설정

업적평가의 항목 설정은 먼저 기업의 성과측면에서 장기적 측면과 단기적 측면의 성과 평가를 설정한다. 이때 장기의 성과 평가를 전략지표라 하고, 단기의 성과지표를 성과지표라 구분하기도 하지만 일반적으로 장·단기 지표를 그냥 전략지표 또는 업적 및 경쟁우위지표라고 한다. 다음으로는 전략지표는 어디까지나 사업계획 수립 당시의 환경을 전제로 지표와 목표를 설정한 것이다. 따라서 환경의 변화에 따른 변수를 가감해 줄 수 있는 무언가를 만들어야 할 것이다. 이것이 바로 CEO의 평가 부분이다. 다음으로는 조직력 강화 지표로써 조직이 성장하고 수익을 내는데 한계는 무엇인가? 무엇을 극복하면 가장 효과가 클 것인가를 보고 결정한 평가항목으로 이는 부문 역량 강화 관점의 평가이다.

〈표 7-5〉 업적평가 항목의 설정

대상조직		업적평가 대상	핵심 내용
CEO의 전반 업적평가		CEO, 전사 전 조직	대내외 환경대응 능력
성과 지표	업적 및 경쟁우위 지표	매출 / 이익 지표	매출액과 이익 액
		기타 정량 지표	매출액과 이익 액 외의 이익지표
		경쟁우위 전략지표	M/S, 판가, 생산량, 수율, 투자비 등
	조직력 강화 지표	부문 역량 강화 테마	Risk Management Sys. 구축
활동 지표	선행지표	사내외 고객 만족도	성장과 수익의 영속성 판단
	활동지표	리더십 지표	경영층의 핵심 관점
		사원만족도 지표	CARE 시스템으로 평가

끝으로 활동지표의 평가로써 조직활동에 대한 리더십 평가지표와 사원만족도 평가지표 등을 포함시킬 수 있다. 다만 이러한 항목들은 기업의 상황을 최대한 반영하여 보다 합리적인 지표를 평가에 포함시키면 될 것인데 평가 시스템 도입의 초

기 단계부터 욕심을 내서 너무 많은 항목의 세분화를 통해 평가하기보다는 점진적으로 그 평가의 범주를 세분화시켜 나가면서 정착시키는 것이 바람직하다.

3) 업적평가 가중치의 설정

이제는 각 업적평가 항목에 대해 얼마만큼의 중요성을 가미하느냐 하는 문제이다. 총 평가점수를 1000점이라 할 때 성과지표를 800점, 활동지표를 100점 그리고 CEO의 평가를 100점으로 대별하는 예를 가상해 보자. 그리고 성과지표의 800점 가운데 조직활성화 100점, 고객만족도 100점을 뺀 나머지는 업적 및 경쟁우위 지표이고, 여기에 600점을 가중치로 두었다. 이때는 당연히 성과지표에 많은 비중을 두고 있음을 알 수 있다.

〈표 7-6〉 업적평가 항목별 가중치

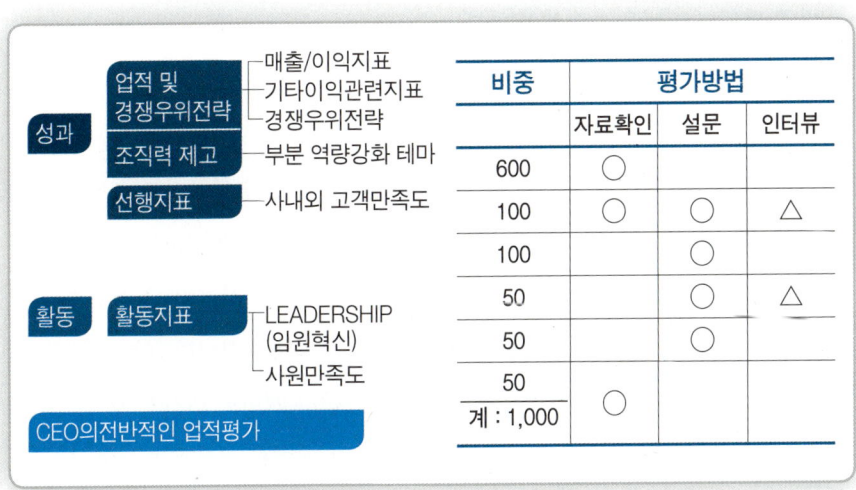

다만 성과지표 중 조직력 제고 테마에 관한 지표(100점)나 선행지표(100점)를 괄호 속의 각 배점으로 구분했다면 어떨까? 이들은 미래의 수익성을 위해 사전 준비하는 수준이 어느 정도인지 평가하는 항목이므로 현재와 미래를 구분하여 본다면

6:2의 비율이 되는 것을 알 수 있다. 다만 현재의 상황이 매우 어려울 경우에는 단기적 성과에 더 많은 비중을 두고 평가하게 될 것이며, 반대로 현재의 상황은 최고의 역량, 최고의 시장 상황이고 이를 바탕으로 미래 많은 힘을 들일 시기라 판단된다면 미래를 위한 조직력 제고와 선행지표에 대한 가중치는 상대적으로 높아지게 될 것이다.

4) 항목별 업적평가의 방법

(1) 항목별 업적평가 방법

항목별 업적평가 방법은 이미 제시한 바 있다. 즉 업적 및 경쟁우위 전략의 평가는 모든 것이 숫자로 표현되고 결국, 결산의 종합으로 판단할 수 있는 것이기에 자료의 확인만으로 가능한 부분이 될 것이지만 성과지표 중 고객만족도나 활동지표의 경우는 재무나 관리회계로부터 쉽게 자료를 받을 수 있는 성질의 지표가 아니기에 다른 별도의 방법을 사용해야 한다.

즉 설문조사와 같은 방법을 통하여 사내 외의 고객만족도를 평가할 수 있게 되고, 활동지표 중 임원평가나 팀장의 평가인 리더십 평가에서 사원만족도 평가까지 역시 설문조사 등의 방법을 사용하여 평가하게 된다. 다만 설문조사를 통하여 현저히 높아 다른 부문이나 부서에 모범이 될 만한 결과를 나타내 놓고 있거나 아니면 너무 낮아 그 원인의 파악과 개선이 절실하다고 추정되는 사례가 나온다면 이 역시 현장의 인터뷰나 실사를 통하여 추가로 확인해야 할 사항이다. 어쩌면 이렇게 두드러지게 나타나는 예외적 현상을 통하여 조직이나 개인의 혁신적 개선을 발견할 수도 있고 이것이 차기 조직이나 개인의 커다란 성과의 변화를 도출할 수도 있지 않을까 싶다.

<표 7-7> 업적별 기준설정과 평점부여 방법

대상조직		업적평가 기준	평점부여방법
CEO의 전반 업적평가		CEO, 사내 기준	CEO평가기준 5단계에 의거 평가
성과 지표	업적 및 경쟁우위 지표	필수항목	부문, 부서에서 자체 설정한 목표
		지정항목	전사적 차원에서 지정한 항목
		종합	필수(60%), 지정(40%)가중치 적용
	조직력 강화 지표	성과/활동측면 평가	전문위원회 평가 점수 인용
	선행지표	사내외 고객 만족도	설문평가 종합하여 적용
활동 지표	활동지표	리더십 지표	상동
		사원만족도 지표	상동

(2) 업적평가의 절차

이러한 기준에 의거하여 이루어지는 업적평가의 절차(프로세스)는 어떠한가? 개략의 기본 프로세스는 다음과 같다. 즉 기본적으로 경쟁우위지표의 평가는 자기평가 40%, 상위자 평가 60%로 구성되어 있어서 이를 가중 평균한 값으로 종합 평가하고 조직 능력제고에 관한 평가는 연중 조직 능력제고를 위한 프로젝트의 실행결과에 대해 특별 활동을 통해 전담평가팀이 평가한 수치를 기준으로 평가하며 고객만족도, 사원만족도의 평가는 설문과 인터뷰 조사결과의 수치로 평가한다. 이렇게 평가된 자료는 CEO의 종합평가를 거쳐 최종 주무부서에서 종합된다. 물론 종합평가 자료는 최종적으로 결정되기 전, 사내 평가위원회 등을 통하여 객관적인 심의나 점검을 통해 실사 및 자료 확인 과정이 있게 되겠고, 여기서 확정된 최종 결과치로 각 조직 단위별 평가가 완료된다고 보면 된다. 이 평가는 4분기 중 연말 추정수치를 기준하여 이루어진 것이므로 연초 특별한 부분에 대한 피드백 평가는 감사팀이나 평가위원회의 피드백 평가로 최종 점검, 정리된다고 이해해야 한다.

〈표 7-8〉 업적평가의 절차

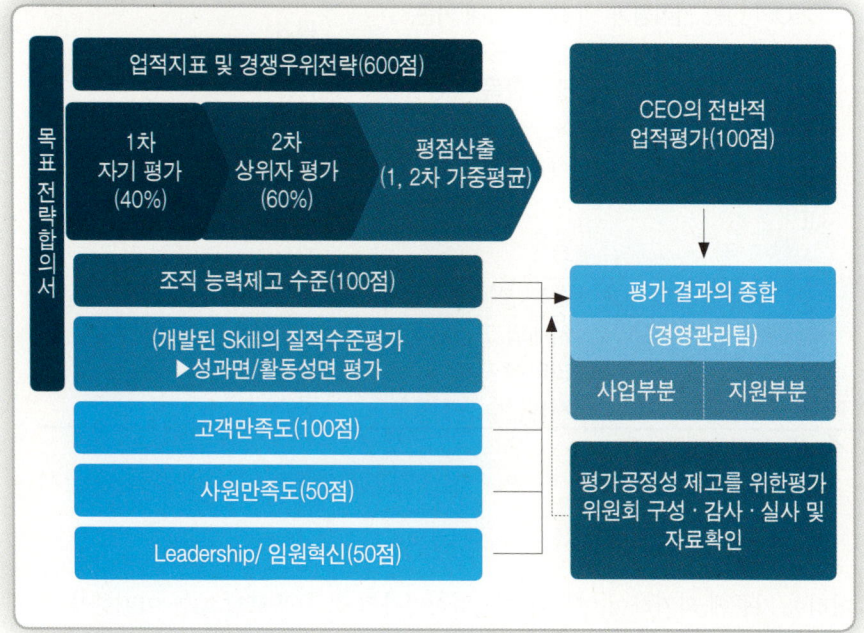

5) 업적평가의 종합

이상의 것을 종합하여 이제 전사적 차원의 평가가 이루어져야 할 것이다. 물론 이 때는 각 사업본부나 부문 그리고 사업팀의 조직평가도 이루어질 것이고, 아울러 각 조직의 장의 평가도 함께 이루어지게 된다. 이 평가의 결과 조직 단위별 평가와 보상이 결정되게 되고, 아울러 개인의 평가도 동시에 이루어 질 수 있게 된다. 특히 개인의 평가는 조직의 평가와 개인의 평가가 가중되어 평가된다고 보면 되고, 아울러 개인의 업적에 의한 평가는 인센티브로, 장기적 측면의 성장 평가는 승진급 인사에 반영되도록 인사와 연계하는 시스템도 필요하다.

3. 업적평가의 사례

1) 업적평가의 사례

이제는 실제 업적평가를 실시하는 사례를 통해 보다 구체적인 각 항목별 평가 방법을 알아보기로 하자. 먼저 업적지표 및 경쟁우위지표는 크게 영업실적 평가와 이익실적 평가 그리고 정량지표와 정성지표로 나뉘는데 영업실적지표는 목표 달성도 60% 그리고 달성성과 임팩트 40%로 구분하여 과거 목표만 달성하면 최대 점수를 얻는 방식을 지향하는 것이 좋다. 즉 임팩트(Impact) 평가란 경쟁사 대비로 볼 때는 어떠한지, 과거 실적 대비해서 금년 목표의 도전성은 어떠했는지 등에 관해서도 비중있게 고려하여 평가하겠다는 취지의 평가제도이다.

마찬가지로 이익실적 평가도 이와 같은 방법으로 이익실적과 임팩트 평가를 각각 60대 40으로 구분하고 임팩트 평가에는 전년도 대비 개선도와 과거실적대비 금년 목표의 도전성 등을 포함하는 것도 좋은 사례라 하겠다.

〈표 7-9〉 업적평가의 각 항목별 평가방법

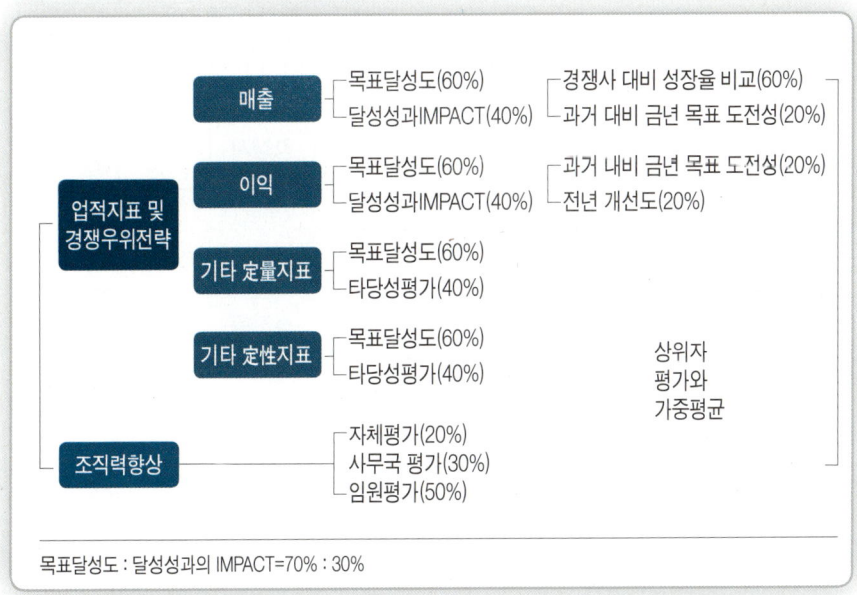

2) 영업평가의 사례

(1) 매출실적 평가의 사례

영업(매출액)실적 평가 사례를 보자. 영업실적 평가는 목표 달성도 60%와 임팩트 평가 40%의 가중치를 두고 평가할 수 있다. 여기서 목표 달성도 평가는 매출목표 100% 달성 시 5점 만점에 5점의 평가를 하고, 이하의 실적에 대해서는 과거 3년간의 매출변화를 기준으로 구간평가 척도를 만들어 평가한다. 여기에 임팩트 평가는 주요 경쟁사 대비 평가와 과거실적대비 평가를 각 20%로 배정하고 주요경쟁사 대비 평가 시는 경쟁사 평균 성장률과 동일한 경우를 5점 만점에 3점을 기준으로 하여 자사의 실적을 평가하도록 한다. 과거실적대비 평가 시에는 과거 3년 최고 성장률을 5점, 최저 성장률을 1점으로 하되 평균을 3점으로 정하여 평가한다.

따라서 과거실적대비 금년 목표의 도전성은 과거 3년의 성장률이 주요 척도가 되어 언제나 과거보다 더 개선된 매출목표와 실적을 기대하고 있는 것으로 보면 된다. 이것은 단순히 목표 대비 평가와 확연히 다르다.

〈표 7-10〉 영업(매출)실적 평가 사례

구분		가중치	측정 기준	평가 기준					평점
				5	4	3	2	1	
목표달성도		60%	합의서 上의 목표 대비 달성도	100%	98%	95%	90%	+85% 이하	
I M P A C T	주요 경쟁사 대비	20%	주요 제품 제 매출액 성장율 차이 비교(전년 대비)	-10% 이상	-5%	경쟁사 동일 (평균)	-5%	-10% 이하	
	과거실적 대비 금년 목표의 도전성	20%	과거 3년 대비 금년목표 수준의 실질성장을 비교	과거 3년 최고 성장율	-a	과거 3년 성장율	-a	과거 3년 성장율	

(1) 달성도 및 IMP ACT 평가 : 保間에 의거 비례계산 (MAX 5點, 소수점 2째자리)
(2) 매출목표 달성도 평가 : 제품과 상품을 포함하여 물량달성도를 기준으로 하되 필요부문은 금액달성도를 병행함
(3) 主要 경쟁사 대비 : 파악이 가능한 확정 (추정) 실적을 근거로 상호 대비하며, 가능한 한 동일부문 간 비교가 되도록 함. 경쟁사는 업계 他社 또는 주 경쟁사를 원칙으로 하며, 사업특성에 따라 복수 경쟁사를 선택할 수 있음. (국내 경쟁사가 없는 부문은 생략하고 과거실적 대비 금년목표의 도전성을 40%로 함)
(4) 과거실적 대비 금년목표의 도전성

(2) 이익실적 평가의 사례

아울러 이익실적의 평가는 목표 달성도 60%, 임팩트 평가 40%로 대별하고 목표 이익 달성도 평가 시 측정방법은 목표 달성 시 5점 만점이 아닌 4점 기준의 평가척도를 만들고 1% 이상의 이익률을 기록했을 시에만 5점 만점을 받도록 한다. 그리고 임팩트 평가는 과거실적 대비와 전년 대비 도전성으로 각각 나누고, 과거실적 대비 평가는 과거 3년 간 최고점수를 5점 만점에, 최저 이익률을 1점에 두고 평균 이익률을 5점 만점에 3점으로 하여 구간 평가하는 방식을 선택한다.

한편 전년 대비 이익 개선도는 10% 상하를 각 최고와 최저점수로 두고 이익 증감율이 0인 경우 3점의 점수를 설정한 후 평가한다. 일명 보간법의 방식을 택해 점수 측정치를 구간으로 나누어 평가하는 것이다. 그러나 신규사업인 경우 이 평가 비례표를 적용하는 데는 무리가 있기에 이러한 경우에는 예외를 인정하는 등 제도의 탄력적 운영이 필요하다.

〈표 7-11〉 이익(영업)실적 평가 사례

구분		가중치	측정 기준	평가 기준					평점
				5	4	3	2	1	
목표달성도		60%	합의서 上의 목표 대비 편차	1-1%	0%	-1%	-2%	-3% 이하	
I M P A C T	과거실적 대비 금년 목표의 도전성	20%	과거 3년 이익율 대비 금년 목표 이익율 비교	과거 3年 최고 이익율	+a	과거 3年 평균 이익율	-a	과거 3년 최저 이익율	
	전년 대비 금년 (사업내의 기여도)	20%	전년이익 대비 금년이익 증감율	10% 이상	10%	0%	-10%	-10% 이하	

(1) 달성도 및 IMP ACT 평가 : (保建)에 의거 비례계산 (MAX 5%, 소수점 2째 자리)
(2) 과거실적 대비 금년목표의 도전정 : 신규사업의 이익은 제외
(3) 上記 평가의 근거 DATA를 유첨함
(4) 재무회계 System 구축 완료 시는 책임이익 / 세전이익 평가로 전환 예정

3) 타당성 평가의 사례

앞서 설명한 바와 같이 매출이나 이익의 평가는 수치로 정확한 결과가 나타나는 만큼 평가도 쉽고 이의를 제기할 여지도 적다. 그러나 이번 항목에서와 같이 수치보다는 정성적 평가에 보다 많은 이성적 판단을 해야 하는 평가항목인 경우 쉽지 않은 측면이 있다. 그래서 다음과 같이 각 평가항목의 타당성 평가표에 의거하여 정성적 평가를 하기도 한다.

즉 목표 달성도를 60%, 타당성 평가를 40%로 하되 타당성 평가에 있어 중장기 비전과의 연계성 여부, 목표수준의 도전성 여부 그리고 평가항목의 명확성 여부 등을 평가하여 종합 평가 값을 산출하기도 한다. 물론 각 세부 항목의 평가 시 구체적 수치를 제시하여 평가하기란 그리 쉽지 않은 점이 있기는 하다. 따라서 이 경우에는 피평가 부서가 우선 자신의 점수를 평가하고 평가자가 추후 합의, 또는 조정하여 최종 평가를 하도록 하는 절차를 만드는 것도 지혜로운 방법이다.

〈표 7-12〉 타당성 평가 사례

구분		측정 기준	평가기준					평가치
			5	4	3	2	1	
목표달성도 60%		합의서 上의 목표대비 편차	100% 이상	98% ~95%	95% ~90%	90% ~85%	85% 이하	
타당성 평가 (40%)	중장기 비전과의 연계성	MASTER PLANE 의 진척상황	매우 우수	우수	보통	미흡	매우 미흡	4개 항목의 평균평점
	목표수준의 도전성	목표수준의 도전성/혁신성						
	평가항목의 명확성	목표수준의 명확성						
		달성 방안의 구체성					평균	

(1) 달성도 평가 : 보간법에 의거 비계계산 (MAX 53, 소수점 2째 자리)
(2) 타당성 평가 : 엄격한 자기판단에 의거 점수 평가함

4) 고객만족도 평가 사례

(1) 고객만족도 평가의 사례

업적평가에 있어서 과거에는 경영실적 중심의 평가가 주된 평가 대상이 되었으나 기업경영의 환경 변화와 고객과 시장이 기업의 영속 성장에 절대적 영향을 미치는 현 시점에 있어서 과거에는 고객이 어떻게 생각하느냐 하는 것이 매우 중요한 일이 되었다. 따라서 최근 고객만족도 평가 항목의 삽입은 이미 평가의 기본 상식이 되어 버렸다.

고객만족도는 우선 생산 현장의 제품 자체에 대한 대내외 고객의 만족도인 제품만족도 평가와 시장에서 자사 제품에 대한 평가와 충성도를 나타내는 고객만족도로 나누어 평가하게 된다. 그런데 이때 고객만족도는 다시 제품이나 서비스에 대한 종합적인 만족도와 개별 제품이나 상품, 서비스에 대한 개별만족도로 나누어 평가하게 된다.

여기서 종합만족도는 제품, 상품, 서비스에 대한 전반적인 만족도를 이르는 반면, 개별만족도는 고객이 중요하다고 생각하는 요소, 즉 제품의 수명, 가격, 구색, 편리성, 보수유지, 광고, 제품의 정보, 영업사원에 대한 만족도, 납기 등 각 개별 요소들에 대한 평가가 포함되어 있다고 보아야 할 것이다.

이러한 고객만족도 평가는 자사 내의 해당 부서(피평가부서)가 그 점수에 간여할 수 없도록 평가부서에서 임의로 설문조사나 샘플링 조사를 통해 평가자료를 취합하는 것이 중요하다.

〈표 7-13〉 고객만족도 평가의 사례

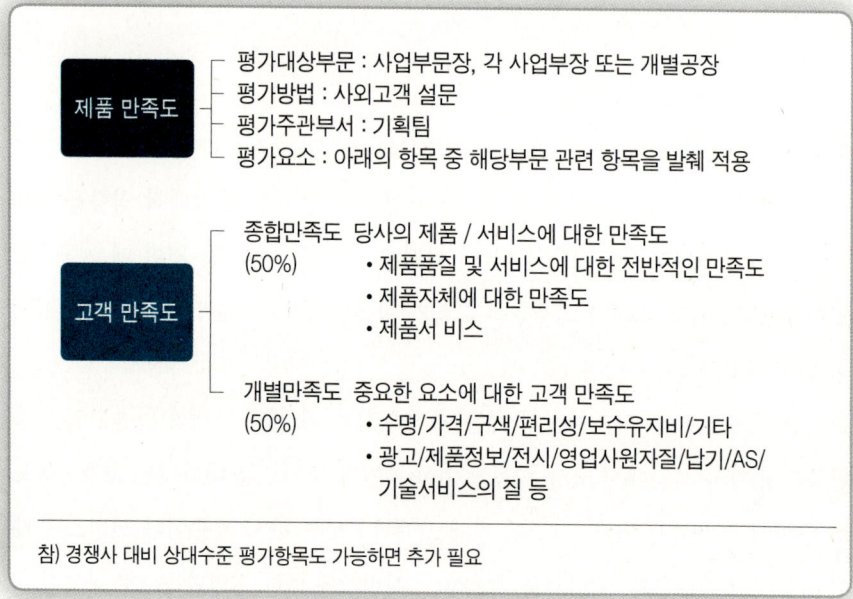

(2) 고객만족도 평가 시 유의 사항

과거 고객만족도 평가 시 피평가부서에서 사전에 평가 대상자들에게 유리한 정보를 제공한다거나 의도적으로 점수를 조정할 만한 행동을 취함으로써 평가점수의 왜곡을 초래하는 사례들이 있어 최근에는 고객만족도 평가 전문기관이나 부서에 의뢰하여 가급적 피평가자나 피평가부서의 영향을 받지 않는 평가 결과를 도출하려 많은 노력을 기울이고 있기는 하다.

그러나 무엇보다도 중요한 것은 이러한 고객만족도 평가가 결국은 자사의 대고객 경쟁력을 좌지우지하는 중요한 지표이자 평가이기에 보다 겸허한 자세로 고객의 평가를 받고 자사의 부족된 부분을 고쳐나가려고 하는 정신이 꼭 필요하겠다. 또 이러한 정신을 모든 조직원들에게 주지시킴으로써 반드시 평가 기간에만 평가에 신경 쓰는 것이 아니라 평상 시 고객의 만족도를 위해 많은 노력을 기울여야 한다는 점이 중요하다.

특히 설문조사는 반드시 전문가나 전문집단의 도움을 받아 작성하는 것이 중요하다. 왜냐하면 고객만족도 설문 그 자체가 고객의 평가를 잘 대변해 줄 수 있도록 체계적으로 만들어야 할 것은 물론이려니와 이와는 또 다른 한편으로 설문 작성자의 의도에 따라 고객의 평가가 유도될 가능성이 농후하기 때문에 보다 객관적이고 합리적인 질문의 구성과 표현이 중요하다는 것이다.

〈표 7-14〉 고객만족도 평가 시 유의 사항

주요 내용	유의 사항	비 고
1. 고객만족도 설문 작성	* 전문가에 의한 작성	* 체계적으로 평가항목 설정 * 유도적 설문의 배제(객관, 공정)
2. 고객의 설문평가	* 피평가자 임의개입 배제 * 고객의 자발적 평가 유도 * 중간과정의 투명성	* 피평가자보다 객관화되고 자의적인 평가를 할 수 있도록 노력해야 함
3. 고객 설문결과 자료의 정리	* 반드시 제3자의 취급 * 종합평가의 공정성	* 설문평가 결과의 처리 시 이해관계자의 배제가 필요
4. 평가 이후 피드백 결과	* 피평가부서의 평가결과 　-평가에 대한 절대적 수긍 　-향후 개선 대안의 도출	* 평가결과는 반드시 피드백 되어야 함. 따라서 매번의 평가 내용이 개선되는지 확인 필요

5) 사원 만족도 평가 사례

(1) 사원만족도 평가의 주요 항목

사원만족도 평가는 기업경영의 원천이 기업 내 주체자인 종업원에 있다는데 대명제가 전제되어 있다. S그룹의 선대 회장은 인재제일을 외치며 기업의 생존과 성장은 곧 인재에 있다고 했을 만큼 사람이 기업경영의 주체가 된다는데 의심의 여지는 없다. 더구나 이러한 종업원들이 어떠한 생각을 가지고 있는가는 매우 중요한 일이 될 것이다. 그래서 사원만족도 평가는 매우 중요하다.

우선 평가 요소로는 사원들이 생각하는 기업 내 CARE 시스템에 대한 그들의 견해이고, 다음으로는 고과와 직무에 대한 그들의 평가이다.

한편으로 사원만족도에는 상위 계층의 리더십 평가를 뺄 수 없는데 여기에는 임원과 부서장급이 대상이 되어 피평가자로서 무엇이 더 필요한 것인지 알 수 있는 평가요소가 될 수 있겠다.

〈표 7-15〉 사원 만족도 평가 Frame

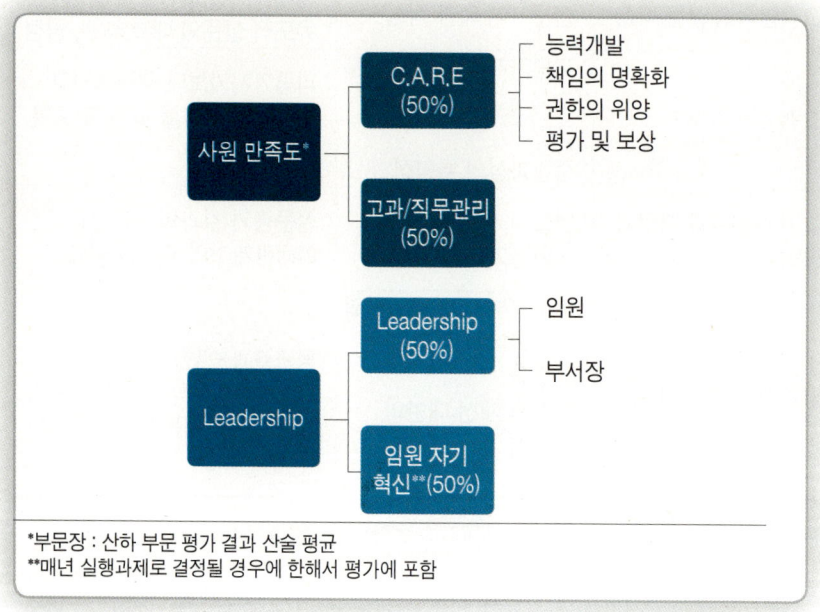

*부문장 : 산하 부문 평가 결과 산술 평균
**매년 실행과제로 결정될 경우에 한해서 평가에 포함

(2) 사원만족도 평가 시 유의 사항

사원만족도 평가 가운데 특히 CARE 평가와 리더십 평가로 크게 나누어 설문조사를 하는데 이 역시 설문 항목의 작성이 기업의 현황과 미래의 요구가 잘 파악되도록 구성되어야 한다. 특히 설문 평가 기간 동안 상위자가 평가를 유도하는 듯한 행동이 있어서도 안되겠지만 결과를 통해 겸허한 마음과 자세로 피평가자들이 임해야 할 것이다. 또한 평가자 역시 개인적 감정보다는 보다 객관적인 관점에서 평가해야만 기업활동에 유익이 있다는 점을 명심해야 할 것이다. 특히 CEO로부터 임원, 팀장에 이르기까지 리더십 평가의 대상이 되는 직책의 인원들은 자신이 그러한 평가를 왜 받았을까 하는 데에 집중할 것이 아니라 무엇이 문제이고, 무엇을 개선해 나가야 할 것인가에 초점을 맞추는 것이 중요하다.

〈표 7-16〉 사원만족도 평가 시 유의 사항

주요 내용	유의 사항	비 고
1. 사원만족도 설문 작성	* 전문가에 의한 작성	* 체계적으로 평가항목 설정 * 유도적 설문의배제 (객관, 공정)
2. 사원의 설문평가	* 피평가자 임의개입 배제 * 고객의 자발적 평가 유도 * 중간과정의 투명성	* 피평가자가 보다 객관화되고 자의적인 평가를 할 수 있도록 노력해야 함
3. 고객 설문결과 자료의 정리	* 반드시 제3자의 취급 * 종합평가의 공정성	* 설문평가 결과의 처리 시 이해관계자의 배제가 필요
4. 평가 이후 피드백 결과	* 피평가부서의 평가 결과 - 평가에 대한 절대적 수긍 - 향후 개선대안의 도출	* 평가결과는 반드시 피드백 되어야 함. 따라서 매번의 평가내용이 개선되는지 확인 필요

6) 업무지원 만족도 평가 사례

업무지원만족도 평가는 사실 기업마다의 특성에 따라 그 평가 항목과 가중치를 달리 할 수 있다. 다만 일반적으로 업무지원 중심의 부서는 해당 부서의 주 기능을 중심으로 작성할 수 있지만 유관부서에 대한 서비스 기능도 첨가하면 좋을 듯하다. 이렇듯 사외의 고객만족도 평가도 매우 중요하지만 사내의 고객만족도의 일환인 항목이나 가중치를 통한 평가는 결국 그 기업의 업무지원을 촉진하는 주요한 매개체가 될 수도 있다는 점을 명심해야 한다.

이와 같은 평가는 비단 총무, 인사에 대한 평가만이 아니라 경영지원 전체 곧 기획, 재경, 정보시스템, 인사 등 전 지원부서에 대한 평가로 확산하여 본원적 기능(Primary Function)의 모든 부서가 현업을 통해 경영활동을 할 때 최대한의 유기적 협력관계를 통해 기업의 가치를 제고시키는데 커다란 도움을 주게 될 것이다.

〈표 7-17〉 업무지원 만족도 평가 시트

내용	배점 기준	평가 기준					평가치
		5 매우 우수	4 우수	3 보통	2 미흡	1 매우 미흡	
1. 각종 행사 지원	15						
2. 비품/소모품 등의 지급 및 관리	15						
3. 인재 배치의 적정성	15						
4. 인력수급의 경제성	15						
5. 사업부 Need 파악	10						
6. 협의 / 요청사항의 납기, 회신	10						
7. 불요공문 발송지양 노력정도	10						
8. 기타 (1 ~ 7항 외)	10						
						평점	

* 평가자는 소속부서명 표기도 가함
 평가치 = 평가기준 해당점수 X 배점기준
 평 점 = 평가치 x 2

7) 사업목표 달성 종합평가 사례

(1) 부문별 사업목표 달성 평가

지금까지 각 조직별 사업목표 달성 여부에 다른 사업목표 달성 평가가 설명되었고 예시되었다. 이와 같이 조직에 대한 성과평가는 곧 조직의 책임을 맡고 있는 조직의 장의 평가도 함께 있게 되는데 이때 조직의 장은 자신의 조직의 성과평가와 함께 개인의 평가도 이루어진다. 다만 CEO는 각 부문장의 평가를, 부문장은 임원을, 임원은 팀장의 평가를 하게 되는 것이다.

<표 7-18> 부문별 평가 시트

결재	사장	고객

1. 평가기간 :
2. 평가자 : 사장

부문명 평가항목 명		사업 부문			연구개발 부문			경영지원 부문		
사업목표 달성 노력도	(개선의지, 추진력 등)									
지시사항 이행정도	(임원회의시, Spot 지시사항)									
업무 보고의 Skill	(숙지정도, 설득력, 간결성 등)									
부문 근무태도/ 분위기	(순시시 부문내 분위기)									
對(외부)고객서비스 정신	(고객관리 전반)									
사업장관리 효율성	(생산일정, 노사안정, 환경 등)									
신바람 추진 노력도	(산하 부서장 포함)									
기 타	(환경변화 감안점 등)									
계										

(2) 전사 사업목표 달성 평가

결국 부문장은 부문이라는 조직의 사업목표 달성 평가와 함께 고객만족도, 사원만족도 등 종합평가 항목에 따른 평가 내용을 근거로 하여 자신의 개인적 평가를 종합하게 된다. 이때 자신의 평가가 40%, 상위자(CEO)의 평가가 60%의 비율로 종합하게 된다.

〈표 7-19〉 부문장 평가 시트

00부문　　　　　　　　　2020.　　.　　　　　작성자 :
　　　　　　　　　　　　　　　　　　　　　　 상위자 :
　　　　　　　　　　　　　　　　　　　　　　 CEO :

평가 항목		비중	자기평가 (40%)	상위평가 (60%)	계
목표 및 전략 합의서	영업지표/ 경쟁우위전략	600 (700)*			
	조직 Skill 향상도	100			
선행지표	고객만족도	100 (0)*			
	사원만족도	50			
활동지표	Leadership (임원혁신)	50			
CEO의 전반적 업적평가		100			
계		1,000			

(3) 전사 사업목표 달성 평가

참고로 과거 계수 중심의 업적평가 사례를 다음과 같이 제시하는바 앞서 설명한 업적평가와의 차이가 무엇인지 살펴보기 바란다. 또 앞으로 설명하게 될 BSC(균형성과표;Balanced Score Card) 관점에서의 평가는 무엇이며 본 사례는 그와 어떠한 차이가 있었는지에 대해 생각해 보자는 것이다. 결국 앞서 설명한 업적평가는 단순히 수치로 나타나는 재무적 수치에 의해서만 기업을 평가하는 것이 아니라 외부 고객의 관점에서 고객만족도 평가를 하고, 또 내부 고객의 만족도 차원에서 사원만족도와 리더십 평가를 했으며, 업무프로세스 관점에서 CARE 시스템의 평가 등 보다 종합적인 평가를 유도하고 이를 통해 기업의 현재와 미래의 경쟁력을 확보할 수 있게 유도하는 것이었다. 따라서 이미 제시한 경영업적평가의 사례는 다분히 기업경영의 다양한 분야를 보다 체계적으로 접근하여 평가한 사례라 할 것이다. 다만 과거 1980년대까지는 대부분의 기업들이 지극히 재무적이고 계수적인 측면이 강했다는 것을 알 수 있다. 예를들면 다음과 같은 평가지표 등이 그 예이다.

즉 주요 지표로는 I.당기실적, II.성장 잠재력, III.전사기여도로 대별하고 I. 당기실적에는 수익성, 성장성, 활동성, 생산성, 보전관리로 구분하여 평가했으며, II. 성장잠재력으로는 인력관리, 해외시장 개척 그리고 시설투자비율로 나누고 있었다. 마지막으로 III.전사기여도의 항목으로는 이익에의 기여와 외형에의 기여도 그리고 회사이미지에의 기여도를 통해 평가하고 있었음을 볼 수 있다.

〈표 7-20〉 L사의 경영업적 평가 사례

구분	지표명	점수		지표명	점수	지표명	점수
대항목	I. 당기실적	600		II. 성장잠재력	200	III. 전사기여도	200
중항목	1. 수익성 1)경상이익 증감율 2)자기자본 이익율	300	300 -	1.인력관리 1)인당 매출액 인당 교육훈련비	100	50 50	1.이익 기여 (경상이익)	40
	2. 성장성 1)매출액 2)시장점유율	75	38 37	2.해외시장개척 (수출비중)	50	2.외형 기여 (매출비중)	80
	3. 활동성 1)매출채권회수기간 2)재고자산 회전일수 3)총자본 회전율	75	38 37 -	3.시설투자비율	50	3.회사이미지 (광고비)	80
	4. 생산성 1)인당 주제품생산 회수기간 2)인당부가가치액 3)설비투자효율	75	25 25 25				
	5. 보전관리 (불량채권율감소)	75					

4. BSC(Balanced Score Card; 균형성과표) 성과평가

1) BSC의 개념

(1) BSC의 대두

앞서 언급한 바와 같이 대부분의 기업이 과거에 했던 업적평가의 방법은 재무회계중심의 계수적 평가가 중심을 이루었고 조금 더 정밀한 평가를 하겠다고 포함시킨 평가지표라 하더라도 눈에 보이는 계수 중심의 평가항목에 불과했다. 결국 이러한 방법을 통해서는 다각화된 자신의 모습을 제대로 평가하기에 너무도 부족한 요소들이 많았다. 따라서 보다 체계적이고 합리적이며 다양한 관점의 시각을 통해 기업을 바라보고 업적을 평가하는 것이 바람직하다는 생각을 하게 되는데 이에 합당한 평가대안이 바로 BSC라 할 것이다. 다양한 관점의 보완지표를 고려해 보면 보다 다양한 관점의 평가지표들이 필요하다는 이유가 나타나 있다. 이러한 각 관점의 평가를 어떻게 잘 조화롭게 체계화시켜 평가할 것인가 하는 문제를 바로 BSC로 정했다고 이해하면 된다.

B/S, P/L, C/F에 의한 분석과 평가
(성장성, 수익성, 활동성, 안정성, 생산성 지표에 의한 평가)

다양한 지표에 의한 장기적 안목의 평가

- 내부 인적자원의 역량과 계발
- 내부 조직의 역량과 성장
- 내부 고객의 만족과 미래 성취도
- 내부 조직활동의 현재와 미래 예상 성과 등

- 외부 고객의 자사관점
- 외부 고객의 관심사
- 외부 고객의 만족도
- 고객에의 가치 창출 등

(2) BSC의 개념

이렇게 BSC는 과거 재무제표 중심의 경영성과 분석에 따른 제한성의 폭을 최대한 줄이고 보다 다양한 측면의 평가를 통하여 기업의 단기성과뿐 아니라 장기적 차원의 평가와 보상이 이루어지는 전략적 평가체제라고 말할 수 있다. 여기서 다양한 관점의 평가란 네 가지 측면의 평가를 말한다.

그 첫째는 지금까지 기업에서 가장 많이 사용해 왔던 재무적 관점의 평가이다. 재무적 관점의 평가란 주주의 관점에서 볼 때 매우 중요하고 반드시 평가가 필요하다고 생각하는 평가지표를 중심으로 평가하는 것이다.

두 번째로는 고객의 관점이다. 고객관점의 평가라 함은 고객이 우리 회사를 어떻게 보고 있나 하는 점에 중점을 두고 평가지표를 선정하여 평가하는 방법이다. 고객의 인지도, 고객의 충성도 등이 고객관점의 평가지표가 될 수 있겠다.

셋째로는 내부 프로세스 관점이다. 내부 프로세스 관점이란 자사의 내부 역량이 어떤 점에서 탁월한가 하는 관점에서 평가지표를 만들어 평가하는 방법이다. 제품 서비스의 혁신이나 학습 조직역량의 제고 등이 바로 내부 프로세스 관점의 평가지표의 사례들이다.

마지막으로 또 하나의 평가 관점은 학습 및 성장관점에 입각하여 조직을 평가하는 것이다. 학습 및 성장관점의 평가란 현재의 성과에도 불구하고 과연 미래 지속적인 가치를 창출할 수 있느냐 하는 관점에서 평가하고 미래에 초점을 둔 평가 방법이다.

결국 BSC는 이렇게 주주의 관점, 고객의 관점, 내부프로세스의 관점 그리고 학습 및 성장의 관점 등 네 가지 측면의 시각에 의해 보다 종합적인 평가가 가능하도록 한 평가방법이라 할 수 있다.

〈표 7-22〉 다양한 시각의 평가틀(BSC)

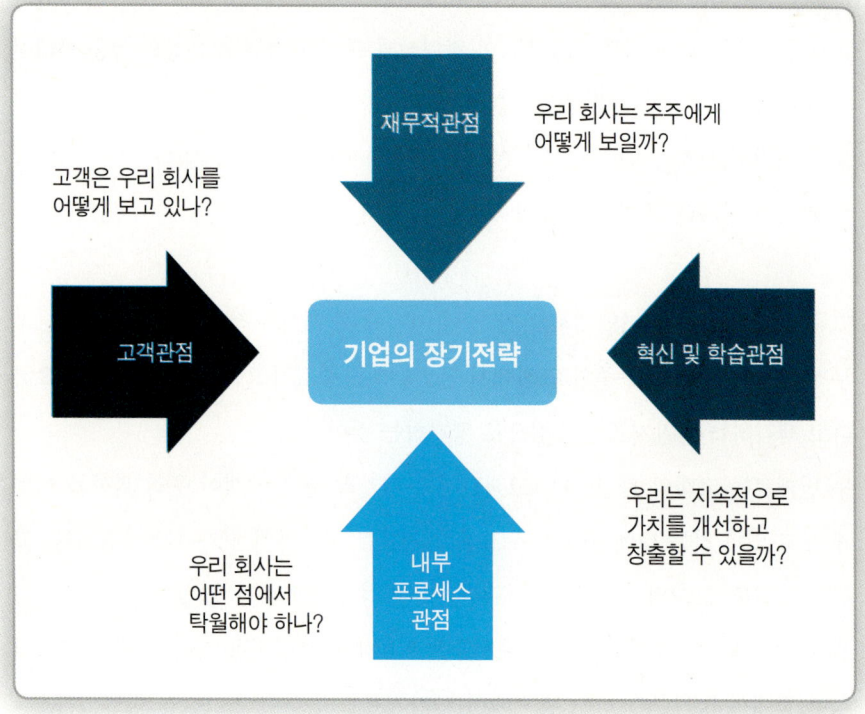

(3) 기업경영 프로세스와 BSC의 연계

앞서 언급한 바와 같이 기업경영의 프로세스와 BSC의 네 가지 관점과의 연계를 통해 좀 더 구체적인 BSC의 개념을 정립할 수 있다. 즉 학습 및 성장 관점에서는 미래 지속적인 가치를 창출해 줄 종업원의 역량, 제품 서비스의 혁신, 학습조직역량 제고 등으로 연계할 수 있겠고, 이어 내부 프로세스 관점에서는 자사의 내부프로세스의 탁월한 경쟁우위의 요소들이 연계될 수 있다. 즉 내부 프로세스의 질과 프로세스의 순환주기 등에 관한 핵심 사안이 곧 경쟁우위의 요소가 되어 연계된다는 의미이다. 또 고객의 관점에서는 제품의 적기배송, 고객만족도, 고객 로얄티 및 브랜드 이미지 등과 연계되어 평가되겠고, 재무관점에서는 매출액이나 이익액 또는 투자수익율 등이 경영과 직접적인 연관관계를 갖고 있다고 이해하는 것이 좋겠다. 이처럼 BSC는 기업경영 전반을 다양한 시각에서 바라보고 평가하는 평가의한 툴이라고 이해함이 좋다.

<표 7-23> 기업경영프로세스와 BSC

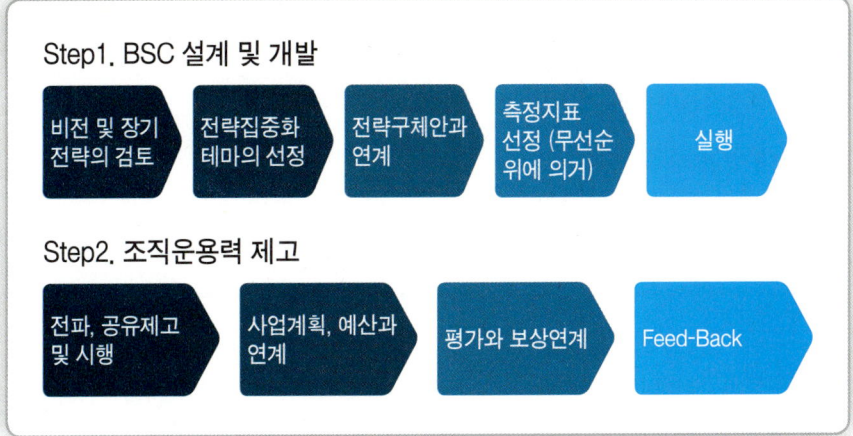

2) BSC의 도입과 운용

(1) BSC의 도입

그러면 BSC의 도입을 위해서는 어떠한 절차가 필요한가 알아보자. BSC의 설계와 개발 단계가 바로 BSC의 도입 프로세스와 동일하다. BSC의 설계단계는 먼저 비전과 장기전략을 검토하고 여기에 전략 집중화 테마를 선정한 후 전략 구체안을 연계시킨다. 그리고 이 전략 구체안에 따른 측정(평가) 지표를 우선순위에 의거 선정한 후 실행에 들어가는 것이 바로 BSC의 도입단계라 할 수 있다.

(2) BSC의 운용

BSC의 도입이 완료되면 기업은 이의 운용에 대해 알아보고 조직의 운용력을 극대화시켜야 한다. 즉 설계했던 BSC의 개념과 운용에 대해서 모든 조직원에 전파하고 공유할 수 있도록 해야 할 뿐 아니라 이를 사업계획과 예산에 연계하여 평가와 보상까지 이어지도록 해야한다. 기업은 계획하고 실행하고 평가하는 과정을 수도 없이 해나가면서 비전과 장기목표의 방향으로 쉼 없이 나아갈 것이고 이런 가운데 BSC라는 평가의 툴은 기업에 좋은 하나의 평가 방법으로 자리매김해 갈 것이다.

3) BSC의 성과지표

BSC의 평가지표에 대해 알아보자. 이는 BSC의 성과평가 방식을 운용함에 있어서 많은 도움이 될 것이다.

〈표 7-24〉 BSC의 성과지표 사례

구 분	전략목표	성과지표	성과지표의 내용
재무적 관점의 성과지표	매출 극대화 영업이익 극대화 현금흐름 안정화 투자수익극대화 투하자본최적화	매출액 영업이익 및 이익율 현금유동성(비율) 투하자본액 투하자본 회수율	총매출액, 매출총이익, 현금비율, 당좌비율, 유동비율 총투하자본 ROIC, ROCE 등
고객관점의 성과지표	시장점유율 증대 제품PF최적화 판매지역PF 최적화 고객PF최적화 고객만족도 증대 Brand Image 극대화	시장점유율 제품구성도 판매지역구성 주요고객 M/S 고객만족도지수 Brand Img 지수	매출액&판매량기준 M/S 매출&판매 기준 제품별 비중 매출&판매기준 판매지역 비중 매출&판매기준 고객별 비중 고객만족도 평가 브랜드이미지 평가
내부 프로세스 관점의 성과지표	제품서비스혁신 학습조직역량제고 조직간 Comm.력 제고 최상의 품질 상품인도 최적화 홍보 및 인지도 제고	신제품 ROI 수익개선효과 업무교착사례건수 수율, 고장시간 주문인도시간, 착오율 홍보 전략 달성율	신제품 투자 수익율 생산, 영업개선 목표대비 효과 부서간, 부문간 Trouble발생건수 품질 점검 점에 의한 평가항목 상품 인도 최적화 율 홍보전략 대비 실행효율
학습 및 성장 관점의 성과지표	종업원 및 경영진 동기부여, 주요 종업원 보유, 종업원 역량강화 협업장려 비전 및 조직 구성 혁신적 근무환경	종업원 만족도 지수 주요종업원 교체율 종업원역량지수 협업지수 BSC와 조직 업무간 균형도 혁신지수	종업원 만족도 설문 및 인터뷰 평가 종업원 이직 및 종업원교육시간, 시간당생산량 등 협업상 내부평가 비전 및 혁신설문 및 인터뷰 평가

먼저 재무적 관점에서의 성장지표의 예로는 다음과 같다. 전략목표로는 매출과 이익의 극대화, 현금흐름의 안정화, 투자수익의 극대화 등을 전략목표로 제시할 수 있고 이에 대한 성과 지표로는 매출액, 이익액 또는 이익율 그리고 투하자본 등을 예로 들 수 있다. 이와같은 예로 고객 관점의 성과지표로는 시장점유율 증대, 고객 PF 최적화 등을 들 수 있으며, 성과지표로는 시장점유율, 제품구성도 등을 들 수 있다.

같은 방법으로 고객 관점의 성과지표와 내부 프로세스 관점의 성과지표도 그 사례들을 〈표 7-24〉에 기록해 두었다.

5. 평가와 보상의 연계

1) 평가와 보상의 개념

(1) 평가와 보상의 배경 - 동기부여

육체적이나 심리적으로 인간이 필요로 하는 것이 있는데 이를 욕구(Needs)라고 한다. 이때 인간은 이 욕구를 해소하고자 하는 강력한 힘을 바람직한 방향으로 이끌고자 하는데 이것을 바로 동기부여(Motivation)라 한다.

인간의 행동을 연구하는 사람들은 무엇이 인간에게 동기유발을 하는지에 대해 여러 방법으로 연구하는데 그 대표적인 인물로 5단계의 욕구설을 주창한 Maslow라는 학자와 2요인 이론과 기대 이론((Expectancy theory)을 주장한 Herzberg를 들 수 있다.

Maslow의 인간욕구 5단계설을 살펴보면 인간의 욕구는 생리적 욕구 → 안전에 대한 욕구 → 소속에 대한 욕구 → 존경에 관한 욕구 → 자아실현에 대한 욕구로 Levep-Up되어 진행한다고 설명하고 있다. 그리고 Herzberg는 그의 2요인 이론에서 인간의 욕구는 직무만족 요인인 동기요인과 직무 불만족 요인인 위생요인으로 나누어 기업에서 조직원들이 진정으로 원하는 것이 무엇인지를 찾으려고 했다.

특히 그의 기대 이론을 보면 조직원은 기술과 지식, 조직의 성과 측정과 보상시스템 그리고 개인의 가치체계가 어떻게 조합되어 개인의 동기를 결정해 주는가를 설명하는 이론으로 제시하였다. 그래서 그의 기대 이론에 의하면 조직원은 자신의 특정행동이 자신이 희망하는 보상을 실현시킬 가능성을 보고 행동한다는 것이다.

이렇게 동기부여는 기업의 목표 달성이 조직원들의 동기부여와 어떻게 연계되는지를 잘 설명하고 있는 것이다.

(2) 평가와 보상, 성과와의 연계

기업의 최고 경영자는 조직원들이 회사를 위하여 최선의 행동을 다해주기를 원한다. 아울러 경영자나 조직원인 피평가자들은 자신에 대한 평가와 보상에 매우 민감하다. 이를 배경으로 기업은 성과평가와 보상시스템을 근거로 기업경영 활동을 지속하면서 최대의 성과를 도출하려 한다. 기업이 조직원의 행동의 성과에 대해 보상한다는 것은 바로 개인의 행동과 기업의 목표를 일치시키는 목표일치성(Goal Congruence)이다.

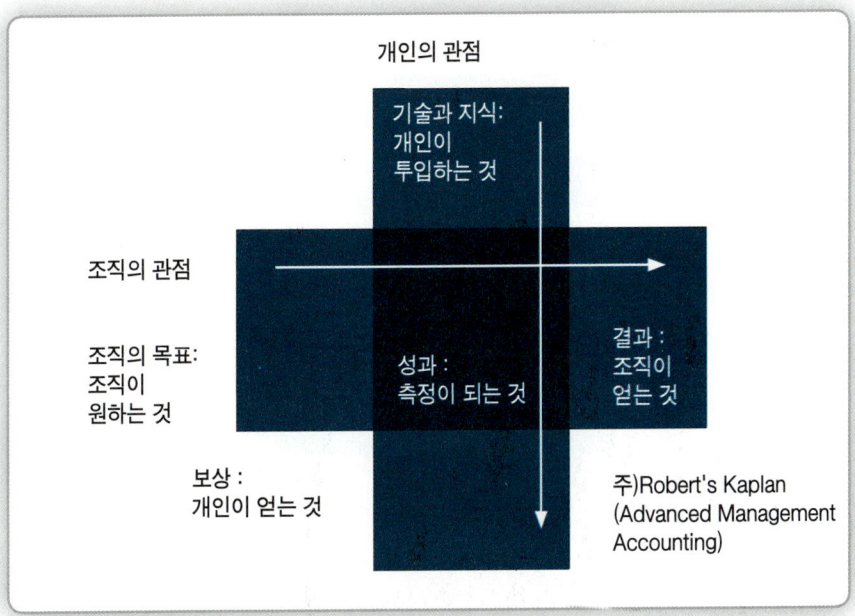

2) 평가와 보상의 연계 시스템

목표와 성과와 보상의 연계

기업의 최고 경영자는 기업의 성과를 극대화하고 기업의 장기 비전을 성공적으로 추진하기 위하여 부단히 노력한다. 다만 혼자의 힘이 아니라 기업의 부가가치를 창출하는 이해 관계자들과 그것도 기업 내에서 가장 부가가치 창출의 선두에 서

있는 조직원들과 함께 이를 달성하고자 최선을 다하는 것이다. 앞서 언급한 바와 같이 결국 기업은 이를 달성하기 위하여 목표와 성과와 보상의 연계를 생각하지 않을 수 없다. 이를 위해서는 목표와 성과와 보상의 체계를 통해 기업의 성과와 보상이 어떻게 연결되어 있는지를 알아보는 것도 중요하다.

〈표 7-26〉 목표와 성과와 보상의 표

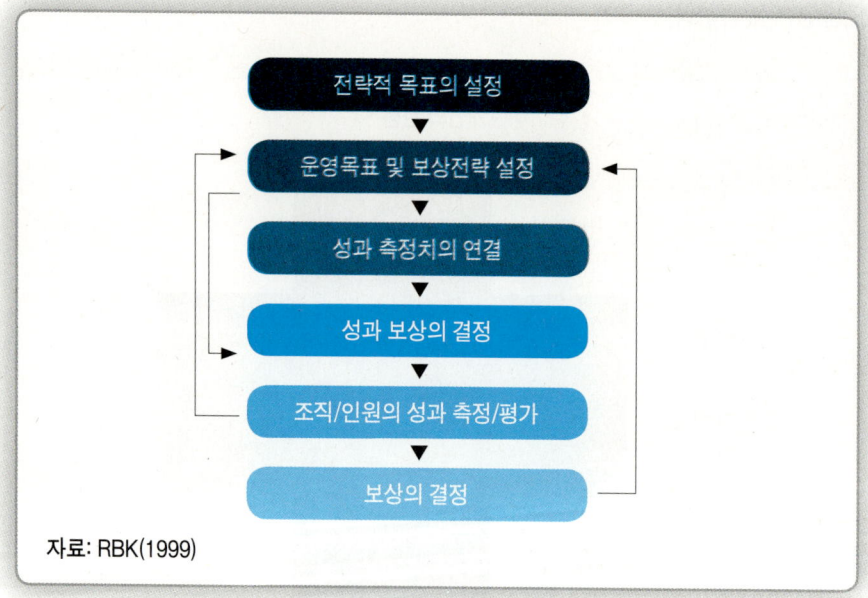

자료: RBK(1999)

즉 기업이 비전과 장기 전략에 따라 중기 사업계획이라는 실행 전략을 수립하고, 이 사업계획을 연간 실행계획으로 구체화하여 단기 목표를 설정하게 된다. 이때 기업의 최고 경영자는 핵심인자(핵심전략 과제 또는 목표)에 대하여 즉 핵심전략 과제와 목표에 대하여 그 수준을 결정하고 수준별 보상 전략을 결정하게 된다. 사업목표란 앞서 언급한 바와 같이 매출액, 당기 순이익, 고객 만족도, 투자비 등이 될 것이다. 이렇게 목표가 수립되는 사업계획 수립 당시 사업계획 수립 지침에서 평가와 보상에 관해 사전에 언급하는 것은 이러한 이유가 될 것이다. 이때 성과 보상이 전 조직원들에게 투명하게 공개되어 공유될수록 보상의 영향은 크게 되므로 최고 경영자나 경영층은 이 점에 유의할 필요가 있다.

최고 경영자는 평가와 보상의 연계가 종업원에게 적절한 동기부여를 하게 될 것이고, 이에 따라 모든 조직원은 회사의 목표 달성과 주주 가치를 극대화하는데 최선을 다해 주도록 독려하고 지원해 주어야 할 것이다.

이제는 모든 구성원이 목표를 향해 쉼 없이 일을 추진하는 동안 기업은 이를 사업성과 보고회, 또는 경영실적 보고회 등을 통하여 매 기간별로 모니터링하면서 성과 측정을 하고 이에 따라 성과 보상을 결정하게 된다.

그리고 이러한 보상의 체제가 한 해로 그치는 것이 아니라 매 기를 반복하면서 기업의 성과와 보상의 효과를 피드백해 나가는 과정을 지속하게 되는 것이다.

이러한 사이클은 본서의 초반, 기업과 기업경영의 장에서 사이클 관점의 기업경영(전략경영 모델)로 소개한 바 있다.

3) 보상의 종류와 유형

(1) 합리적 보상 시스템의 요건

지금까지 우리는 기업경영의 과정에서 보다 합리적인 기업 운영을 통해 가치 극대화를 추구하는 과정을 학습해 왔다. 그리고 평가와 보상이 그 가치 극대화에 어떠한 영향을 미치는지도 잘 익혔다. 하지만 모든 형태의 보상이 항상 기업 가치에 부(+)의 영향을 미치는 것은 아니다. 어떤 경우에는 반대의 영향을 미칠 수도 있는 것이다. 예를 들어 부적절한 성과 측정치를 채택했거나 자신이 생각하기에 부당한 평가를 받았다거나 하는 경우가 그것이다.

이로써 우리는 보다 합리적인 보상시스템에 많은 관심과 시간을 할애해야 비로소 그 효과를 극대화 할 수 있다. 여기에 우리는 합리적 보상 시스템에 중요한 요건은 무엇인지 살펴보자.

그 첫째는 당연히 측정지표를 들 수 있겠다. 합리적 측정 지표와 목표 수준의 결정이 그래서 중요한 것이고, 이의 결정 시 상·하위 조직이 한 장소에서 함께 공감대를 형성하며 목표 수준에 합의하는 이유는 바로 이 점 때문이다.

둘째 보상이 조직과 개인에게 서로 다르지만 바르게 연계될 수 있도록 만들어주어야 한다는 것이다. 조직에 대한 평가가 조직의 장의 평가에 직결되나 여기에 개인의 목표에 대한 성과도 어느 수준의 가중치를 두어 평가되어야만 최상의 노력을 기대할 수 있다는 말이다. 아무튼 평가에 관해서는 모든 사람들에게 쉽지 않은 부분인 만큼 조직의 문화와 사업의 유형 그리고 동종기업의 보상기준과 형태 등에 따라 천차만별이므로 각 기업이 나름의 평가와 보상 시스템을 만들고 운용해 나가는데 많은 노력을 해야 한다.

(2) 보상의 종류와 유형

보상의 종류와 유형은 매우 다양하다. 보상을 위한 평가는 조직에 대한 평가와 개인에 대한 평가로 크게 대별되어 평가되고, 이것이 개인에 대한 어떠한 보상의 형태로 나타나게 된다.

예를 들어 기본급여, 일시성과급 급여 그리고 특별상여의 3가지 형태의 금전적 보상이 있을 수 있고 또 다른 한편으론 업무기준의 급여, 동종 업계 기준 급여, 능력기준 급여의 형태의 분류가 있을 수 있다.

또 보상의 구체적 유형도 재무 적성과에 의한 보상과 비재무적 측정치에 의한 보상, 집단성과에 의한 보상과 개인성과에 의한 보상 그리고 다양한 금전적 보상과 비금전적 보상 등 수많은 보상의 유형이 있으므로 기업의 형편과 처지에 맞게 운용하면 된다.

<표 7-26> 목표와 성과와 보상의 표

보상의 유형	보상 구분	사례	비고

재무적/
비재무적
보상
	재무적 성과에
	기초한 보상
		- 일반 기업의 전통적 보상
		  방법
		- 재무통제 시스템에 의거
		  보상결정
		- GM의 상여금제도
		  : 재무성과에 따른보상
		  계약제도
			→
			다양한 보상의 체계는 기업의 업종과 사업형태, 기업의 매출규모와 이익규모, 종업원의 유형과 인원수, 조직의 문화 등 너무나 다양한 상황 하에서 자사의 가치를 증대시킬 목적의 보상방법을 찾는 것이라 그리 쉽지만은 않다.
			어떻게 모든 조직원이 동의하고 협력할 만한 보상체제인지를 잘 고려하여 선택하고 운영해야 할 것이다.

	비재무적 성과에 기초한 보상	-이익에 기초한 보상에 불만족하여 비재무적 측정치를 보상에 반영 - 수율, 가동율, 시장점유율, 신제품개발, 시장개척율 등 - 현재의 많은 기업 적용	
집단적/개인적 보상	집단적 성과에 기초한 보상	- 조직목표의 달성을 위해 집단적 성과 반영 - 조직의 목표 달성 시 개인의 배분에 대한 불만 가능성 특히 경영자와 조직원 간의 보상차이	
	개인적 성과에 기초한 보상	- 조직목표의 달성을 위해 개인의 성과 반영 - 집단적 성과 보상의 불만을 해소하고 개인의 평가를 일정부분 반영하여 평가함으로써 개인성과 기대	
금전적/ 비금전적 보상	금전적 보상	- 현금보너스(현금상여), 결산성과 이익의 배분(상여), 조직 목표 초과이익 배분 상여, 스톡옵션, 공로주 제도 등	
	비금전적 보상	- 특별 승진. 진급, 성과 휴가, 표창, 우수가원 홍보 등	

4) 보상의 기대효과

이제 보상의 기대효과를 언급하는 것은 구태한 일 일듯하다. 기업은 종업원과 이해관계자와 함께 기업의 가치를 날로 키워나가고 기업의 유지와 존속의 차원에서만이 아니라 영속적 차원에서 기업의 가치를 날로 높여 나가야 한다. 이를 위해 이해 관계자들에 적절한 평가와 보상은 필연이다. 그리고 그 보상의 형태도 다양하니만큼 기업의 사업에 따라 적절히 유효하게 적용하고 운용해 나가야 할 것이라 했다. 따라서 이러한 시스템적 운용이 지속될 때 비로소 단기적으로는 단기 목표가 성취되어 기업의 이윤극대화와 종업원의 만족이 지속될 것이고, 장기적으로는 기업의 가치와 주주의 가치가 증대되어 경쟁력있는 기업, 지속가능 기업이 될 것이다.

저자 소개

김 병 구
주)에이스파트너즈 대표 / 경영학 박사

본서의 저자는 1981년 고려대학을 졸업하고 20년간 대우그룹과 엘지그룹에서 해외세무신고와 국제조세분쟁업무, 기업재무 및 관리회계, 사업계획 및 예산관리, 투자와 중장기 경영전략, JVC설립과 운영 및 기업 인수합병(M&A) 관련 업무 등을 수행했으며 이를 바탕으로 2002년 이후 기업경영 컨설팅사를 창업 현재까지 인천국제공항공사, 한국국토정보공사, 한국관광공사, 강원랜드, KOICA 등 공공기관 및 공기업의 경영컨설팅과 함께 대기업을 포함한 중소, 중견기업의 경영컨설팅 및 경영자문 업무를 수행해오고 있다.

특히 저자는 Valuation Master이자 M&A 컨설턴트로서 사업가치 및 기업가치 평가와 함께 M&A 관련업무도 활발히 진행하고 있으며 최근에는 경기불안과 고용문제 등으로 자금 조달의 어려운 문제를 안고 있는 많은 중소기업의 자금문제를 지원하는 한국중소기업 금융협회의 자문역으로도 활동 중이다.

한편, 저자는 이러한 업무 수행 등을 바탕으로 한국생산성본부(KPC), 한국금융연수원, 경기도경제과학진흥원, CFO Academy, 흑자경영연구소(HMC) 등 기업경영 전문교육기관과 공공기관, 공기업 그리고 다수의 민간기업들을 대상으로 중장기경영전략, 사업계획 및 예산, 기업경영분석과 업적평가, 신규투자사업계획 수립과 사업타당성평가실무 등에 관한 강연을 활발히 진행하고 있다.

참고로 본 저자는 고려대학 졸업 이후 연세대학교와 UBC (University Of British Columbia)에서 단기 전략경영 MBA 과정을, SVU (Seoul Venture University)에서 경영학 석.박사학위를 취득하였으며 저서로는 '재무제표 분석을 통한 중소기업 사업전략 수립실무, '사업계획수립과 예산관리', '신규투자 사업계획 수립 및 사업타당성분석' 등 다수가 있다.